初級日本語
[げんき]

AN INTEGRATED COURSE IN
ELEMENTARY JAPANESE

げんき

GENKI

Eri Banno 坂野永理
Yutaka Ohno 大野裕
Yoko Sakane 坂根庸子
Chikako Shinagawa 品川恭子
Kyoko Tokashiki 渡嘉敷恭子

The Japan Times

Copyright © 1999 by Eri Banno, Yutaka Ohno, Yoko Sakane,
Chikako Shinagawa, and Kyoko Tokashiki

First edition: October 1999
23rd printing: May 2006

Editorial assistance: guild
Illustrations: Noriko Udagawa and Reiko Maruyama
Cover art and Editorial design: Nakayama Design Office
Gin-o Nakayama, Mutsumi Satoh, and Masataka Muramatsu
Published by The Japan Times, Ltd.
5-4, Shibaura 4-chome, Minato-ku, Tokyo 108-0023, Japan
Phone: 03-3453-2013
http://bookclub.japantimes.co.jp/
http://genki.japantimes.co.jp/

ISBN4-7890-0982-3

Printed in Japan

はじめに

　本書は学生へのニーズ調査に始まり、実際にくり返し使用し、学生の反応や意見、感想を受けて、細部にわたる改訂を重ねて作成しました。本書をこのような形で出版するまでに4年余りという時間を要しましたが、そのかいがあり理想の教材に近づくことができたと感じています。この教材によって、学習者は絵やゲームなどを通して楽しく、無理なく日本語の力をつけることができると確信しています。

　本書が完成したのは多くの方々のおかげです。特に出版にあたり、ジャパンタイムズ出版部の関戸千明さんには大変お世話になりました。また、本書を試用し助言をくれた関西外国語大学留学生別科の同僚、実習生、試用版のイラスト担当の田嶋香織さん、翻訳面でご協力いただいた大川ジュディさん、今まで私たちをご指導してくださった先生方に心からお礼を申し上げます。そして、最後に本書作成の出発点であり、原動力でもあった関西外国語大学の留学生に感謝の意を表したいと思います。

Preface

Producing the materials for this textbook involved a long process of surveying students' needs, writing up the results, making detailed revisions to the material based on the surveys, and responding to the reactions and comments of students who used a trial version of this text. It has taken more than four years to complete this project. Our labor has been rewarded, however, because this book is based on our original plan to produce ideal textbook——one that will enable students to learn Japanese smoothly, while also enjoying lively games and helpful illustrations.

We have an extensive list of people to thank for the completion of this textbook. First, our sincere thanks to Chiaki Sekido of the Publications Department of The Japan Times for seeing this book through the publishing process. Particular acknowledgment goes to our colleagues and trainees in the Asian Studies Program of Kansai Gaidai University who attempted the trial version and made invaluable suggestions, to Kaori Tajima for her illustrations in the trial version, to Judy Okawa for translating, and to the teachers whose heartfelt guidance encouraged us throughout the process. Finally, we would also like to express our gratitude to the foreign students at Kansai Gaidai University for providing us with the opportunity to write this book.

初級日本語 [げんき] II

もくじ

会話・文法編
かい　わ　ぶん　ぽう　へん

読み書き編
よ か へん

巻末
かんまつ

本書について

I 対象とねらい

『初級日本語 げんき』は初めて日本語を学ぶ人のための教材です。第Ⅰ巻・第Ⅱ巻の2冊、全23課で初級日本語の学習を修了します。大学生はもとより、高校生や社会人、日本語を独習しようとしている人も、効果的に日本語が習得できます。文法の説明などは英語で書いてあるので、英語がある程度わかることを前提としています。

『初級日本語 げんき』は総合教材として、日本語の四技能（聞く・話す・読む・書く）を伸ばし、総合的な日本語の能力を高めていくことを目標としています。正確に文を作ることができても流暢さがなかったり、流暢ではあっても簡単なことしか言えないということがないように、言語の習得の目標とすべき「正確さ」「流暢さ」「複雑さ」がバランスよく高められるように配慮してあります。

II テキストの構成

テキストは大きく「会話・文法編」「読み書き編」「巻末」から構成されています。以下、順番に説明します。

A ▶会話・文法編

「会話・文法編」では、基本的な文法を学び、語彙を増やしながら、「話すこと」「聞くこと」について学習します。「会話・文法編」の各課は以下の部分から構成されています。

●会話

「会話」は、日本に来た留学生とその友人・家族を中心に展開し、学習者が日常生活で経験しそうなさまざまな場面から成っています。会話文を通して、学習者は「あいづち」などを含めた自然なやりとりに触れ、会話の中で文と文がどのようにつながっていくか、どのような部分が省略されたりするかなどを学ぶことができます。「会話」には、その課で学ぶ新しい学習項目が多く含まれているため、課の初めに学習者がこれを読むと非常に難しいと感じるかもしれません。これらの項目は練習を通して定着が図られるので、初めは難しくてもあまり心配しないようにしてください。

　また、「会話」は別売の CD に録音されています。学習者にはこの CD を聞いて、発音やイントネーションなどに気をつけながら、くり返して言う練習をすることを勧めます。

●単語

　「単語」には、その課の「会話」と「練習」に出てくる新しい単語がまとめてあります。この中で、「会話」に出てくる単語には＊印が付けてあります。第1課と第2課では機能別に単語を提示し、第3課からは品詞別に提示してあります。また、巻末には全課の単語を収録した「さくいん」があります。

　「単語」の中の言葉はその後の課でもくり返し出てきますから、学習者は毎日少しずつ覚えるようにしたほうがいいでしょう。第3課から、常用漢字で書ける単語にはすべて漢字を併記してありますが、この漢字は覚える必要はありません。

　なお、このテキストでは語のアクセント（拍の高低）を示していません。日本語のアクセントは地域差や個人差（世代間の差など）が激しい上に、語形変化や単語の連結などによる変化も複雑です。ですから、アクセントにはあまり神経質にならず、文のイントネーションなども含め、できるだけ CD の音声を模倣するように心掛けてください。

●文法

　文法説明は、かなり詳しく書いてありますので、独習している人も容易に理解できます。また、教室で学んでいる学習者はあらかじめ文法説明を読んでから授業に臨んでください。

　後の「練習」で取りあげられている項目はすべて「文法」の中で説明してあります。練習はしないが説明が必要な文法や語彙については、「文法」の最後の「表現ノート」に随時まとめてあります。

●練習

　「練習」は、各学習項目に関して基本練習から応用練習へと段階的に配列してあり、学習者がこれらの練習を順番にこなしていくことによって、無理なく日本語が習得できるように配慮してあります。

　答えが一つに決められるような基本練習は CD に録音されており、🔊 の印がついています。CD には解答も録音されていますから、学習者は各自で自習することが可能です。

　また、「練習」の最後には「まとめの練習」があります。これは複数の学習項目を組み合わせた練習や「会話」を応用して別の会話を作る練習など、その課の学習の仕上げとなる練習です。

●コラム

　課の最後に必要に応じてコラムを設けてあります。このコラムには、第1課の「じかん・とし」のようにその課のトピックに関連した表現や、第10課の「駅で」のように場面ごとに使わ

れる表現がまとめてあります。これらの単語も、巻末の「さくいん」に載せてあります。

B ▶読み書き編

「読み書き編」では、日本語の文字を学び、文章を読んだり書いたりすることによって、読解力と書く力を伸ばします。第1課でひらがな、第2課でカタカナを学習した後、第3課以降で漢字を学習します。第3課以降の各課は、以下のような構成です。

●漢字表

漢字表には、その課で学ぶ新出漢字が掲載されています。各課で約15の漢字を学びますが、一度に覚えるのには無理があるので、毎日少しずつ覚えていくようにしてください。漢字表は以下のようになっています。

①漢字の通し番号
②漢字
④漢字の読み方
⑤この漢字を含んだ単語
③漢字の意味
⑥総画数
⑦筆順

④と⑤に示された漢字や単語の読み方で、ひらがなで書かれたものは「訓読み」、つまり日本語古来の読みです。カタカナで書かれたものは「音読み」、つまり昔の中国語の発音を輸入したものです。訓読みも音読みも、単語の中で使われた時、音が変化する場合があります。(たとえば、「学」という漢字は「ガク」と読みますが、「学校」という単語の中では「ガッ」と読みます。)そのような派生的な読み方もこの部分に表記されています。

なお、漢字の中には多くの読み方を持っているものもありますが、漢字表には、初級レベルにふさわしい読みが挙げられています。

④と⑤で　　　の中に入っている読み方や単語は、その課で覚えるべきものです。一方、　　　以外のものは参考として挙げたもので、覚えなくてもかまいません。

それぞれの漢字は、ワークブックの読み書き編の中に練習シートがありますので、テキストの漢字表に示された筆順を見ながら何度も練習してください。

●練習

　『げんきⅠ』には、漢字の練習、読解本文と内容についての質問、そして書く練習が載せてあります。漢字の練習は、漢字を分解してできる部品から漢字を再構築する問題や漢字から単語を作る問題など、さまざまな形式の練習を通じて漢字に慣れていくことを目標としています。読解本文は、短く、親しみやすいものを中心に構成しています。それまでに「会話・文法編」で学んだ文法や単語の知識が前提とされており、新出単語はその都度、単語表を掲載しています。練習の最後には、書く練習として作文トピックが提示されています。

　『げんきⅡ』には、読解本文と内容についての質問、そして書く練習が載せてあります。読解本文は、手紙、物語、エッセイ、広告など、さまざまな分野の日本語を取り上げています。その課までに学んだ単語や文法、漢字の知識が前提とされており、課を追うごとに、長さや難易度などが増していきます。新出単語も本文での提出順に掲載されています。練習の最後には、作文トピックが提示されています。

C ▶巻末

　第Ⅰ巻・第Ⅱ巻それぞれの巻末に「さくいん」を準備しました。一つは和英さくいんで、各課の単語表やコラムに掲載されている単語を五十音順に再録しました。単語に付された数字は、その単語が導入された課の番号を示しています。英和さくいんでは、各課の単語が訳語のアルファベット順に再録されています。

　その他に、動詞の活用表と助数詞の音の変化をまとめた表を掲載しました。

Ⅲ　表記と書体について

　本文は基本的に、漢字仮名交じりで表記しています。漢字表記は、基本的に常用漢字表に従いましたが、常用漢字に含まれている漢字でも、初級の学習者には無縁であるようなものは、ひらがな表記にしてあります。

　また、「会話・文法編」のみを学習することも可能なように、「会話・文法編」では漢字にはすべてふりがなが振ってあります。

　ただし、「会話・文法編」冒頭の「あいさつ」と第1課、第2課は、学習者の負担を軽減し自習を容易にするため、ひらがな・カタカナ表記とし、ローマ字を併記しました。このローマ字併記はあくまでも補助的なものですから、最初から頼りすぎないように心掛けてください。ひらがなは「読み書き編」の第1課で、カタカナは第2課で、それぞれ学習します。

　なお、「読み書き編」では、漢字を第3課以降に学習していきますが、学習の定着が図れるよう、既習の漢字にはふりがなが振ってありません。

　本文の日本語は、ほとんどが「教科書体」の書体で組まれています。教科書体は手書き文字に近い書体ですから、学習者は自分が書く文字のモデルとすることができます。ただし、実際に印刷された日本語文では、さまざまな書体を見ることがあります。文字によっては、書体によってかなり形が異なります。特に、離れた二つの線が筆づかいによって一つにつながる場合があるので、注意が必要です。

例：	教科書体	明朝体	ゴシック体	手書き文字
	さ	さ	さ	さ
	き	き	き	き
	り	り	り	り
	ら	ら	ら	ら
	こ	こ	こ	こ
	や	や	や	や

Introduction

I Aim and purpose

GENKI: An Integrated Course in Elementary Japanese is a textbook for beginners in the study of the Japanese language. Students can complete the elementary-level study of Japanese in the 23 lessons of this text, which is devided into two volumes. The book is designed mainly for use in university and college courses, but it is also effective for high school students and adults who are beginning to learn Japanese either at school or on their own. Hopefully, students will have at least a basic knowledge of English, because grammar explanations are given in English.

    GENKI: An Integrated Course in Elementary Japanese is a comprehensive approach to developing the four basic language skills (listening, speaking, reading, and writing) in order to cultivate overall Japanese-language ability. Much emphasis has been placed on balancing accuracy, fluency, and complexity so that students using the material would not end up speaking accurately yet in a stilted manner, nor fluently yet employing only simple grammatical structures.

II Structure of the textbook

This textbook basically consists of three sections: Dialogue and Grammar, Reading and Writing, and the Appendix. A detailed explanation of each part follows.

A ▶ Dialogue and Grammar

The Dialogue and Grammar section aims at improving students' speaking and listening abilities by learning basic grammar and increasing vocabulary. The Dialogue and Grammar section of each lesson is comprised of the following components:

●Dialogue

The dialogues revolve around the lives of foreign students living in Japan, their friends, and their families, presenting various scenes that students are likely to face in their daily lives. By practicing natural expressions and *aizuchi* (responses that make conversations go smoothly), students are able to understand how sentences are connected and how some phrases are shortened in daily conversation. Because the Dialogue section of each lesson covers a lot of new grammar and vocabulary, students may feel it is too difficult to understand at first. Don't be overly concerned, however, because the grammar and vocabulary will gradually take root with practice.

Dialogues are recorded on the accompanying CD. Students are encouraged to practice regularly by listening to the CD and carefully noting pronunciation and intonation.

●Vocabulary

The Vocabulary section presents all the new words encountered in both the Dialogue and Practice sections of each lesson. Words that appear in the Dialogue are marked with an asterisk (*). Words are listed according to their function in Lessons 1 and 2, and by parts of speech in Lesson 3 and following. In addition, all words presented in the text are also found in the Index at the end of each volume.

Words found in the Vocabulary section of each lesson appear frequently in subsequent lessons, thus students are encouraged to learn them little by little each day. After Lesson 2, commonly used kanji equivalents of some words (Joyo Kanji) are also listed, but students are not required to memorize them.

This textbook does not indicate a word's accents. The accent of a Japanese word varies considerably, depending on the region, the speaker's age (including the generation gap between speakers), the word's paradigmatic form, and its connection with other words. Therefore, don't be overly concerned about the accent, but try to imitate as closely as possible the intonation heard on the accompanying CD.

●Grammar

Grammar explanations are detailed, so that students can easily study them on their own. Students at school are expected to read the grammar explanations before each class.

This section also fully explains the items found in the Practice section that follows. Necessary explanations for the grammar and vocabulary that are not found in the Practice section can be found in the Expression Notes at the end of each Grammar section.

●Practice

This section includes questions related to what was taught in each section of the lesson, providing students with both basic practice and application. By answering the questions sequentially, students can naturally build up their Japanese-language ability. The exercises with only one answer are marked with 🔊 and recorded on the CD, allowing students the opportunity to practice on their own.

The last part of the Practice section contains Review Exercises, which incorporate aspects of the lesson as a whole. For example, some questions combine various topics covered in the lesson, and some call for the creation of new phrases based on what was learned in the Dialogue section.

●Supplement

Finally, some lessons include additional or supplementary information. This includes expressions related to the topic of the lesson, as in "Time and age" in Lesson 1, or expressions suitable at certain times or places, as in "At the station" in Lesson 10. Words introduced in the Supplement section are found in the Index of each volume.

B▶Reading and Writing

The Reading and Writing section aims to foster comprehension and writing ability by learning Japanese characters and by providing opportunities to practice both reading and writing. *Hiragana* is introduced in Lesson 1, followed by *katakana* in Lesson 2, and kanji in Lesson 3 and following. From Lesson 3, each lesson contains the following components:

●Kanji list

Each new kanji introduced in a lesson is contained in a list, each with about 15 kanji. This makes it easy to memorize a few each day, rather than be overwhelmed with so many at once.

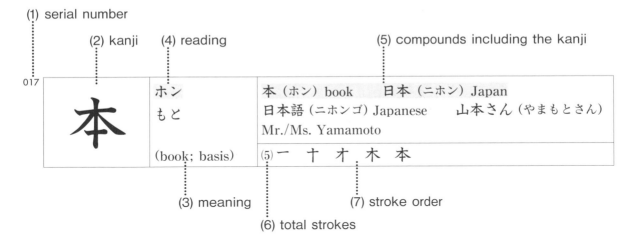

Among the readings shown in (4) and (5), *hiragana* indicates the *kun'yomi*, or Japanese readings for a kanji, while *katakana* indicates the *on'yomi*, or Chinese reading. Both *kun'yomi* and *on'yomi* are sometimes altered in compounds of two or more kanji. For example, the ordinary pronunciation of 学 is "*gaku*," which becomes "*ga(k)*" when the kanji is used in the word 学校. Such derivative readings are also included in (4) and (5).

Although some kanji have many readings, only those readings that are useful at an elementary level are included.

Shaded readings and words in each lesson should be memorized. The others are for reference, so students don't need to memorize them. A practice sheet for each kanji is provided in the Reading and Writing section of the Workbook. Students should practice writing the kanji repeatedly, according to the stroke order shown on the kanji list in the textbook.

●Practice

GENKI I consists of kanji practice, readings for comprehension, questions about the content of the readings, and writing practice. Kanji practice includes various types of questions, such as having students reconstruct a kanji from its various parts or make new words by combining kanji. By tackling these problems, students will realize the goal of practice—to become more proficient in their use of kanji. Basically, the readings are short and deal with subjects familiar to the students. They are easy to understand if the student has learned the vocabulary and grammar taught previously in the Dialogue and Grammar section. When readings include new words, a corresponding word list is provided. Finally, composition topics are given for writing practice.

GENKI II contains readings for comprehension, questions about the content of the readings, and writing practice. The readings employ various styles of Japanese, ranging from letters and fables to essays and advertisements. With a knowledge of the previously learned vocabulary, grammar, and kanji, the readings are easy to understand but grow longer and more difficult in later lessons. Word lists are provided for newly introduced vocabulary. Finally, composition topics are introduced.

C▶Appendix

Volumes 1 and 2 both contain an Index. The Japanese-English Index, in *hiragana* order, lists words found in the Vocabulary and Supplement section of each lesson. The number next to a word indicates the lesson in which the word was introduced. In the English-Japanese Index, English equivalents to Japanese words are arranged in alphabetical order.

Also included in the Appendix are tables of verb conjugations as well as sound inflections of the expressions related to numbers.

Ⅲ Orthography and font

The basic text is written in kanji and *hiragana*. Kanji is used for the most commonly used characters, those that appear in the official list of Joyo Kanji. *Hiragana* is used instead, however, when the Joyo Kanji equivalent would not be necessary for beginning students of Japanese.

So that students can easily study the Dialogue and Grammar section, the pronunciation of every kanji is indicated in *hiragana*. However, to lessen the burden on the students and allow them to study on their own, Greetings and Lessons 1 and 2 are represented in *hiragana* and *katakana*, as well as by romanized forms. It is best not to rely too much on the romanizations, but use them only as a learning aid. Students study *hiragana* and *katakana* in Lessons 1 and 2, respectively, of the Reading and Writing section.

Students study kanji from Lesson 3 in the Reading and Writing section, where pronunciations of the kanji already presented are not indicated in *hiragana*, in order to promote the students' increasing acquisition of kanji.

The Japanese in the basic text is set mainly in the Textbook font, which resembles handwriting and serves as a good model for students. Students will encounter a variety of fonts used for Japanese materials, however, and should be aware that the shape of some characters differ considerably, depending on the font used. Note especially that with some characters, we find two separate strokes in one style are merged into a single stroke.

Example:	Textbook font	Mincho font	Gothic font	Handwriting
	さ	さ	さ	さ
	き	き	き	き
	り	り	り	り
	ら	ら	ら	ら
	こ	こ	こ	こ
	や	や	や	や

会話・文法編
かいわ ぶんぽう へん

会話・文法編 ● もくじ

表現ノート (ひょうげん)　Expression Notes

第13課 L E S S O N 13
アルバイト探し Looking for a Part-time Job

会話 Dialogue

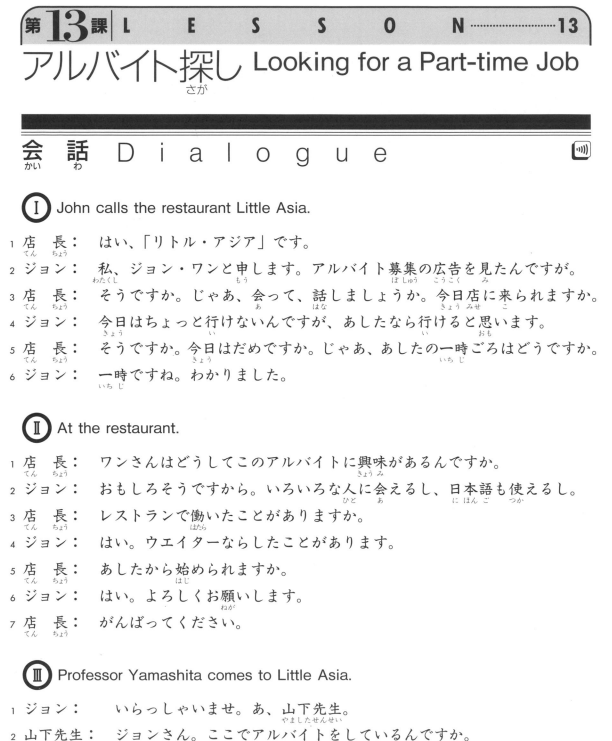

Ⅰ John calls the restaurant Little Asia.

1 店　長： はい、「リトル・アジア」です。

2 ジョン： 私、ジョン・ワンと申します。アルバイト募集の広告を見たんですが。

3 店　長： そうですか。じゃあ、会って、話しましょうか。今日店に来られますか。

4 ジョン： 今日はちょっと行けないんですが、あしたなら行けると思います。

5 店　長： そうですか。今日はだめですか。じゃあ、あしたの一時ごろはどうですか。

6 ジョン： 一時ですね。わかりました。

Ⅱ At the restaurant.

1 店　長： ワンさんはどうしてこのアルバイトに興味があるんですか。

2 ジョン： おもしろそうですから。いろいろな人に会えるし、日本語も使えるし。

3 店　長： レストランで働いたことがありますか。

4 ジョン： はい。ウエイターならしたことがあります。

5 店　長： あしたから始められますか。

6 ジョン： はい。よろしくお願いします。

7 店　長： がんばってください。

Ⅲ Professor Yamashita comes to Little Asia.

1 ジョン： いらっしゃいませ。あ、山下先生。

2 山下先生： ジョンさん。ここでアルバイトをしているんですか。

3 ジョン： ええ。一週間に三日働いています。

4 山下先生： そうですか。どれがおいしいですか。

5 ジョン：　　このカレーが一番人気がありますよ。
　　　　　　　　いちばんにん き

6 山下先生：　おいしそうですね。じゃあ、食べてみます。
　やましたせんせい　　　　　　　　　　　　た

Ⅰ

Manager: Yes, this is Little Asia.

John: My name is John Wang. I saw your classified ad.

Manager: I see. Well, shall we meet and have a talk? Can you come to the store today?

John: I cannot come today, but if it's tomorrow, I think I can come.

Manager: I see. No good today . . . All right. How about one o'clock tomorrow?

John: One o'clock. OK, I've got it.

Ⅱ

Manager: Mr. Wang, why are you interested in this job?

John: It seems interesting. I can meet various people; I can also use Japanese . . .

Manager: Have you worked at a restaurant before?

John: Yes. As a waiter, I have.

Manager: Can you start tomorrow?

John: Yes, I promise to do my best.

Manager: Yes, I know you'll do your best.

Ⅲ

John: Welcome. Oh, Professor Yamashita.

Prof. Yamashita: John, do you work here?

John: Yes. I work three days a week.

Prof. Yamashita: I see. Which one is good?

John: This curry is the most popular one.

Prof. Yamashita: It looks good. Well, I will try this one.

単語
たんご

Ｖｏｃａｂｕｌａｒｙ

Ｎｏｕｎｓ

* ウエイター		waiter
おじいさん		grandfather; old man
おたく	お宅	(someone's) house/home
おとな	大人	adult
がいこくご	外国語	foreign language
がっき	楽器	musical instrument
からて	空手	karate
* カレー		curry
きもの	着物	kimono; Japanese traditional dress
ケーキ		cake
* こうこく	広告	advertisement
こうちゃ	紅茶	tea (black tea)
ことば	言葉	language
ゴルフ		golf
セーター		sweater
ぞう	象	elephant
バイオリン		violin
バイク		motorbike
ぶっか	物価	(consumer) prices
ぶんぽう	文法	grammar
べんごし	弁護士	lawyer
* ぼしゅう	募集	recruitment
* みせ	店	shop; store
やくざ		*yakuza*; gangster
やくそく	約束	promise; appointment
レポート		(term) paper
* わたくし	私	I (formal)

い-ａｄｊｅｃｔｉｖｅｓ

うれしい		glad
かなしい	悲しい	sad
からい	辛い	hot and spicy; salty
きびしい	厳しい	strict

* Words that appear in the dialogue

ちかい	近い	close; near

な-adjectives

* いろいろ（な）		various; different kinds of
しあわせ（な）	幸せ	happy (lasting happiness)
* だめ（な）		no good

U-verbs

あむ	編む	to knit
かす	貸す	to lend; to rent (*thing* を *person* に)
* がんばる	頑張る	to do one's best; to try hard
なく	泣く	to cry
みがく	磨く	to brush (teeth); to polish
やくそくをまもる	約束を守る	to keep a promise

Irregular Verb

かんどうする	感動する	to be moved/touched (by . . .) (〜に)

Adverbs and Other Expressions

いらっしゃいます		(someone honorable) is present/home
〜かい	〜回	. . . times
〜キロ		. . . kilometers; . . . kilograms
じつは	実は	as a matter of fact, . . .
ぜんぶ	全部	all
* 〜ともうします	〜と申します	my name is . . .
* よろしくおねがいします	よろしくお願いします	Thank you (in advance).

Numbers (used to count days)

いちにち	一日	one day
ふつか	二日	two days
* みっか	三日	three days
よっか	四日	four days
いつか	五日	five days
むいか	六日	six days
なのか	七日	seven days
ようか	八日	eight days
ここのか	九日	nine days
とおか	十日	ten days

文法 G r a m m a r
ぶん ぽう

1 Potential Verbs

We use the potential verb to say that someone "can," or "has the ability to," do something, or that something is "possible."

We make potential verbs using the rules listed below:

---

ru-verbs: Drop the final *-ru* and add *-rareru*.

見る (*mi-ru*)　→　見られる (*mi-rareru*)
み　　　　　　　み

u-verbs: Drop the final *-u* and add *-eru*.

行く (*ik-u*)	→	行ける (*ik-eru*)	待つ	→	待てる
い		い	ま		ま
話す	→	話せる	読む	→	読める
はな		はな	よ		よ
買う	→	買える	死ぬ	→	死ねる
か		か	し		し
泳ぐ	→	泳げる	取る	→	取れる
およ		およ	と		と
遊ぶ	→	遊べる			
あそ		あそ			

irregular verbs:

くる　→　こられる　　　　する　→　できる

You may note that the potential forms of *ru*-verbs are considerably longer than those of the *u*-verbs, which happen to end in the *hiragana* る. (Compare 見られる and 取れる in the above list.) There actually are shorter, alternative potential forms of *ru*-verbs and the irregular verb くる, which are made by adding the suffix *-reru*, instead of *-rareru*. These *ra*-less forms are gaining popularity, but are considered slightly substandard.

---

			potential forms	alternative potential forms
ru-verbs:	出る で	→	出られる で	出れる で
	見る み	→	見られる み	見れる み
irregular verb:	くる	→	こられる	これる

Potential verbs themselves conjugate as regular *ru*-verbs.

私は日本語が話せます。
わたし　　にほんご　はな
I can speak Japanese.

私は泳げないんです。

(The truth is) I cannot swim.

雨が降ったので、海に行けませんでした。

We could not go to the beach, because it rained.

The table below summarizes the conjugation pattern of potential verbs.

	short forms		long forms	
	affirmative	negative	affirmative	negative
present	見られる	見られない	見られます	見られません
past	見られた	見られなかった	見られました	見られませんでした
te-form	見られて			

Those verbs that take the particle を can take either を or が when they have been made into the potential. できる, the potential counterpart of the verb する, is somewhat special, and takes が almost all the time. (The use of を with できる is considered highly substandard.) All particles other than を remain the same when the verb is turned into the potential.

verbs with を:

漢字を読む　→　漢字が読める　　or　　漢字を読める

する−できる:

仕事をする　→　仕事ができる　(仕事をできる is considered substandard.)

verbs with particles other than を:

山に登る　→　山に登れる　(No particle change involved.)

2　〜し

To give the reason for something, we can use the conjunction から.

(reason) から、(situation)。

Q：どうしてパーティーに来ないんですか。

Why aren't you coming to the party?

A：あした試験があるから、今日は勉強しなくちゃいけないんです。

I have to study today, because there will be an exam tomorrow.

When you want to mention not just one, but two (or more) reasons, you can use し in place of から. し usually follows a predicate in the short form.

> (reason₁) し、(reason₂) し、(situation)。

日本語はおもしろいし、先生はいいし、私は日本語の授業が大好きです。
I really like my Japanese class, because Japanese language is interesting, and our teacher is good.

家族から手紙が来たし、彼と電話で話したし、きのうはとてもいい日でした。
Yesterday was a great day—a letter came from my family, and I talked with my boyfriend on the phone.

Q：国に帰りたいですか。
Do you want to go back home?

A：いいえ、日本の生活は楽しいし、いい友だちがいるし、帰りたくありません。
No. Life here in Japan is good, and I have good friends here. So I don't want to go back.

You can use just one し clause, implying that it is not the only reason for the situation.

物価が安いし、この町の生活は楽です。
Life in this city is an easygoing one. Things are inexpensive, for one thing.

Sometimes the し clauses follow the description of the situation explained.

山下先生はいい先生です。教えるのが上手だし、親切だし。
Professor Yamashita is a great teacher. He is good at teaching, and he is kind.

Note that し follows the short forms.[1] In present tense sentences, this means that だ appears with な-adjectives and nouns, but not with い-adjectives.

---

[1] In the very polite speech style, し can also follow the long forms, just like another reading connective から, which may follow long forms (as we learned in Lesson 6) as well as short forms (see Lesson 9).
私は来年も日本語を勉強します。日本が好きですし、日本語はおもしろいですし。
I will study Japanese next year, too. I like Japan, and what is more, the Japanese language is interesting.

い-adjectives:	おもしろいし
な-adjectives:	好きだし
noun＋です:	学生だし

3　～そうです (It looks like . . .)

We add そうです to い- and な-adjective bases to say that something "seemingly" has those properties.[2] When we say ～そうです, we are guessing what something is like on the basis of our impressions.

To form ～そうです sentences with い-adjectives, you drop the final い; with な-adjectives, you just drop な. The only exception is with the い-adjective いい, which will be changed to よさ before そう.

このりんごはおいしそうです。　*This apple looks delicious.*

あしたは天気がよさそうです。　*It looks like the weather will be fine tomorrow.*

メアリーさんは元気そうでした。*It looked like Mary was fine.*

い-adjectives:	おいしい	→	おいしそうです
exception:	いい	→	よさそうです
な-adjectives:	元気(な)	→	元気そうです

You can use そうです with negative adjectives too. The negative ending ない is changed to なさ before そう.

この本は難しくなさそうです。
This book does not look difficult.

ともこさんはテニスが上手じゃなさそうです。
It does not look like Tomoko is good at tennis.

You can use the adjective ＋ そう combination to qualify a noun. そう is a な-adjective, thus we say そうな before a noun.

---

[2]You can also use そうです with a verb stem to describe an imminent event.
　雨が降りそうです。　　　*It looks like it will rain.*
The negative of the verb stem ＋ そうです construction is somewhat irregular.
　雨が降りそうもありません。　*It does not look like it will rain.*

暖かそうなセーターを着ています。
She wears a warm-looking sweater.

In many そうです sentences, the guesswork is done on the basis of visual impressions. It is wrong, however, to assume that そう is inalienably linked to the visual medium. We use そうです when we lack conclusive evidence. (For example, we say an apple is おいしそう before we have had the chance to taste it. Once we have tasted it, we say おいしい.) With an adjective for which visual evidence is crucial, such as きれいな, we do not use そう and say that something is きれいそうです, if it looks pretty; we already have enough evidence to conclude that it is pretty.

4　〜てみる

You can use the *te*-form of a verb plus the helping verb みる to express the idea of "doing something tentatively," or "trying something." You are not sure what the outcome of your action will be, but do it and see what effect it might have.

漢字がわからなかったので、日本人の友だちに聞いてみました。
I did not know the kanji, so I tried asking a Japanese friend of mine.

友だちがあの店のケーキはおいしいと言っていましたから、今度食べてみます。
My friends say that the cake at the shop is good. I will have a piece one of these days (and see if it really lives up to its reputation).

みる comes from the verb 見る, and conjugates as a regular *ru*-verb.

5　なら

A statement of the form "noun A なら predicate X" says that the predicate X *applies only to A* and is not more generally valid. The main ideas of a なら sentence, in other words, are "limitation" and "contrast."

Situation 1

Q：ブラジルに行ったことがありますか。
　　Have you ever been to Brazil?

A：メキシコなら行ったことがありますが、ブラジルは行ったことがありません。[3]
　　I've been to Mexico, but never been to Brazil.

---

[3]You can optionally keep the particle に before なら in this example. Particles such as に, で, and から may, but do not have to, intervene between the noun and なら, while は, が, and を never go with なら.

Situation 2

Q：日本語<ruby>日本語<rt>にほんご</rt></ruby>がわかりますか。

Do you understand Japanese?

A：ひらがな<u>なら</u>わかります。

If it is in hiragana, *yes.*

なら introduces a sentence that says something "positive" about the item that is contrasted. In the first situation above, なら puts Mexico in a positive light, and in contrast with Brazil, which the question was originally about. In the second situation, a smaller part, namely *hiragana*, is brought up and contrasted with a larger area, namely, the language as a whole.

6 一週間<ruby>一週間<rt>いっしゅうかん</rt></ruby>に三回<ruby>三回<rt>さんかい</rt></ruby>

You can describe the frequency of events over a period of time by using the following framework.

(period) に (frequency)	(frequency) *per* (period)

私<ruby>私<rt>わたし</rt></ruby>は一週間<ruby>一週間<rt>いっしゅうかん</rt></ruby>に三回髪<ruby>三回髪<rt>さんかいかみ</rt></ruby>を洗<ruby>洗<rt>あら</rt></ruby>います。　　*I shampoo three times a week.*

私<ruby>私<rt>わたし</rt></ruby>は一<ruby>一<rt>いっ</rt></ruby>か月<ruby>月<rt>げつ</rt></ruby>に一回家族<ruby>一回家族<rt>いっかいかぞく</rt></ruby>に電話<ruby>電話<rt>でんわ</rt></ruby>をかけます。　*I call my family once a month.*

父<ruby>父<rt>ちち</rt></ruby>は一年<ruby>一年<rt>いちねん</rt></ruby>に二回旅行<ruby>二回旅行<rt>にかいりょこう</rt></ruby>をします。　　*My father goes on a trip twice a year.*

表現ノート
ひょうげん

ギターを弾く▶ The playing of musical instruments requires different verbs.

For stringed and keyboard instruments:

ギターを弾く	*to play the guitar*
ピアノを弾く	*to play the piano*

For wind instruments:

サックスを吹く	*to play the saxophone*

For percussion instruments:

ドラムをたたく	*to play the drum*

Referring to musical instruments in general, やる and できる (for potential) are usually used.

何か楽器ができますか。	*Can you play any instruments?*
何か楽器をやりますか。	*Do you play any instruments?*

上手/上手に▶ Both い-adjectives and な-adjectives can modify verbs as adverbs. With い-adjectives, the final い is dropped and く is added. With な-adjectives, に is added.

日本語のクラスは楽しいです。	*The Japanese class is fun.*
毎日日本語を楽しく勉強しています。	*I enjoy studying Japanese every day.*

料理が上手です。	*I am good at cooking.*
上手に料理ができます。	*I can cook well.*

練習 P r a c t i c e
れん しゅう

Ⅰ 日本語が話せます
に ほん ご はな

A. Change the verbs into the potential forms. 🔊

Example: たべる → たべられる

1. はなす　2. する　　3. いく　　4. かりる　5. くる　　6. みる　　7. やめる

8. ねる　　9. のむ　　10. まつ　　11. およぐ　12. あむ　　13. はたらく

B. Describe the things that Mary can do. 🔊

Example: メアリーさんは一キロ泳げます。
いち　　およ

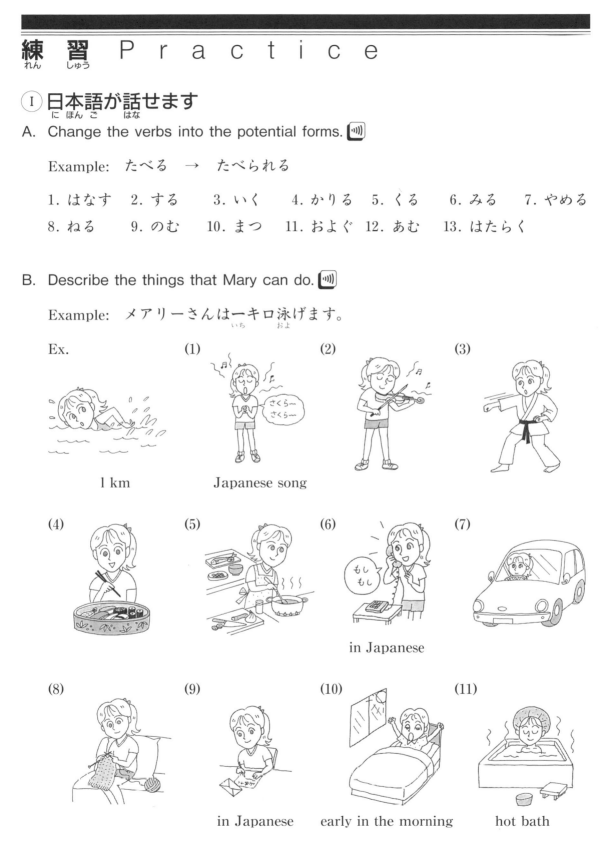

Ex.

1 km

(1)

Japanese song

(2)

(3)

(4)

(5)

(6)

in Japanese

(7)

(8)

(9)

in Japanese

(10)

early in the morning

(11)

hot bath

C. Pair Work—Ask if your partner can do the above.

Example:　Ａ：一キロ泳げますか。
　　　　　　Ｂ：はい、泳げます／いいえ、泳げません。

D. Pair Work—You meet a person on a blind date. To get to know them, ask if they can do the following things and take notes. Add your own questions. After asking the questions, decide if you want to have a date again with them.

Questions	Your partner's information
speak foreign languages?	Yes/No　　(what language?)
drive a car?	Yes/No　　(good?)
cook?	Yes/No　　(what dish?)
play tennis?	Yes/No　　(good?)

E. Answer the questions using the potential verb in the negative. 🔊

Example:　Ｑ：着物を買いましたか。　(too expensive)
　　　　　　Ａ：いいえ。高すぎて買えませんでした。

1. インドのカレーを食べましたか。　(too spicy)
2. 宿題をしましたか。　(too difficult)
3. 温泉に入りましたか。　(too hot)
4. きのう出かけましたか。　(too busy)
5. 漢字を全部覚えましたか。　(too many)
6. 海で泳ぎましたか。　(too cold)

F. Group Activity—"What Is It?" Game
The class will be divided into two or more groups. The instructor will show the name of a place to the representative of each group. The rest of the group

members ask their group representative whether one can do certain things there and guess what place it is. The representative can answer the questions only with はい or いいえ. The first group that gets the correct answer gets a point. Change representatives.

Example:

Sample Questions:

そこで食べられますか。　→　いいえ。

本が読めますか。　→　はい。

図書館ですか。　→　そうです。

Ⅱ 物価が高いし、人がたくさんいるし

A. Answer the questions using 〜し〜し. Examine the ideas in the cues and decide whether you want to answer in the affirmative or in the negative. 🔊

Example:　Q：日本に住みたいですか。

A：（物価が高いです。人がたくさんいます。）

→　物価が高いし、人がたくさんいるし、住みたくありません。

1. 今週は忙しいですか。

（試験があります。宿題がたくさんあります。）

2. たけしさんはいい人ですか。

（やさしいです。親切です。）

3. 経済の授業を取りますか。

（先生は厳しいです。長いレポートを書かなくちゃいけません。）

4. 旅行は楽しかったですか。

（食べ物がおいしくありませんでした。言葉がわかりませんでした。）

5. 今晩、パーティーに行きますか。

（かぜをひいています。きのうもパーティーに行きました。）

6. 日本語の新聞が読めますか。

（漢字が読めません。文法がわかりません。）

7. 一人で旅行ができますか。

（日本語が話せます。もう大人です。）

8. 田中さんが好きですか。

たなか　　　　す
（うそをつきます。約束を守りません。）

　　　　　　　　やくそく　まも

9. 新しいアパートはいいですか。

あたら
（会社に近いです。静かです。）

かいしゃ　ちか　　　しず

B. Answer the following questions and add reasons for your answer.

Example:　Q：日本の生活は楽しいですか。

にほん　せいかつ　たの
　　　　　A：はい、楽しいです。友だちがたくさんいるし、みんなは親切だし。

たの　　　　とも　　　　　　　　　　　　　しんせつ

1. このごろ忙しいですか。

いそが

2. 今、幸せですか。

いま　しあわ

3. 来学期も日本語の授業を取りますか。

らいがっき　にほんご　じゅぎょう　と

4. 日本に住みたいですか。

にほん　す

5. 日本語の授業は大変ですか。

にほんご　じゅぎょう　たいへん

Ⅲ おいしそうです

A. Describe the following pictures using ～そう.

Example:　このすしはおいしそうですね。

Ex.　すし　　　　(1) ケーキ　　　　(2) カレー　　　　(3) 服

　　　　　　　　　　　　　　　　　　　　　　　　　　ふく

delicious　　　　sweet　　　　spicy　　　　old

(4) 先生　　　　(5) 時計　　　　(6) やくざ　　　　(7) 男の人

せんせい　　　　どけい　　　　　　　　　　　　　おとこ　ひと

strict　　　　new　　　　scary　　　　lonely

(8) 女の人
おんな　ひと

glad

(9) おじいさん

energetic

(10) おばあさん

mean

(11) 女の人
おんな　ひと

kind

(12) 弁護士
べんごし

smart

(13) 学生
がくせい

sleepy

(14) セーター

warm

(15) 子供
こども

sad

B. Look at the pictures in A and make sentences as in the example.

Example:　すし　→　おいしそうなすしですね。

C. Pair Work—Talk about the picture taken at a party using 〜そう.

Examples:　おいしそうなケーキですね。

　　　　　この人はうれしそうですね。
　　　　　　ひと

D. Pair Work—Comment on your partner's belongings using 〜そうな.

Example: A：おもしろそうな本ですね。

B：そうですか。実はつまらないんですよ。

A：じゃあ、どうして読んでいるんですか。

B：教科書なので、読まなくちゃいけないんです。

Ⓝ **着てみます**

A. Respond to the following sentences using 〜てみる. 🔊

Example: Q：この服はすてきですよ。

A：じゃあ、着てみます。

1. 経済の授業はおもしろかったですよ。
2. あの映画を見て泣きました。
3. この本は感動しました。
4. このケーキはおいしいですよ。
5. 東京はおもしろかったですよ。
6. この CD はよかったですよ。
7. この辞書は便利でしたよ。

B. Talk about what you want to try in the following places.

Example: Q：インドで何がしてみたいですか。

A：インドでぞうに乗ってみたいです。

1. アフリカ　　2. 東京　　3. タイ　　4. ブラジル　　5. チベット　　6. ？

Ⓥ **紅茶なら飲みました**

A. Answer the questions as in the example. 🔊

Example: Q：メアリーさんはけさ、コーヒーを飲みましたか。

A：(◯ tea　✕ coffee)

→　紅茶なら飲みましたが、コーヒーは飲みませんでした。

1. メアリーさんはバイクに乗れますか。　　　（○ bicycle　　× motorbike）

2. メアリーさんはニュージーランドに行ったことがありますか。

　　　　　　　　　　　　　　　　　　　　　（○ Australia　　× New Zealand）

3. メアリーさんはゴルフをしますか。　　　（○ tennis　　× golf）

4. けんさんは日本の経済に興味がありますか。（○ history　　× economics）

5. けんさんは彼女がいますか。　　　　　　（○ friend　　× girlfriend）

6. けんさんは土曜日に出かけられますか。　（○ Sunday　　× Saturday）

B.　Answer the following questions. Use ～なら whenever possible.

　　Example:　　Q：スポーツをよく見ますか。

　　　　　　　　A：ええ、野球なら見ます。／いいえ、見ません。

1. 外国語ができますか。

2. アルバイトをしたことがありますか。

3. 日本の料理が作れますか。

4. 有名人に会ったことがありますか。

5. 楽器ができますか。

6. お金が貸せますか。

Ⅵ 一か月に一回床屋に行きます

A.　Look at the following pictures and make sentences as in the example.

　　Example:　　一日に二回食べます。

Ex.　twice a day　　　　（1）three times a day　　　（2）seven hours a day

(3) three hours a day

(4) once a week

(5) twice a week

(6) three days a week

part-time job

(7) five days a week

school

(8) once a month

B. Pair Work—Look at the pictures in A and ask your partner questions using the patterns below.

$$\left.\begin{matrix} 一日 \\ いちにち \\ 一週間 \\ いっしゅうかん \\ 一か月 \\ いっ　げつ \end{matrix}\right\} に \left.\begin{matrix} 何回 \\ なんかい \\ 何時間 \\ なんじかん \\ 何日 \\ なんにち \end{matrix}\right\} 〜ますか$$

Example:

Ａ：Ｂさんは一日に何回食べますか。
　　　　　　　　いちにち　なんかい　た

Ｂ：そうですね。たいてい一日に二回食べます。朝ご飯は食べません。
　　　　　　　　　　　　　いちにち　にかい　た　　　あさ　はん　た

C. Class Activity—Ask two people how often they do the following things. Add your own questions.

Example:　go to a barber/beauty parlor

　　　→　　Ａ：Ｂさんはよく床屋／美容院に行きますか。
　　　　　　　　　　　　　　とこや　びよういん　い

　　　　　　Ｂ：一か月に一回ぐらい行きます。
　　　　　　　　いっ　げつ　いっかい　い

Questions	(　　　　) さん	(　　　　) さん
go to a supermarket		
cook		
do exercise		
go to concerts		

Ⅶ まとめの練習
れんしゅう

A. Answer the following questions.

1. 子供の時に何ができましたか。何ができませんでしたか。
   こども　とき　なに　　　　　　　　　　　　なに

2. 百円で何が買えますか。
   ひゃくえん　なに　か

3. どこに行ってみたいですか。どうしてですか。
   い

4. 子供の時、何がしてみたかったですか。
   こども　とき　なに

5. 今、何がしてみたいですか。
   いま　なに

6. 一日に何時間ぐらい勉強しますか。
   いちにち　なんじかん　　　　べんきょう

7. 一週間に何回レストランに行きますか。
   いっしゅうかん　なんかい　　　　　　　い

8. 一か月にいくら使いますか。
   いっ　げつ　　　　　つか

B. Pair Work—Talk about part-time jobs.

1. アルバイトをしたことがありますか。

2. いつしましたか。

3. どんなアルバイトでしたか。

4. 一週間に何日働きましたか。
   いっしゅうかん　なんにちはたら

5. 一時間にいくらもらいましたか。
   いちじかん

6. どんなアルバイトがしてみたいですか。どうしてですか。

C. Role Play—One of you is the manager of one of the following organizations, and the other is the student who is looking for a job.

(a) Call the organizations and make an appointment for a job interview, as in Dialogue Ⅰ.

(b) Then, discuss experiences and qualifications, etc., as in Dialogue Ⅱ.

小山日本語学校 こやまにほんごがっこう	アジア・トラベル	山本屋デパート やまもとや
げんきフィットネスクラブ	ハロー子供英語学校 こどもえいごがっこう	

D. Pair Work—You have made a phone call to a friend, but your friend was not at home. Continue the conversation in the following situations using the additional expressions below.

1. Ask when your friend is coming home and say that you will call again around that time.
2. Leave the message that there is a vocabulary quiz tomorrow in the Japanese class.
3. Leave the message that you can't make it to a party tomorrow.

Start the conversation like this:

A：もしもし、山田さんのお宅ですか。

B：はい、山田です。

A：スミスと申しますが、ようこさんはいらっしゃいますか。

B：今、出かけていますが。

Additional Expressions:

また電話します。(I will call again.)

スミスから電話があったと伝えてください。(Please tell her that Smith called.)

ミーティングに行けないと伝えてください。

(Please tell her I can't come to the meeting.)

私の電話番号は４７１-３９８０です。(My number is 471-3980.)

よろしくお願いします。／失礼します。(*Closing remark*)

銀行で
ぎん こう

At the Bank

Useful Vocabulary

トラベラーズチェック	traveler's check
口座 こうざ	account
利子 り し	interest
手数料 て すうりょう	commission
キャッシュカード	bank card
通帳 つうちょう	passbook
預金 よ きん	savings
百円玉 ひゃくえんだま	100-yen coin
金額 きんがく	amount
暗証番号 あんしょうばんごう	personal identification number

Useful Expressions

口座を開きたいんですが。 こうざ ひら	I would like to open an account.
口座を閉じたいんですが。 こうざ と	I would like to close an account.
ドルを円にかえてください。 えん	Please change dollars into yen.
小切手を現金にしたいんですけど。 こぎって げんきん	I would like to cash this check.
口座にお金を振り込みたいんですが。 こうざ かね ふ こ	I would like to deposit money into the account.
アメリカに送金したいんですが。 そうきん	I would like to send the money to America.
一万円札を千円札十枚に両替できますか。 いちまんえんさつ せんえんさつじゅうまい りょうがえ	Can you change a 10,000-yen bill into ten 1,000-yen bills?
お金をおろします。 かね	I will withdraw money.

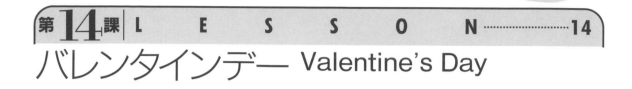

第14課 L E S S O N ·················14
バレンタインデー Valentine's Day

会話 かいわ D i a l o g u e))))

Ⅰ A month before Valentine's Day.

1 メアリー： バレンタインデーのプレゼントは何がいいと思いますか。
2 みちこ： そうですね。たけしさんはいつも同じセーターを着ているから、セー
3　　　　　　ターをあげたらどうですか。
4 メアリー： それはいいかもしれませんね。

Ⅱ On Valentine's Day.

1 メアリー： たけしくん、はい、これ。
2 たけし： えっ、ぼくに？　どうもありがとう。開けてもいい？
3 メアリー： うん。
4 たけし： わあ、すてきなセーター。こんなのがほしかったんだ。メアリーが編
5　　　　　　んだの？
6 メアリー： うん、小さいかもしれないから着てみて。
7 たけし： ちょうどいいよ。ありがとう。

Ⅲ The next day.

1 ジョン：　暖かそうなセーターですね。

2 たけし：　これ、メアリーがくれたんです。

3 ジョン：　よく似合っていますよ。ぼくも彼女がほしいなあ。ロバートさんはチョ

4 　　　　　コレートを十個ももらったんですよ。

5 たけし：　ジョンさんは？

6 ジョン：　ぼくは一個しかもらいませんでした。大家さんから。さびしいなあ。

7 たけし：　でも、ロバートさんはホワイトデーが大変ですよ。

8 ジョン：　ホワイトデー？

9 たけし：　ええ、男の人は三月十四日にお返しをしなくちゃいけないんですよ。

Ⅰ

Mary: What do you think is good for a Valentine's present?

Michiko: Well, Takeshi always wears the same sweater, so why don't you give him a sweater?

Mary: That's a good idea.

Ⅱ

Mary: Takeshi, this is for you.

Takeshi: For me? Thank you. May I open it?

Mary: Yes.

Takeshi: Wow, it's a nice sweater. I've wanted one like this. Did you knit it, Mary?

Mary: Yes. It may be small, so please try it on.

Takeshi: It fits perfectly. Thank you.

Ⅲ

John: Your sweater looks warm.

Takeshi: Mary gave me this.

John: It looks good on you. I want a girlfriend, too. You know, Robert got as many as ten chocolates.

Takeshi: How about you, John?

John: I only got one. From my landlord. How sad.

Takeshi: But, Robert will probably have a tough day on White Day.

John: White Day?

Takeshi: Yes, boys have to return the favor on March 14th.

単語
たん ご

Vocabulary

Nouns

あに	兄	(my) older brother
* おおやさん	大家さん	landlord
* おかえし	お返し	return (as a token of gratitude)
おくさん	奥さん	(your/his) wife
おじさん		uncle; middle-aged man
おばさん		aunt; middle-aged woman
クラブ		club; student society
クリスマス		Christmas
ごしゅじん	ご主人	(your/her) husband
コップ		tumbler; glass
さら	皿	plate; dish
じかん	時間	time
* チョコレート		chocolate
でんしメール	電子メール	e-mail
ぬいぐるみ		stuffed animal (e.g., teddy bear)
ネクタイ		necktie
はは	母	(my) mother
* バレンタインデー		St. Valentine's Day
ビデオカメラ		camcorder
ふうふ	夫婦	married couple; husband and wife
* ホワイトデー		"White Day" (yet another gift-giving day)
マフラー		winter scarf
まんが	漫画	comic book
マンション		multistory apartment; condominium
みかん		mandarin
ゆびわ	指輪	ring
ラジオ		radio
りょうしん	両親	parents
りれきしょ	履歴書	résumé

* Words that appear in the dialogue

い-adjective

* はしい	欲しい	to want	(*thing* が)

な-adjective

けち(な)		stingy; cheap

U-verbs

おくる	送る	to send	
* にあう	似合う	to look good (on somebody)	(*person* に)

Ru-verbs

あきらめる		to give up
* あげる		to give (to others) (*thing* を *person* に)
* くれる		to give (me) (*thing* を *person* に)
できる		to come into existence; to be made (〜が)

Irregular Verbs

そうだんする	相談する	to consult	(*person* に)
プロポーズする		to propose marriage	(*person* に)

Adverbs and Other Expressions

* おなじ	同じ	same
きょねん	去年	last year
* 〜くん	〜君	Mr./Ms. . . . (casual)
* こんな〜		. . . like this; this kind of . . .
〜たち		[makes a noun plural]
わたしたち	私たち	we
* ちょうど		exactly
よく		well

Counters

* 〜こ	〜個	[generic counter for smaller items]
〜さつ	〜冊	[counter for bound volumes]
〜だい	〜台	[counter for equipment]
〜ひき	〜匹	[counter for smaller animals]
〜ほん	〜本	[counter for long objects]

文法 G r a m m a r

1 ほしい

ほしい means "(I) want (something)." It is an い-adjective and conjugates as such. The object of desire is usually followed by the particle が. In negative sentences, the particle は is also used.

いい漢字の辞書がほしいです。
I want a good kanji dictionary.

子供の時、ゴジラのおもちゃがほしかったです。
When I was young, I wanted a toy Godzilla.

お金はあまりほしくありません。
I don't have much desire for money.

（私は）Ｘが　ほしい　　　　　　*I want X.*

ほしい is similar to たい (I want to do . . .), which we studied in Lesson 11, in that its use is primarily limited to the first person, the speaker. These words are called "private predicates," and they refer to the inner sensations which are known only to the person feeling them. Everyone else needs to rely on observations and guesses when they want to claim that "person X wants such and such." Japanese grammar, ever demanding that everything be stated in explicit terms, therefore calls for an extra device for sentences with private predicates as applied to the second or third person.[1]

You can quote the people who say they are feeling these sensations.

ロバートさんはコンピューターがほしいと言っています。
Robert says he wants a computer.

You can make clear that you are only making a guess.

---

[1] Among the words we have learned so far, かなしい (sad), うれしい (glad), and いたい (painful) are private predicates. The observations we make about ほしい below apply to these words as well.

きょうこさんはクラシックの CD がほしくないでしょう。
Probably Kyoko does not want a CD of classical music.

Or you can use the special construction which says that you are making an observation of a person feeling a private-predicate sensation. In Lesson 11, we learned the verb たがる, which replaces たい.

ともこさんは英語を習いたがっています。
(I understand that) Tomoko wants to study English.

ほしい too has a special verb counterpart, ほしがる. It conjugates as an *u*-verb and is usually used in the form ほしがっている, to describe an observation that the speaker currently thinks holds true. Unlike ほしい, the particle after the object of desire is を.

トムさんは友だちをほしがっています。
(I understand that) Tom wants a friend.

2 ～かもしれません

We have already learned the expression でしょう in Lesson 12, with which we can say that a given state of affairs is probable or likely. The new sentence-final expression かもしれません, and its short form counterpart かもしれない, are much like でしょう, and mean that something is a "possibility." You can use かもしれません when you are not sure what is really the case but are willing to make a guess.

かもしれません is placed after the short forms of predicates, in the affirmative and in the negative, in the present as well as the past tense.

あしたは雨が降るかもしれません。
It may rain tomorrow.

田中さんより、鈴木さんのほうが背が高いかもしれません。
Suzuki is perhaps taller than Tanaka.

あしたは天気がよくないかもしれません。
The weather may not be good tomorrow.

トムさんは、子供の時、いじわるだったかもしれません。
Tom may have been a bully when he was a kid.

Just like でしょう, かもしれません goes directly after a noun or a な-adjective in the present tense affirmative sentences. In other words, だ is dropped in these sentences.

トムさんはカナダ人だ。　　　→　　トムさんはカナダ人かもしれません。
Tom is a Canadian.　　　　　　　*Tom might be a Canadian.*

山下先生は犬がきらいだ。　　→　　山下先生は犬がきらいかもしれません。
Professor Yamashita is not　　　*It is possible that Professor Yamashita is not*
fond of dogs.　　　　　　　　　　*fond of dogs.*

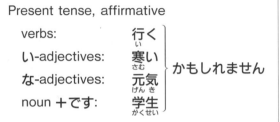

---

3 あげる/くれる/もらう

Japanese has two verbs for giving. The choice between the pair depends on the direction of the transaction. Imagine a set of concentric spheres of relative psychological distances, with me at the center, you next to me, and all the others on the edge. When a thing moves *away* from the center, the transaction is described in terms of the verb あげる. When a thing moves *toward* the center, the verb we use is くれる.

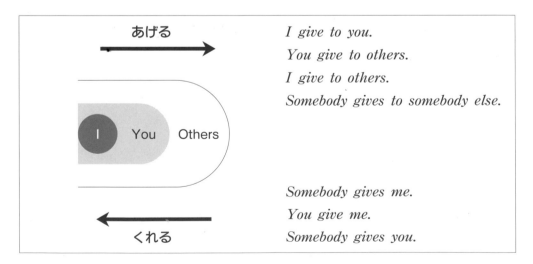

With both あげる and くれる, the giver is the subject of the sentence, and is accompanied by the particle は or が. The recipient is accompanied by the particle に.

私はその女の人に花をあげます。
I will give the woman flowers.

その女の人は男の人に時計をあげました。²
The woman gave the man a watch.

両親が（私に）新しい車をくれるかもしれません。
My parents may give me a new car.

> (giver) は/が　(recipient) に $\begin{Bmatrix} あげる \\ くれる \end{Bmatrix}$　(giver) *gives to* (recipient)

Transactions which are described with the verb くれる can also be described in terms of "receiving" or もらう. With もらう, it is the recipient that is the subject of the sentence, with は or が, and the giver is accompanied by the particle に or から.

私は 姉に／姉から 古い辞書をもらいました。
I received an old dictionary from my big sister.

> (recipient) は/が　(giver) に/から　もらう³　(recipient) *receives from* (giver)

Compare the above もらう sentence with the くれる version below, noting the particle switch.

姉が私に古い辞書をくれました。
My big sister gave me an old dictionary.

---

²When a transaction takes place between two people other than yourself, as in this example, the verb to use is normally あげる. くれる is possible only in limited contexts in which you think you yourself have benefited because somebody very close to you has received something. It should be relatively easy for you to identify yourself with a member of your immediate family or a very good friend, for example.

　大統領が妹に手紙をくれました。
　The President gave my little sister a letter.

³もらう is like くれる and implies that you identify yourself more closely with the recipient than with the giver. Thus it is wrong to use もらう if *you* receive from *me*, for example. (It is one indication that nobody can be detached from their ego.)

　× （あなたは）私から手紙をもらいましたか。
　　Did you receive a letter from me?

You can use もらう for third-party transactions if you can assume the perspective of the recipient.

　妹は大統領に手紙をもらいました。
　My little sister received a letter from the President.

4 〜たらどうですか

たらどうですか after a verb conveys advice or recommendation. The initial た in たらどうですか stands for the same ending as in the past tense short form of a verb in the affirmative. In casual speech, たらどうですか may be shortened to たらどう or たら.

もっと勉強<ruby>勉強<rt>べんきょう</rt></ruby>したらどうですか。
Why don't you study harder?

<ruby>薬<rt>くすり</rt></ruby>を<ruby>飲<rt>の</rt></ruby>んだらどうですか。
How about taking some medicine?

たらどうですか may sometimes have a critical tone, criticizing the person for not having performed the activity already. It is, therefore, safer not to use it unless you have been tapped for consultation.

Also, the pattern is not to be used for extending invitations. If, for example, you want to tell your friend to come visit, you do not want to use たらどうですか, but should use ませんか.

うちに<ruby>来<rt>き</rt></ruby>ませんか。   Compare: ✕ うちに<ruby>来<rt>き</rt></ruby>たらどうですか。
Why don't you come to my place?

5 number＋も / number＋しか＋negative

Let us recall what the basic structure for expressing numbers is like in Japanese.

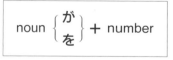

私のうちには<ruby>猫<rt>ねこ</rt></ruby>が<ruby>三匹<rt>さんびき</rt></ruby>います。
<ruby>私<rt>わたし</rt></ruby>
There are three cats in our house.

<ruby>かさを<ruby>三本<rt>さんぼん</rt></ruby>買<rt>か</rt></ruby>いました。
We bought three umbrellas.

You can add も to the number word, when you want to say "as many as."

私の<ruby>母<rt>はは</rt></ruby>は猫を<ruby>三匹<rt>さんびき</rt></ruby>も<ruby>飼<rt>か</rt></ruby>っています。
<ruby>私<rt>わたし</rt></ruby>
My mother owns three, count them, three cats.

きのうのパーティーには学生が二十人も来ました。
As many as twenty students showed up at the party yesterday.

You can add しか to the number word, *and* turn the predicate into the negative when you want to say "as few as" or "only."

私は日本語の辞書を一冊しか持っていません。
I have only one Japanese dictionary.

この会社にはコンピューターが二台しかありません。
There are only two computers in this company.

表現ノート　　　　　　　　　　Expression Notes ②
ひょうげん

The use of short forms in casual speech ▶ The dialogues in this lesson contain many examples of short forms as they are used in informal, casual spoken Japanese. Let us examine some of the lines from the Dialogue section.

開けてもいい？ This is a question that simply asks for a yes or a no. These types of questions hardly ever have the question particle か at the end. The rising intonation alone marks them as questions.

すてきなセーター。 だ, the short form counterpart of です, is usually dropped after a noun or a な-adjective, unless it is followed by ね or よ.

こんなのがほしかったんだ。 んだ is the explanation modality, the short form counterpart of んです. Female speakers have the choice between the gender-neutral んだ and the more feminine の in closing an explanation sentence.

メアリーが編んだの？ Many question sentences in casual spoken Japanese end in の, which is the short form counterpart of the explanation modality んです. As are questions ending in んですか, most の questions are fishing for detailed explanations as a response.

着てみて。 The *te*-form of a verb is used as a request. More politely, you of course would want to say 〜てください.

なあ▶ なあ at the end of a sentence, after a short form predicate, indicates exclamation of admiration, frustration, or some such strong emotion. なあ is mostly used when you are talking to yourself.

日本語の先生はやさしいなあ。	*Wow, isn't my Japanese professor nice!*
いい教科書だなあ。	*Whoa, this is a great textbook!*
おなかがすいたなあ。	*Gee, am I hungry!*
あの人はけちだなあ。	*Darn, isn't that guy cheap!*

できる▶ できる has a number of different meanings depending on the context.

"can do/be good at/do well"

日本語ができます。	*I am capable in Japanese.*
彼はスキーができません。	*He can't ski.*
テストはあまりできませんでした。	*I didn't do well on the exam.*

"be completed/be finished"

晩ご飯ができましたよ。	*Dinner is ready.*
宿題はできましたか。	*Is your homework done yet?*

"appear/come into existence/be made"

新しい店ができました。	*A new store has opened.*
友だちがたくさんできました。	*I have made many friends.*

練習 P r a c t i c e
れん しゅう

I 車がほしいです
くるま

A. Items marked with ○ are what you want, and items marked with ✗ are what you do not want. Make sentences using ほしい. 🔊

Examples: 本がほしいです。
ほん
マフラーがほしくありません。

Ex. ○ ✗

(1) ○ (2) ✗ (3) ✗ (4) ○ (5) ✗

B. Items marked with ○ are what you wanted when you were a child, and items marked with ✗ are what you did not want. Make sentences using ほしい. 🔊

Examples: 子供の時、本がほしかったです。
こども とき ほん
子供の時、マフラーがほしくありま
こども とき
せんでした。

Ex. ○ ✗

(1) ○ (2) ✗ (3) ✗ (4) ○ (5) ✗

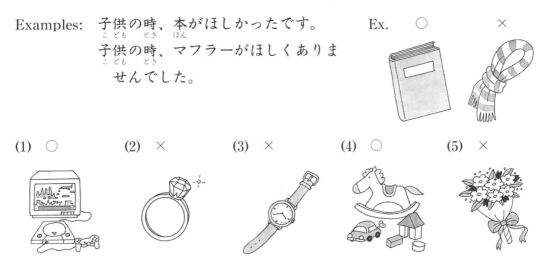

C. Pair Work—Ask if your partner wants/wanted the items above.

Example:　A：子供の時、本がほしかったですか。

　　　　　B：いいえ、ほしくありませんでした。

D. Pair Work—Ask your partner which of the two items in the list they want more of and why.

Example:　車／コンピューター

　　　　→　A：車とコンピューターと、どちらがほしいですか。

　　　　　　B：車よりコンピューターのほうがほしいです。

　　　　　　A：どうしてですか。

　　　　　　B：友だちに電子メールが送れますから。

1. コンサートの切符／CD
2. 小さい家／大きいマンション
3. テレビ／電話
4. 猫／犬
5. 時間／お金

E. Pair Work—Ask what your partner wants/does not want for their birthday. Report your finding to the class later.

Examples:　けんさんはコンピューターをほしがっています。

　　　　　　けんさんはぬいぐるみがほしくないと言っていました。

Ⅱ あの人は学生かもしれません
<small>ひと　　　がくせい</small>

A. Look at the picture and change the sentences using 〜かもしれません. 🔊

Examples: あの女の人は学生です。(maybe)
<small>おんな　ひと　がくせい</small>

→ あの女の人は学生かもしれません。
<small>おんな　ひと　がくせい</small>

あの女の人は学生です。(maybe not)
<small>おんな　ひと　がくせい</small>

→ あの女の人は学生じゃないかもしれません。
<small>おんな　ひと　がくせい</small>

1. あの女の人は会社員です。(maybe)
<small>おんな　ひと　かいしゃいん</small>

2. あの男の人は先生です。(maybe not)
<small>おとこ　ひと　せんせい</small>

3. あの女の人はテニスが上手です。(maybe)
<small>おんな　ひと　　　　じょうず</small>

4. あの男の人は背が低いです。(maybe not)
<small>おとこ　ひと　せ　ひく</small>

5. 今、寒いです。(maybe not)
<small>いま　さむ</small>

6. あの女の人は今日テニスをします。(maybe)
<small>おんな　ひと　きょう</small>

7. あの男の人と女の人は、今、駅にいます。
<small>おとこ　ひと　おんな　ひと　　いま　えき</small>
(maybe not)

8. あの男の人は結婚しています。(maybe)
<small>おとこ　ひと　けっこん</small>

9. あの男の人と女の人は夫婦です。(maybe not)
<small>おとこ　ひと　おんな　ひと　ふうふ</small>

10. あの女の人は男の人に興味があります。(maybe)
<small>おんな　ひと　おとこ　ひと　きょうみ</small>

11. あの女の人はきのうテニスをしました。(maybe)
<small>おんな　ひと</small>

B. Complete the following sentences.

1. あしたの天気は＿＿＿＿＿＿＿＿＿＿＿＿＿＿かもしれません。
<small>てんき</small>

2. 今週の週末、私は＿＿＿＿＿＿＿＿＿＿＿＿かもしれません。
<small>こんしゅう　しゅうまつ　わたし</small>

3. 私たちの日本語の先生は＿＿＿＿＿＿＿＿＿かもしれません。
<small>わたし　　にほんご　せんせい</small>

4. 私のとなりの人は、きのう＿＿＿＿＿＿＿＿かもしれません。
<small>わたし　　　　　ひと</small>

5. 今学期の後、私は＿＿＿＿＿＿＿＿＿＿＿＿かもしれません。
<small>こんがっき　あと　わたし</small>

C. Pair Work—Ask your partner what they think they will be doing in twenty years. When you answer, use 〜かもしれません／〜と思います.
<small>おも</small>

1. どこに住んでいますか。
<small>す</small>

2. 結婚していますか。
けっこん

3. 奥さん／ご主人はどんな人ですか。
おく　　　　しゅじん　　　　　ひと

4. 子供がいますか。
こども

5. 仕事は何ですか。
しごと　なん

6. お金持ちですか。
かね も

7. 週末よく何をしますか。
しゅうまつ　　なに

8. 日本語を勉強していますか。
に ほん ご　　べんきょう

Ⅲ きょうこさんはトムさんにセーターをあげました

A. You have just come back from a trip. Look at the picture and tell what you will give to the following people. 🔊

Example: 父にお酒をあげます。
ちち　さけ

B. Pair Work—Ask what your partner would give the following people on their birthdays. When you answer, give reasons, too.

Example:　Ａ：お父さんの誕生日に何をあげるつもりですか。
とう　　たんじょう び　　なに

　　　　　Ｂ：料理の本をあげるつもりです。父は料理をするのが好きですから。
りょう り　　ほん　　　　　　　　　　　　ちち　りょう り　　　　　　　　す

1. お母さん　　　　2. おばさん　　　　3. おじさん
かあ

4. 友だち　　　　　5. 兄弟　　　　　　6. 彼／彼女
とも　　　　　　　　きょうだい　　　　　かれ　かのじょ

C. Look at the pictures and make sentences using くれる／もらう. 🔊

Example: 彼女がマフラーをくれました。／彼女にマフラーをもらいました。
かのじょ　　　　　　　　　　　　　　　　　かのじょ

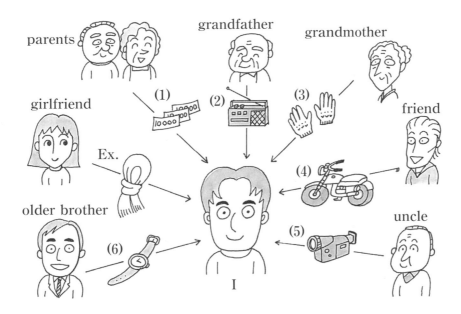

D. Describe who gave what to whom using あげる／くれる／もらう.

Example: きょうこさんはビルさんにセーターをあげました。

E. Pair Work—One student looks at Picture A below, and the other looks at Picture B on p. 48. Ask and answer questions to find out who gave what to whom in order to complete the picture below.

Example:　A：たけしさんはメアリーさんに何をあげましたか。

　　　　　　　メアリーさんはたけしさんに何をもらいましたか。

　　　　　　B：花をあげました／もらいました。

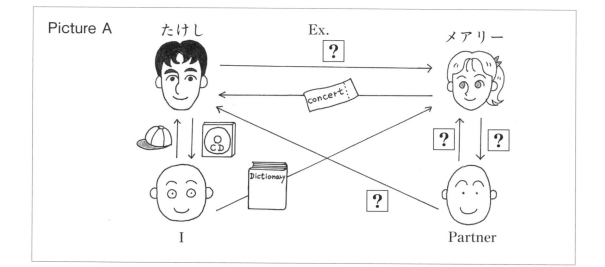

F. Answer the following questions.

1. 去年の誕生日に何をもらいましたか。
2. クリスマスに家族に何をあげましたか。
3. クリスマスに家族は何をくれましたか。
4. バレンタインデーに何かあげたことがありますか。何をあげましたか。
5. バレンタインデーに何かもらったことがありますか。何をもらいましたか。
6. 友だちの誕生日に何をあげたいですか。
7. 一番うれしかったプレゼントは何ですか。だれにもらいましたか。
8. 一番うれしくなかったプレゼントは何ですか。だれにもらいましたか。

Ⅳ 家に帰ったらどうですか
いえ かえ

A. Give advice to the people below. 🔊

Example: メアリー／check newspaper → 新聞を見たらどうですか。
しんぶん み

日本で仕事がしたいんです。
にほん しごと

メアリー

Ex. check newspaper

1. consult with the teacher

2. send résumé to companies

彼女がいません。
かのじょ

ジョン

3. go to a party

4. join a club（クラブに入る）
はい

5. give up

彼女と結婚したいんです。
かのじょ けっこん

けん

6. propose marriage

7. give her a ring

8. meet her parents

B. Pair Work—Give your partner some suggestions on the following comments using 〜たらどうですか.

Example: A：頭が痛いんです。
あたま いた
B：じゃあ、家に帰ったらどうですか。
いえ かえ

1. おいしいケーキが食べたいんです。
た

2. 安いカメラがほしいんです。
やす

3. ちょっと太ったんです。
ふと

4. このごろ疲れているんです。
つか

5. 勉強が大きらいなんです。
べんきょう だい

6. よく寝られないんです。
ね

7. 友だちができないんです。
とも

8. お金がないんです。
かね

9. 彼／彼女がけちで、何もくれないんです。
かれ かのじょ なに

Ⅴ 四時間も勉強しました
よ じ かん　　べんきょう

A. Describe the picture using counters. 🔊

Example:　fish　→　魚が五匹います。
さかな　ご ひき

1. cat
2. flower
3. necktie
4. book
5. radio
6. CD
7. magazine
8. pencil
9. glass
10. plate

B. Describe the following pictures using 〜も or 〜しか. 🔊

Example:　勉強しました
べんきょう

→　メアリーさんは四時間も勉強しました。
よ じ かん　べんきょう

ジョンさんは三十分しか勉強しませんでした。
さんじゅっぷん　べんきょう

Ex. 勉強しました　　　4 hours　　　30 minutes
べんきょう

	(1)食べました た	(2)読みました よ	(3)持っています も	(4)飲みました の	(5)寝ます ね
メアリー	🍔	📖	💿 }50	🍾🍾🍾	🕚 11 hours
ジョン	🍔🍔 🍔🍔	📚 }6	💿💿	🍾	🕔 5 hours

C. Pair Work—Ask your partner the following questions. Respond to the answers using 〜しか or 〜も when appropriate.

Examples: まんがを何冊持っていますか。

→ A：まんがを何冊持っていますか。

B：一冊持っています。

A：えっ、一冊しか持っていないんですか。

B：ええ、興味がありませんから。

→ A：まんがを何冊持っていますか。

B：百冊ぐらい持っています。

A：えっ、百冊も持っているんですか。

B：日本のまんがが大好きですから。

1. 今いくら持っていますか。
2. きのう何時間勉強しましたか。
3. 一か月にビデオを何本ぐらい見ますか。
4. 今学期授業を何回サボりましたか。
5. 将来、子供が何人ほしいですか。
6. セーターを何枚持っていますか。

Ⅵ まとめの練習

A. Special Days in Japan

(a) Pick one of the special days in Japan listed below and ask a Japanese person about it. Explain what the event is about in class.

ひなまつり	母の日	父の日
子供の日	節分	お正月

(b) What kind of unique events do you have in your own country? Explain one of them in class.

B. Class Activity—Show and Tell

Bring something that you have received from someone and talk about it.

Example: これは指輪です。誕生日に母がくれました。将来、私の子供にあげた
いです。

C. Role Play—Using actual items, engage in short conversations about giving and
receiving things. Use Dialogue I as a model.

Pair Work Ⅲ E.

Example: A：たけしさんはメアリーさんに何をあげましたか。
メアリーさんはたけしさんに何をもらいましたか。
B：花をあげました／もらいました。

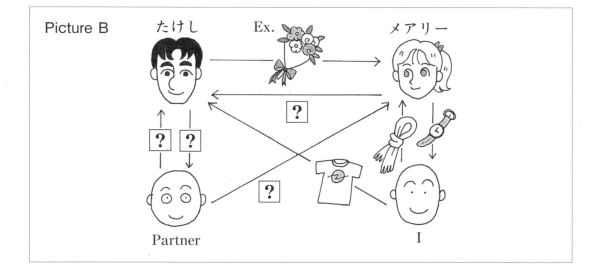

数え方
かぞ　　かた

C o u n t e r s

	こ（個） small items	さつ（冊） bound volumes	ひき（匹） small animals	ほん（本） long objects	だい（台） equipment	まい（枚） flat objects
1	いっこ	いっさつ	いっぴき	いっぽん	いちだい	いちまい
2	にこ	にさつ	にひき	にほん	にだい	にまい
3	さんこ	さんさつ	さんびき	さんぼん	さんだい	さんまい
4	よんこ	よんさつ	よんひき	よんほん	よんだい	よんまい
5	ごこ	ごさつ	ごひき	ごほん	ごだい	ごまい
6	ろっこ	ろくさつ	ろっぴき	ろっぽん	ろくだい	ろくまい
7	ななこ	ななさつ	ななひき	ななほん	ななだい	ななまい
8	はっこ	はっさつ	はっぴき	はっぽん	はちだい	はちまい
9	きゅうこ	きゅうさつ	きゅうひき	きゅうほん	きゅうだい	きゅうまい
10	じゅっこ	じゅっさつ	じゅっぴき	じゅっぽん	じゅうだい	じゅうまい
How many	なんこ／ いくつ	なんさつ	なんびき	なんぼん	なんだい	なんまい
Examples	candy tomato eraser	book magazine dictionary	cat dog snake	pencil umbrella tape bottle	computer TV car bicycle	paper CD T-shirt

* Notes:
1. The pronunciation of numbers 1, 6, 8, and 10 changes before the counters こ, さつ, ひき, and ほん, except for ろくさつ.
2. The initial sound of the counters ひき, and ほん, changes to ぴき and ぽん after numbers 1, 6, 8, and 10, and to びき and ぼん after number 3 and なん, respectively.

第15課 | L E S S O N ················15

長野旅行 A Trip to Nagano
なが の りょ こう

会話 D i a l o g u e
かい わ

Ⓘ Before the vacation.

1 メアリー： たけしくん、今度の休み、予定ある？
こん ど　やす　　よ てい

2 たけし： ううん。別に。どうして？
べつ

3 メアリー： みちこさんの長野のうちに行こうと思ってるんだけど、一緒に行かない？
なが の　　　い　　　　おも　　　　　　　　　　いっしょ　い

4 たけし： いいの？

5 メアリー： うん。みちこさんが、「たけしくんも誘って」と言ってたから。
さそ　　　　　い

6 たけし： じゃあ、行く。電車の時間、調べておくよ。
い　　でんしゃ　じ かん　しら

7 メアリー： ありがとう。じゃあ、私、みちこさんに電話しておく。
わたし　　　　　　　　　でん わ

Ⅱ At Nagano Station.

1 たけし： 早く着いたから、ちょっと観光しない？
はや　つ　　　　　　　　　　かんこう

2 メアリー： うん。どこに行く？
い

3 たけし： 善光寺はどう？ 有名なお寺だよ。
ぜんこう じ　　　　　ゆうめい　　てら

4 メアリー： そうだね。昼ご飯は何にする？
ひる　はん　なに

5 たけし： 長野はそばがおいしいから、
なが の

6 そばを食べようよ。
た

Ⅲ At the Travel Information Office.

1 たけし： すみません、善光寺に行くバスはどれですか。
ぜんこう じ　い

2 案内所の人： 善光寺なら、五番のバスですよ。
あんないじょ　ひと　ぜんこう じ　　　ご ばん

3 たけし： ありがとうございます。この地図、もらってもいいですか。
ち ず

4 案内所の人： ええ、どうぞ。それから、これ、美術館の割引券ですが、よかったら
あんないじょ　ひと　　　　　　　　　　　　　　　び じゅつかん　わりびきけん

5 どうぞ。

6 メアリー： これ、東山魁夷の絵がある美術館ですね。あした行く予定なんです。

7 どうもありがとう。

8 案内所の人： 気をつけて。

「白馬の森 (Forest with a White Horse)」

東山魁夷/1972年
長野県信濃美術館・東山魁夷館蔵

Ⅰ

Mary: Takeshi, do you have any plans for the holiday?

Takeshi: Not really. Why?

Mary: I am thinking of going to Michiko's home in Nagano. Do you want to go?

Takeshi: Is it okay?

Mary: Yes, Michiko told me to invite you.

Takeshi: Then, I will go. I will check the train schedule.

Mary: Thanks. I will call Michiko.

Ⅱ

Takeshi: Since we got here early, do you want to do a little sightseeing?

Mary: Yes. Where shall we go?

Takeshi: How about Zenkoji Temple? It's a famous temple.

Mary: Sounds good. What shall we eat for lunch?

Takeshi: *Soba* noodles in Nagano are delicious, so let's eat *soba*.

Ⅲ

Takeshi: Excuse me, which bus goes to Zenkoji Temple?

Information agent: For Zenkoji, it's bus number 5.

Takeshi: Thank you very much. Can I have this map?

Information agent: Yes. And these are discount tickets for the museum. Please take them, if you like.

Mary: This is the museum that has paintings by Higashiyama Kaii, isn't it? We are planning to go tomorrow. Thank you.

Information agent: Have a safe trip.

単語
たん ご
Vocabulary

Nouns

*	え	絵	painting; picture; drawing
	えいがかん	映画館	movie theater
	がいこくじん	外国人	foreigner
	かぐ	家具	furniture
*	かんこう	観光	sightseeing
	けっこんしき	結婚式	wedding
	じしん	地震	earthquake
	しめきり	締め切り	deadline
	ジャケット		jacket
	しゅうかん	習慣	custom
	ぜいきん	税金	tax
	そつぎょうしき	卒業式	graduation ceremony
*	そば		*soba*; Japanese buckwheat noodle
*	ちず	地図	map
	でんち	電池	battery
	にわ	庭	garden
	はっぴょう	発表	presentation
	ばんぐみ	番組	broadcast program
	プール		swimming pool
	ペット		pet
*	よてい	予定	schedule
	りょかん	旅館	inn
*	わりびきけん	割引券	discount coupon

い-adjective

ひろい	広い	spacious; wide

U-verbs

	うる	売る	to sell
	おろす	下ろす	to withdraw (money)
	かく		to draw; to paint
	さがす	探す	to look for
*	さそう	誘う	to invite

* Words that appear in the dialogue

つきあう	付き合う	(1) to date (someone)
		(person と）
		(2) to keep company
		(purpose に）
* つく	着く	to arrive *(place* に）
ほけんにはいる	保険に入る	to buy insurance

Ru-verbs

* きをつける	気をつける	to be cautious/careful （〜に）
* しらべる	調べる	to look into (a matter)
		(matter を）
すてる	捨てる	to throw away
みえる	見える	to be visible

Irregular Verbs

* する		to decide on (an item)
		(thing に）
そつぎょうする	卒業する	to graduate (from . . .)
		(school を）
よやくする	予約する	to reserve

Adverbs and Other Expressions

いちにちじゅう	一日中	all day long
* 〜けど		. . . , but; . . . , so
さいきん	最近	recently
〜について		about . . . ; concerning . . .
* 〜ばん	〜番	number . . .
〜め	〜目	-th
もういちど	もう一度	one more time

文法 G r a m m a r

1 Volitional Form

The volitional form of a verb is a less formal, more casual equivalent of ましょう. You can use it to suggest a plan to a close friend, for example.

> *ru*-verbs: Drop the final *-ru* and add *-yoo*.
>
> 食べる (tabe-ru) → 食べよう (tabe-yoo)
>
> *u*-verbs: Drop the final *-u* and add *-oo*.
>
> | 行く (ik-u) | → | 行こう (ik-oo) | 待つ | → | 待とう |
> | 話す | → | 話そう | 読む | → | 読もう |
> | 買う | → | 買おう | 死ぬ | → | 死のう |
> | 泳ぐ | → | 泳ごう | 取る | → | 取ろう |
> | 遊ぶ | → | 遊ぼう | | | |
>
> irregular verbs:
>
> | くる | → | こよう |
> | する | → | しよう |

あしたは授業がないから、今夜、どこかに食べに行こう。
We don't have any classes tomorrow. Let's go some place for dinner tonight.

結婚しようよ。
Hey, let's get married!

You can use the volitional plus the question particle か to ask for an opinion in your offer or suggestion.

手伝おうか。
Shall I lend you a hand?

友だちがおもしろいと言っていたから、この映画を見ようか。
Shall we see this film? My friends say it is good.

今度、いつ会おうか。
When shall we meet again?

We use the volitional ＋ と思っています to talk about our determinations.

毎日三時間日本語を勉強しようと思っています。
I've decided to/I'm going to study Japanese for three hours every day.

You can also use the volitional ＋ と思います, which suggests that the decision to perform the activity is being made *on the spot* at the time of speaking. と思っています, in contrast, tends to suggest that you have *already decided* to do something.

Situation 1

Q：一万円あげましょう。何に使いますか。
I will give you 10,000 yen. What will you use it for?

A：漢字の辞書を買おうと思います。
I will buy a kanji dictionary. (decision made on the spot)

Situation 2

Q：両親から一万円もらったんですか。何に使うんですか。
You got 10,000 yen from your parents? What are you going to use it for?

A：漢字の辞書を買おうと思っています。
I am going to buy a kanji dictionary. (decision already made)

2　〜ておく

The *te*-form of a verb plus the helping verb おく describes an action performed *in preparation for something*.

あした試験があるので、今晩勉強しておきます。
Since there will be an exam tomorrow, I will study (for it) tonight.

寒くなるから、ストーブをつけておきました。
I turned the heater on by way of precaution, because it was going to get colder.

ホテルを予約しておかなくちゃいけません。
I must make a hotel reservation in advance.

3 Using Sentences to Qualify Nouns

In the phrase おもしろい本, the い-adjective おもしろい qualifies the noun 本 and tells us what kind of book it is. You can also use sentences to qualify nouns. The sentences that are used as qualifiers of nouns are shown in the boxes below.

1.	きのう買った	本	the book	that I bought yesterday	
2.	彼がくれた	本	the book	my boyfriend gave me	
3.	つくえの上にある	本	the book	that is on the table	
4.	日本で買えない	本	the books	that you can't buy in Japan	

Qualifier sentences in these examples tell us what kind of book we are talking about, just like adjectives. The verbs used in such qualifier sentences are in their short forms, either in the present (as in examples 3 and 4) or the past tense (1 and 2), and either in the affirmative (1-3) or in the negative (4). When the subject of the verb—that is to say, the person performing the activity—appears inside a qualifier sentence, as in example 2 above, it is accompanied by the particle が, and not は.

You can use a noun with a qualifier sentence just like any other noun. In other words, a "qualifier sentence + noun" combination is just like one big noun phrase. You can put it anywhere in a sentence that you can have a noun.

これは 去年の誕生日に彼女がくれた 本です。　　(cf. これは本です。)
This is a book that my girlfriend gave me on my birthday last year.

父が エイミー・タンが書いた 本をくれました。　　(cf. 父が本をくれました。)
My father gave me a book that Amy Tan wrote.

私が一番感動した 映画は「生きる」です。　　(cf. 映画は「生きる」です。)
The movie I was touched by the most is To Live.

表現ノート
ひょうげん

The use of short forms in casual speech ▶ Let us examine some more examples of short forms used in informal, casual spoken Japanese in the Dialogue.

今度の休み、予定ある？　The verb ある calls for the particle が, as in 予定
こんど　やす　　よてい　　　　　　　　　　　　　　　　　　　　　　　　よてい
がある. The particles は, が, and, を are frequently dropped in the casual speech. Note also that this sentence is a yes/no question, and the particle か is dropped. (The question particle か is retained in special cases only, such as the pattern "the volitional ＋ か (*Shall we . . . ?*)")

思ってるんだけど。　思ってる is the contraction of 思っている, where the
おも　　　　　　　　　おも　　　　　　　　　　　　　　おも
vowel い of the helping verb いる is dropped. Such contractions do occur in the long form (です and ます) speech patterns too, but are more frequent in casual speech with short forms.

言ってたから。　言ってた is the contraction of 言っていた. Another example
い　　　　　　　　い　　　　　　　　　　　　　　い
of the vowel い in the helping verb ている dropping out.

有名なお寺だよ。　　だ is systematically dropped at the end of a sentence,
ゆうめい　　てら
but it is retained when it is followed by よ or ね.

> A：今日、何曜日？
> 　　きょう　なんようび
> B：水曜日。／水曜日だよ。
> 　　すいようび　　すいようび

While sentences ending with だよ are quite common in the casual speech of women today, until very recently, women were "supposed to" drop だ when they ended a sentence with よ.

Short present ＋ 予定です ▶ You can add 予定です to a verb in the present
　　　　　　　　よてい　　　　　　　　　　　　　　　　よてい
tense short form when you want to say that something is scheduled to take place.

> 私は今度の週末に韓国に行く予定です。
> わたし こんど しゅうまつ かんこく い よてい
> *I am scheduled to go to Korea this coming weekend.*

> 私の兄は九月に結婚する予定です。
> わたし あに くがつ けっこん よてい
> *My big brother is scheduled to get married this September.*

You can also use 予定です with verbs in the negative.
　　　　　　　　よてい

> あしたは学校に来ない予定です。
> がっこう こ よてい
> *I am not planning to come to school tomorrow.*

見える/見られる▶ 見える is different from 見られる, the regular potential form of 見る. 見える means "something or someone is spontaneously visible"; 見られる, on the other hand, means that the subject of the sentence can see something or someone actively rather than passively.

部屋の窓から海が見えます。
I can see the ocean from the window of the room.

どこであの映画が見られますか。
Where can I see that movie?

The difference between 聞こえる and 聞ける is the same. 聞こえる means "something is spontaneously audible." On the other hand, 聞ける, the potential form of 聞く, means that the subject of the sentence can hear the sound actively.

けさ、鳥の声が聞こえました。
This morning, I heard the voices of the birds.

ウォークマンを買ったから、電車の中で日本語のテープが聞けます。
I bought a walkman, so I can listen to a Japanese tape on the train.

〜目▶ The suffix 目 turns a number into a reference to a position in a series, like *first*, *second*, *third*, and *fourth*.

	first	second	third
〜人目	一人目 (first person)	二人目 (second person)	三人目 (third person)
〜枚目	一枚目 (first sheet)	二枚目 (second sheet)	三枚目 (third sheet)
〜年目	一年目 (first year)	二年目 (second year)	三年目 (third year)
〜日目	一日目 (first day)	二日目 (second day)	三日目 (third day)

練習 P r a c t i c e
れん しゅう

① コーヒーを飲もうか
の

A. Change the verbs into the volitional forms.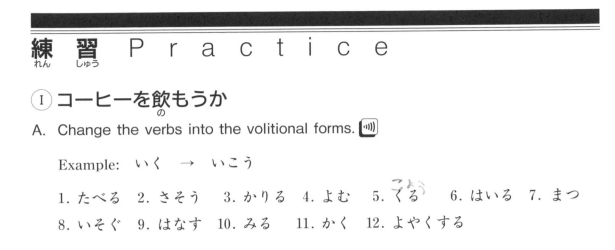

Example:　いく　→　いこう

1. たべる　2. さそう　3. かりる　4. よむ　5. くる　6. はいる　7. まつ
つよ

8. いそぐ　9. はなす　10. みる　11. かく　12. よやくする

B. Pair Work—Suggest your plans to your partner using the informal speech.

Example:　Ａ：喫茶店でコーヒーを飲もう（か）。
きっ さ てん　　　　の
　　　　　　Ｂ：うん、そうしよう。／うーん、ちょっと……。

Ex.

drink coffee at a coffee shop

(1)

read magazines in the library

(2)

see a movie in Kyoto

(3)

take pictures at school

(4)

swim in a pool

(5)

buy hamburgers at McDonald's

(6)　　　　　　　　　(7)　　　　　　　　　(8)

dance at a disco　　climb a mountain in Nagano　　have a barbecue at a park

C. Pair Work—You and your partner are going on a trip for four days. Decide (1) where you are going, and (2) what you are going to do each day. Use the volitional forms as in the example.

Example:　A：どこに行こうか。
　　　　　B：九州に行こう。
　　　　　A：うん。じゃあ、九州で何をしようか。
　　　　　B：いい温泉があるから、温泉に入ろう。

1. どこに行きますか。　＿＿＿＿＿＿＿＿＿＿＿

2. 何をしますか。　　一日目　＿＿＿＿＿＿＿＿＿

　　　　　　　　　二日目　＿＿＿＿＿＿＿＿＿

　　　　　　　　　三日目　＿＿＿＿＿＿＿＿＿

　　　　　　　　　四日目　＿＿＿＿＿＿＿＿＿

Ⅱ 勉強しようと思っています

A. Describe what each person is planning to do. 🔊

Example:　メアリー　(study all day)
　　　　　→　メアリーさんは一日中勉強しようと思っています。

1. きょうこ　(do physical exercise)

2. 山下先生　(quit smoking)

3. ともこ　(go on a diet)

4. ジョン　(get up early in the morning)

5. ロバート　　(listen to the Japanese language tapes all day)

6. たけし　　　(eat more vegetables)

7. スー　　　　(make lots of Japanese friends)

8. けん　　　　(look for a job)

B. Ask three classmates what they are going to do this weekend and fill in the chart.

Example: A：週末何をしようと思っていますか。
　　　　　B：キャンプをしようと思っています。
　　　　　A：いいですね。だれと行くんですか。
　　　　　B：けんさんと行こうと思っています。

名前	何を	どこで	だれと

C. Pair Work—Practice the following dialogue with your partner. Then substitute the boxed part with the other occasions listed below and complete the rest of the underlined parts accordingly.

Dialogue: A：もうすぐ、 二十一歳の誕生日 ですね。
　　　　　B：ええ、うちでパーティーをしようと思っています。
　　　　　A：そうですか。それは、いいですね。

冬休み	夏休み	試験	レポートの締め切り
卒業式	お正月	先生の結婚式	日本語のクラスの発表

D. Let's sing the song 幸せなら手をたたこう.

♪　幸せなら手をたたこう　　　幸せなら手をたたこう
　　幸せなら態度で示そうよ　　ほら、みんなで手をたたこう

*手をたたく＝clap your hands　　態度＝attitude　　示す＝show

What do you suggest doing when you are happy?
Change the underlined parts into other verbs using the volitional forms.

Example:　握手をする (shake hands)　→　握手をしよう
　　　　　ウインクする (wink)　　　　→　ウインクしよう

Ⅲ お金を借りておきます

A. A famous prophet said that there will be a big earthquake next week. Tell what the people below will do in advance.

> 来週、大きい地震があります。

Example:　みちこ　（電池を買う）　→　みちこさんは電池を買っておきます。

1. メアリー　　　　　　（水と食べ物を買う）
2. スー　　　　　　　　（お金をおろす）
3. ロバート　　　　　　（お金を借りる）
4. 山下先生　　　　　　（うちを売る）
5. たけしのお母さん　　（保険に入る）
6. ともこ　　　　　　　（大きい家具を捨てる）
7. たけし　　　　　　　（たくさん食べる）

B. What do you need to do to prepare for the following situations? Make as many sentences as possible using 〜ておく.

Example:　週末、旅行します。

> 旅館を予約しておきます。
> 地図で調べておきます。
> ビデオカメラを借りておきます。

1. 月曜日にテストがあります。
   げつようび
2. 両親が来ます。
   りょうしん　き
3. デートをします。
4. パーティーをします。

Ⅳ 京都で買った時計
きょうと　か　とけい

A. Look at the pictures and make noun phrases as in the example. 🔊

Example:　a friend who lives in Korea　→　韓国に住んでいる友だち
かんこく　す　とも

(1) a friend who can speak Spanish

(2) a watch I got from my girlfriend

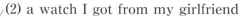

(3) a friend who went to
China last year

(4) a bag I use every day

(5) a coffee shop
I sometimes go to

(7) a T-shirt I bought in Hawaii　———　(6) a temple I saw last week

(8) the house I live in now

B. You are a collector of items associated with world-famous figures. Show your
collection to your guest. 🔊

Example:　これはエリック・クラプトンが使ったギターです。
つか

Ex.

(1)

(2)

a guitar Eric Clapton used　　a picture Picasso drew　　a piano Beethoven played

(3)

a jacket Elvis Presley wore

(4)

a car Kennedy rode in

(5)

a letter Gandhi wrote

(6)

a photo Hitchcock took

(7)

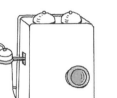

a telephone Bell made

(8)

a cap Mao Tse-tung
（毛沢東）wore

C. Make the following two sentences into one sentence. The underlined words will be modified.

Example: コーヒーを飲んでみました。
　　　　　└ （田中さんにもらいました）
　　　→　田中さんにもらったコーヒーを飲んでみました。

1. 料理はおいしくありません。
　　└ （妹が作りました）

2. 旅館に泊まりたいです。
　　└ （温泉があります）

3. 人と結婚したくありません。
　　└ （料理ができません）

4. 学生を知っていますか。
　　└ （アメリカで勉強したことがあります）

5. 外国人を探しています。
　　└ （日本の習慣についてよく知っています）

6. 人にもう一度会いたいです。
　　└ （去年の夏会いました）

D. Pair Work—Ask your partner the following questions. Later, report your findings to the class, as in the example.

Example: What did you buy recently?

→ Ａ：最近何を買いましたか。
Ｂ：辞書です。
Ａ：Ｂさんが最近買った物は辞書です。

1. What movie did you see recently?
2. What gifts have you received lately?
3. Which celebrity do you want to meet?
4. What country have you been to?
5. What kind of music did you listen to when you were in high school?
6. Where did you have your first date?

E. Pair Work—Ask which of the three alternatives your partner likes the most.

Example: Ａ：どのビデオが見たいですか。
Ｂ：友だちがくれたビデオが見たいです。

(a)

my friend gave me

(b)

I borrowed yesterday

(c)

Jody Foster appears

1. どの帽子が好きですか。

(a)

I got from my mother

(b)

I bought last year

(c)

I bought in Hawaii

2. どのレストランに行きましょうか。

(a)   (b)   (c)

we went to last week   our friend is working at part-time   we have never been to

3. どの人と付き合いたいですか。

(a)   (b)   (c)

graduated from Tokyo University   has a Porsche（ポルシェ）   can play the piano

4. どんな町に住みたいですか。

(a)   (b)   (c)

there are many movie theaters   there are nice restaurants   tax is not high

5. どんな家に住みたいですか。

(a)   (b)   (c)

there is a swimming pool   garden is spacious   with an ocean view（海が見える）

6. ルームメートを探しています。どの人がいいですか。

(a)   (b)   (c)

likes cooking   doesn't smoke   has pets

Ⅵ まとめの練習

A. Pair Work—Guessing Game

Write down what you do often in Column I. Write down what you think your partner does often in Column II. Ask each other to find out if you have guessed right. If you have guessed your partner's answers correctly, you score a point. You win the game if you have scored higher than your partner.

Example: A：よく食べる物は、ハンバーガーですか。

              B：はい、そうです。／いいえ、私がよく食べる物は、そばです。

	I. I do often:	II. I think my partner does often:	Was I correct?
よく食べる物			
よく行く所			
よく作る料理			
よく聞く音楽			
よく見るテレビ番組			
よく読む雑誌			
よくするスポーツ			

B. Class Activity—Find someone who . . .

1. listens to the Japanese language tape every day _____

2. is thinking of breaking up with the partner _____

3. has to write a paper this weekend _____

4. cannot swim _____

5. can speak Spanish _____

Later, report to the class as in the example.

Example: (Mr. A can speak German.) → ドイツ語が話せる 人 はＡさんです。

C. Tell the class about your New Year's resolution (新年の抱負).

Example: 去年は遊びすぎたから、今年は、もっと勉強しようと思っています。
それから、外国語を習いたいです。

D. Pair Work—Suppose you and your partner have just arrived at your travel destination. (You choose the place.) Using Dialogue Ⅱ as a model, decide to do something together with your partner. Use the informal speech.

ホテルで
At the Hotel

Useful Vocabulary

ホテル	Western-style hotel
ビジネスホテル	business hotel
ユースホステル	youth hostel
旅館（りょかん）	Japanese-style inn (Room prices usually include breakfast and dinner.)
民宿（みんしゅく）	guest house (Room prices usually include breakfast and dinner.)
～泊（はく）	. . . nights （何泊／一泊／二泊／三泊／四泊……）（なんぱく／いっぱく／にはく／さんぱく／よんぱく

～付（つき）	with . . .	シングル	single room
食事付（しょくじつき）	with meals	ダブル	double room
一泊二食付（いっぱくにしょくつき）	one night with two meals	ツイン	twin room
チェックイン（する）	checking in	～名（めい）	. . . person(s)
チェックアウト（する）	checking out	フロント	receptionist; front desk

Useful Expressions

あしたの朝七時に起こしてください。（あさしちじ・お）	Please wake me up at 7:00 tomorrow morning.
クレジットカードで払えますか。（はら）	Can I pay by credit card?
二時まで荷物を預かってくれませんか。（にじ・にもつ・あず）	Could you keep my luggage until 2 o'clock?

*　　　　　*　　　　　*

旅館で（りょかん）

A：一泊いくらですか。（いっぱく）　　*How much is it for one night?*

B：何名様ですか。（なんめいさま）　　*How many people?*

A：三名です。（さんめい）　　*Three.*

B：一泊二食付でお一人様、一万二千円です。（いっぱくにしょくつき・ひとりさま・いちまんにせんえん）　　*For one night with two meals, 12,000 yen.*

A：じゃあ、予約お願いします。（よやく・ねが）　　*Well, I would like to make a reservation.*

B：何日から何泊のご予約ですか。（なんにち・なんぱく・よやく）　　*How many nights, starting from what day?*

A：来週の金曜日から三泊です。（らいしゅう・きんようび・さんぱく）　　*Three nights from next Friday.*

B：はい。かしこまりました。お客様のお名前とお電話番号をお願いします。（きゃくさま・なまえ・でんわばんごう・ねが）　　*All right. Your name and phone number, please.*

第16課 LESSON 16

忘れ物 Lost and Found
わす　もの

会話 Dialogue
かい　わ

(I) At Professor Yamashita's office.

1 ジョン： 失礼します。先生、今日授業に来られなくてすみませんでした。
　　　　　しつれい　　せんせい　きょう じゅぎょう　こ

2 山下先生： どうしたんですか。
　やましたせんせい

3 ジョン： 実は、朝寝坊して、電車に乗り遅れたんです。すみません。
　　　　　じつ　あさねぼう　　でんしゃ　の　おく

4 山下先生： もう三回目ですよ。目覚まし時計を買ったらどうですか。
　やましたせんせい　　さんかいめ　　　めざ　どけい　か

5 ジョン： はい。あの、先生、宿題をあしたまで待っていただけませんか。宿題を
　　　　　　　　　　せんせい しゅくだい　　ま　　　　　　　　　　しゅくだい

6 　　　　 入れたファイルがないんです。
　　　　　い

7 山下先生： 困りましたね。あるといいですね。
　やましたせんせい　こま

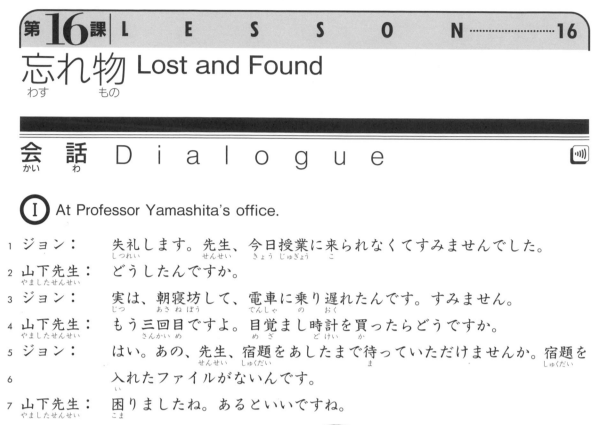

(II) At the station.

1 ジョン： すみません。ファイルをなくしたんですが。

2 駅　員： どんなファイルですか。
　えき　いん

3 ジョン： このぐらいの青いファイルです。電車を降りる時、忘れたと思うんで
　　　　　　　　　　あお　　　　　　　でんしゃ　お　とき　わす　　おも

4 　　　　 すが。

5 駅　員： ええと……ちょっと待ってください。電話して聞いてみます。
　えき　いん　　　　　　　　　ま　　　　　　　でんわ　き

Ⅲ At school the next day.

1 山下先生： ジョンさん、ファイルはありましたか。
　　やましたせんせい

2 ジョン： はい、駅員さんが探してくれたんです。
　　　　　　　　えきいん　　さが

3 山下先生： よかったですね。
　　やましたせんせい

4 ジョン： これ、宿題です。遅くなってすみませんでした。
　　　　　　　　しゅくだい　　おそ

5 山下先生： いいえ。よくできていますね。
　　やましたせんせい

6 ジョン： ええ、駅員さんに手伝ってもらいましたから。
　　　　　　　　えきいん　　てつだ

Ⅰ

John: Excuse me. Professor Yamashita, I am sorry that I couldn't come to the class today.

Prof. Yamashita: What happened?

John: Well, I got up late and I missed the train. I am sorry.

Prof. Yamashita: This is the third time. Why don't you buy an alarm clock?

John: Yes . . . um, Professor Yamashita, as for the homework, could you please wait till tomorrow? I cannot find the file I put my homework in.

Prof. Yamashita: That's a problem. I hope you will find it.

Ⅱ

John: Excuse me, I have lost my file.

Station attendant: What is the file like?

John: It's a blue file about this size. I think I left it when I got off the train.

Station attendant: Please wait for a minute. I will call and ask.

Ⅲ

Prof. Yamashita: John, did you find the file?

John: Yes, a station attendant found it for me.

Prof. Yamashita: Good.

John: This is the homework. I am sorry it is late.

Prof. Yamashita: That's OK. It's well done.

John: Yes, because the station attendant helped me.

単語
たん　ご

Vocabulary

Nouns

* えきいん（さん）	駅員	station attendant
おや	親	parent
ごみ		garbage
さとう	砂糖	sugar
しょうがくきん	奨学金	scholarship
しんせき	親せき	relatives
すいせんじょう	推薦状	letter of recommendation
だいがくいん	大学院	graduate school
たいふう	台風	typhoon
ひ	日	day
* ファイル		file; portfolio
みち	道	way; road; directions
* めざましどけい	目覚まし時計	alarm clock

い-adjective

きたない	汚い	dirty

U-verbs

おこす	起こす	to wake (someone) up
おごる		to treat (someone) to a meal （*person* に *meal* を）
おちこむ	落ち込む	to get depressed
* こまる	困る	to have difficulty
だす	出す	to take (something) out; to hand in (something)
つれていく	連れていく	to take (someone) to (a place) （*person* を *place* に）
なおす	直す	to correct; to fix
みちにまよう	道に迷う	to become lost; to lose one's way
やくす	訳す	to translate （*source* を *target* に）
わらう	笑う	to laugh

Ru-verbs

アイロンをかける		to iron (clothes)
あつめる	集める	to collect

* Words that appear in the dialogue

* いれる	入れる	to put (something) in (*thing* を *place* に)
* のりおくれる	乗り遅れる	to miss (a train, bus, etc.) (～に)
みせる	見せる	to show

Irregular Verbs

* あさねぼうする	朝寝坊する	to oversleep
あんないする	案内する	to show (someone) around
せつめいする	説明する	to explain
むかえにくる	迎えに来る	to come to pick up (someone)

Adverbs and Other Expressions

* ええと		well . . . ; let me see . . .
きょうじゅうに	今日中に	by the end of today
このあいだ	この間	the other day
* このぐらい		about this much (＝これぐらい/このくらい/これくらい)
ごめん		I'm sorry. (casual)
* しつれいします	失礼します	Excuse me.; Sorry to interrupt you.
じぶんで	自分で	(do something) oneself
じゅぎょうちゅうに	授業中に	in class; during the class
ほかの		other

文法 G r a m m a r
ぶん ぽう

1　～てくれる/あげる/もらう

We learned in Lesson 14 that the verbs くれる, あげる, an もらう describe transactions of things. Here we will learn the use of these words as helping verbs. When these verbs follow the *te*-form of a verb, they describe the giving and receiving of services.

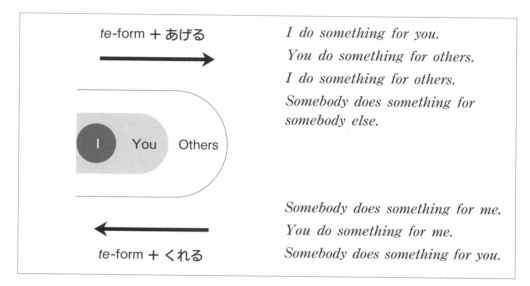

We use the *te*-form + あげる when we do something for the sake of others, or somebody does something for somebody else. The addition of the helping verb あげる does not change the basic meaning of the sentences, but puts focus on the fact that the actions were performed "on demand" or "as a favor."[1]

私は妹にお金を貸してあげました。
わたし　いもうと　　　かね　か
I (generously) lent my sister money (to help her out of her destitute conditions).

cf. 私は妹にお金を貸しました。[an objective statement]
わたし　いもうと　　　かね　か

---

[1]Note that in あげる sentences the nouns referring on the beneficiaries are accompanied by whatever particle the main verb calls for. 貸す goes with the particle に, while 連れていく goes with を. These particles are retained in the あげる sentences.
　　　　　　　　　　　　　　　　　　　　　　　　　つ

　When you want to add the idea of "doing somebody a favor" to a verb which does not have the place for the beneficiary, you can use ～のために.

　私はともこさんのために買い物に行きました。　　cf. 私は買い物に行きました。
　わたし　　　　　　　　　　　か　もの　い　　　　　　　　　わたし　か　もの　い
I went shopping for Tomoko.

きょうこさんはトムさんを駅に連れていって<u>あげました</u>。

Kyoko (kindly) took Tom to the station (because he would be lost if left all by himself).

cf. きょうこさんはトムさんを駅に連れていきました。[an objective statement]

We use くれる when somebody does something for us.[2]

友だちが宿題を手伝って<u>くれます</u>。

A friend helps me with my homework (for which I am grateful).

親せきがクッキーを送って<u>くれました</u>。

A relative sent me cookies. (I should be so lucky.)

We use the *te*-form + もらう to say that we get, persuade, or arrange for, somebody to do something for us. In other words, we "receive" somebody's favor. The person performing the action for us is accompanied by the particle に.[3]

私は友だちに宿題を手伝って<u>もらいました</u>。

I got a friend of mine to help me with my homework.

Compare the last sentence with the くれる version below. They describe more or less the same event, but the subjects are different. In もらう sentences, the subject is the beneficiary. In くれる sentences, the subject is the benefactor.

友だちが宿題を手伝って<u>くれました</u>。

A friend of mine helped me with my homework.

---

[2]The beneficiary is almost always understood to be the speaker in くれる sentences. Therefore it usually does not figure grammatically. If you have to explicitly state who received the benefit, you can follow the same strategies employed in あげる sentences. That is, if the main verb has the place for the person receiving the benefit, keep the particle that goes with it. The verb 連れていく calls for を, while 教える calls for に, for example. Thus we can say:

きょうこさんが私を駅に連れていってくれました。　（Compare: 私を駅に連れていく）
Kyoko took me to the station.
たけしさんが私に漢字を教えてくれました。　　　（Compare: 私に漢字を教える）
Takeshi taught me that kanji.

If the main verb does not have the place for the person, use 〜のために. 掃除する is one such verb.

けんさんが私のために部屋を掃除してくれました。
Ken cleaned the room for me.

[3]Sometimes, a もらう sentence simply acknowledges a person's goodwill in doing something for us. For example, you can say the following even if you had not actively asked for any assistance. (The sentence is of course okay with the "get somebody to do" reading.)

私は知らない人に漢字を読んでもらいました。
I am glad that a strangers read the kanji for me.

2　〜ていただけませんか

We will learn three new ways to make a request. They differ in the degrees of politeness shown to the person you are asking.

〜て	いただけませんか　(polite)
	くれませんか
	くれない？　(casual)

We use the *te*-form of a verb ＋ いただけませんか to make a polite request.[4] This is more appropriate than ください when you request a favor from a nonpeer or from a stranger.

ちょっと手伝っていただけませんか。
Would you lend me a hand?

The *te*-form ＋ くれませんか is a request which is roughly equal in the degree of politeness to ください. くれませんか of course comes from the verb くれる. This is probably the form most appropriate in the host-family context.

ちょっと待ってくれませんか。
Will you wait for a second?

You can use the *te*-form ＋ くれない, or the *te*-form by itself, to ask for a favor in a very casual way. This is good for speaking with members of your peer group.

それ取ってくれない？　or　それ取って。
Pick that thing up (and pass it to me), will you?

---

[4] いただけませんか comes from いただける, the potential verb which in turn comes from いただく, "to receive (something or a favor) from somebody higher up." We also have くださいませんか, which comes from the verb くださる, "somebody higher up gives me (somethings or a favor)." ください is historically a truncation of くださいませんか.

The variants of the いただけませんか pattern are listed in what is felt by most native speakers to be the order of decreasing politeness. In addition to these, each verb can be used in the affimative as well as in the negative.

〜ていただけませんか　（いただける, the potential verb for いただく）
〜てくださいませんか　（くださる）
〜てもらえませんか　　（もらえる, the potential verb for もらう）
〜てくれませんか　　　（くれる）
〜てもらえない？　　　（もらえる, in the short form）
〜てくれない？　　　　（くれる, in the short form）

3 〜といい

You can use the present tense short form + といいですね to say that you hope something nice happens. When you say といいですね, you are wishing for the good luck of somebody other than you.

いいアルバイトがあるといいですね。
I hope you find a good part-time job.

雨が降らないといいですね。
I hope it doesn't rain.

To say what you hope for for your own good, you can use といいんですが. This shows the speaker's attitude is more tentative and makes the sentence sound more modest.[5]

試験がやさしいといいんですが。
I am hoping that the exam is easy.

八時の電車に乗れるといいんですが。
I hope I can catch the eight o'clock train.

(short, present) と	いいですね。	*I hope . . . (for you/them)*
	いいんですが。	*I hope . . . (for myself)*

Note that both といいですね and といいんですが mean that you are hoping that something nice *happens*. This means that these patterns cannot be used in cases where you hope to do something nice, which is under your control. In such cases, you can usually turn the verb into the potential form.

大学に行けるといいんですが。　　　Compare:　✕ 大学に行くといいんですが。
I am hoping to go to college.＝*I am hoping that I can go to college.*

---

[5]If hope that *you* do something *for me*, that is, if I want to make an indirect request, we use てくれる before といいんですが, as in:
　　スーさんが来てくれるといいんですが。　　　*Sue, I hope you will come.*

4 ～時
とき

We use the word 時 to describe *when* something happens or happened.
とき

---

sentence A **時、** sentence B。 *When A, B.*
とき
↑ ↑
time reference main event

The sentence A always ends with a short form, either in the present tense or the past tense. You can decide which tense to use in A by doing a simple thought experiment. Place yourself at the time the main event B takes place, and imagine how you would describe the event in A. If A is current or yet to happen, use the present tense in A. If A has already taken place, use the past.[6]

The present tense in A If, at the time the main event B takes place, A is current or is still "in the future," use the present tense in A.

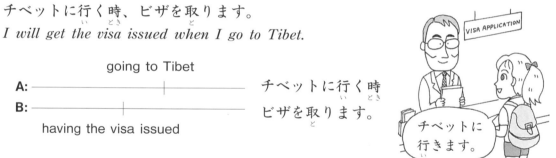

チベットに行く時、ビザを取ります。
い　　とき　　　　　と
I will get the visa issued when I go to Tibet.

Note that as long as event A occurs after event B, the clause A gets the present tense (行く), irrespective of the tense in clause B (取ります or 取りました). In the example below, the whole sequence of events has been shifted to the past: at the time you applied for the visa (=B), the departure (=A) was yet to be realized. The temporal order between the two events is exactly the same as in the example above, hence the present tense of 行く. Note especially that we use the present tense in A, even if the two events took place in the past.

チベットに行く時、ビザを取りました。
い　　とき　　　　　と
I had the visa issued when I was going to go to Tibet.

---

[6]The grammar of the 時 temporal clauses in reality has more twists and quirks than are shown here, but this should be a good enough start.

Observe more examples of this tense combination.

寝る時、コンタクトを取ります。
I take out the contact lenses when I go to sleep.
(You take out the lenses [=B], and then go to bed [=A].)

出かける時、ドアにかぎをかけました。
I locked the door when I went out.
(You locked the door [=B], and then went out [=A].)

Clause A also gets the present tense, when the state of A holds when event B takes place.[7]

さびしい時、友だちに電話します。
I call up friends when I am lonely.

feeling lonely
A: —————————+——————— さびしい時
B: —————————+——————— 友だちに電話します。
make phone calls

Note that な-adjectives get な, and nouns get の before 時.

寒い時、頭が痛くなります。
I get a headache when it is cold.

---

[7]If A is a verbal idea (action) and describes an ongoing event *during which* B takes or took place, the verb in A is in the ている form. In the example below, the phone call event (= B) occurs in the middle of TV viewing (=A).

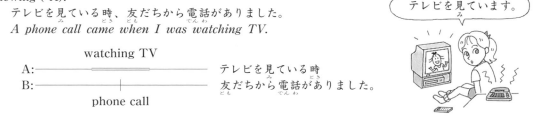

テレビを見ている時、友だちから電話がありました。
A phone call came when I was watching TV.

watching TV
A:————————=========———————— テレビを見ている時
B:————————+———————— 友だちから電話がありました。
phone call

Note in this connection that it is wrong to use the following sentence pattern, because 行っている does not describe an ongoing event but is a description of the result of "going," that is, *being* in a faraway place after going (see Lesson 7).

✕沖縄に行っている時、飛行機に乗りました。
I went by plane when I was going to Okinawa.

元気な時、公園を走ります。
I jog in the park when I feel fit.

犬が病気の時、病院に連れていきました。
I took the dog to a vet when it was sick.

The past tense in A   If, at the time of the main event B, A is already "in the past," use the past tense in A. Note that we use the past tense even when the two events are yet to take place; it is the order of the two that matters. In the example below, you will have already arrived in China (=A) at the time you buy tea (=B).

中国に行った時、ウーロン茶を買います。
I will buy oolong tea when I go to China.

中国に行った時、ウーロン茶を買いました。
I bought oolong tea when I went to China.

疲れた時、ゆっくりお風呂に入ります。
I take a long bath when I have gotten tired.
(You get tired [=A], and then take a bath [=B].)

宿題を忘れた時、泣いてしまいました。
I cried when I had forgotten to bring the homework.
(You found out about the homework [=A] and then cried [=B].)

5   〜てすみませんでした

You use the *te*-form of a verb to describe the things you have done that you want to apologize for.

汚い言葉を使って、すみませんでした。
I am sorry for using foul language.

デートの約束を忘れて、ごめん。
Sorry that I stood you up.

When you want to apologize for something you have failed to do, you use 〜なくて, the short, negative *te*-form of a verb. (To derive the form, first turn the verb into the short, negative 〜ない, and then replace the last い with くて.)

宿題を持ってこなくて、すみませんでした。
I am sorry for not bringing in the homework.

もっと早く言わなくて、ごめん。
Sorry that I did not tell you earlier.

表現ノート (ひょうげん)　　Expression Notes ④

おごる ▶ おごる is mainly used among friends. ごちそうする is a polite alternative for おごる. Use ごちそうする instead when the person who will treat/treated you to a meal is a superior, such as a teacher or a business associate. ごちそうする refers to "invite for a meal" as well as "pay for a meal."

佐藤さんが昼ご飯をごちそうしてくれました。
Mr. Sato treated me to lunch.

週末友だちを呼んで晩ご飯をごちそうした。
I invited friends for dinner this weekend.

練習 P r a c t i c e

① 紹介してあげます

A. Your friend is sick, and you did the following for your friend. Describe them with 〜てあげる.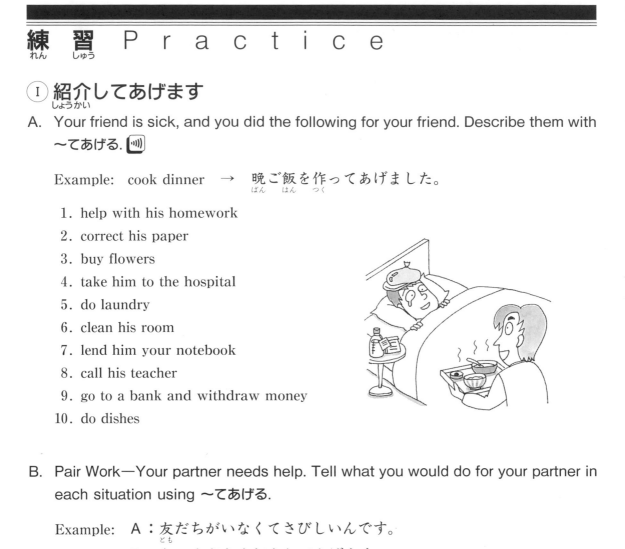

Example:　cook dinner　→　晩ご飯を作ってあげました。

1. help with his homework
2. correct his paper
3. buy flowers
4. take him to the hospital
5. do laundry
6. clean his room
7. lend him your notebook
8. call his teacher
9. go to a bank and withdraw money
10. do dishes

B. Pair Work—Your partner needs help. Tell what you would do for your partner in each situation using 〜てあげる.

Example:　A：友だちがいなくてさびしいんです。
　　　　　　B：私の友だちを紹介してあげます。

1. 天ぷらが食べたいけど、作れないんです。
2. 海に行きたいけど、車がないんです。
3. 今日中に宿題をしなくちゃいけないんです。
4. お金がないので、昼ご飯が食べられないんです。
5. 部屋が汚いんです。
6. バスに乗り遅れたんです。

C. The following are what your host mother, your friend, and a stranger did for you. Describe them with 〜てくれる and 〜てもらう. 🔊

Example: お母さんがご飯を作ってくれました。
お母さんにご飯を作ってもらいました。

Ex. ご飯を作る
1. 部屋を掃除する
2. 洗濯する
3. アイロンをかける
4. 迎えに来る

お母さん

5. コーヒーをおごる
6. 京都に連れていく
7. セーターを編む
8. 家族の写真を見せる

友だち

9. 案内する
10. 道を教える
11. 荷物を持つ
12. 百円貸す

知らない人

D. Describe what the following people did for you using 〜てくれる／〜てもらう.

1. お母さん／お父さん
2. 兄弟
3. 親せき
4. 友だち

E. You visited a Japanese family last weekend. Describe what they did for you and what you did for them using ～てくれる／あげる／もらう.

お父さん　　　お母さん　　　ゆみ
（とう）　　　（かあ）

Example:　お母さんが晩ご飯を作ってくれました。
　　　　　　（かあ）　　（ばん）（はん）（つく）
　　　　　　お母さんに晩ご飯を作ってもらいました。
　　　　　　（かあ）　　（ばん）（はん）（つく）

F. Omiai Game—Ask three classmates if they are willing to do the following after they get married. Add your own question. After the interview, tell the class who you want to marry and why.

Example:　do laundry

→　　Ａ：洗濯してくれますか。
せんたく

　　　　Ｂ：ええ、もちろんしてあげます。／いいえ、自分でしてください。
じぶん

	name (　　　　　　　)	name (　　　　　　　)	name (　　　　　　　)
cook			
clean the house			
wake me up			
do dishes			
take out the garbage			
buy present			
iron			

G.　Answer the following questions.

1. 今度の母の日／父の日に何をしてあげようと思いますか。
こんど　はは　ひ　ちち　ひ　なに　　　　　　　　　　おも

2. 子供の時、家族は何をしてくれましたか。
こども　とき　かぞく　なに

3. 彼／彼女に何をしてもらいたいですか。
かれ　かのじょ　なに

4. 家族に何をしてもらいたいですか。
かぞく　なに

5. 友だちが落ち込んでいる時、何をしてあげますか。
とも　　お　こ　　　　とき　なに

6. 病気で学校に行けない時、友だちに何をしてもらいたいですか。
びょうき　がっこう　い　　　とき　とも　　　　なに

Ⅱ　ゆっくり話していただけませんか
はな

A.　Ask these people the following favors, as in the example. 🔊

Example:　ゆっくり話す
はな

→　（友だち）ゆっくり話してくれない？
とも　　　　　　はな

　　（ホストファミリーのお母さん）ゆっくり話してくれませんか。
かあ　　　　　　　　　　はな

　　（先生）ゆっくり話していただけませんか。
せんせい　　　　　　はな

友だち　　　　ホストファミリーの　　　先生
　　　　　　　お母さん

1．ノートを貸す	5．六時に起こす	9．文法を説明する
2．本を返す	6．駅に迎えに来る	10．推薦状を書く
3．友だちを紹介する	7．お弁当を作る	11．英語に訳す
4．今晩　電話する	8．宿題を手伝う	12．作文を直す

B. Pair Work—Practice request sentences in the following situations, altering the level of speech (〜くれない／くれませんか／いただけませんか) depending on whom you are asking. Expand the conversation.

Example:　You want to go somewhere. (to your boyfriend/girlfriend)

　　　→　　A：旅行に連れていってくれない？
　　　　　　B：いいよ。どこに行きたい？
　　　　　　A：温泉に行きたい。

1. You are broke. (to the host mother)
2. You need one more day to finish the homework. (to the teacher)
3. You are expecting a guest, and you need help around the house. (to your child)
4. You are hungry. (to the host mother)
5. You want to meet more people. (to your friend)
6. You want to have the letter that you wrote corrected. (to the boss)

Ⅲ よくなるといいですね

A. Read each person's situation, and express what you hope for him/her. 🔊

Example:

かぜをひいたんです。

You get well soon.
　　→　早くよくなるといいですね。

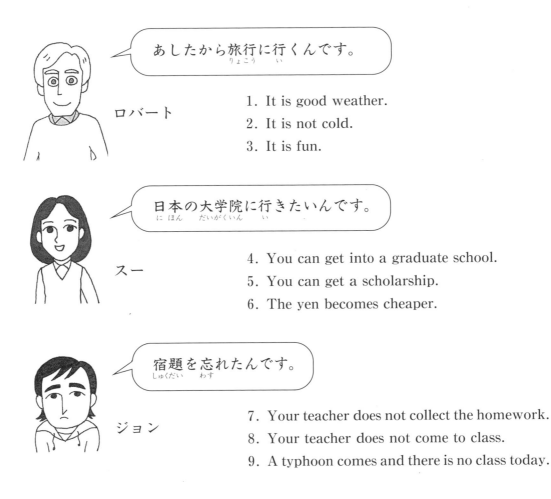

あしたから旅行に行くんです。
りょこう い

ロバート

1. It is good weather.
2. It is not cold.
3. It is fun.

日本の大学院に行きたいんです。
に ほん だいがくいん い

スー

4. You can get into a graduate school.
5. You can get a scholarship.
6. The yen becomes cheaper.

宿題を忘れたんです。
しゅくだい わす

ジョン

7. Your teacher does not collect the homework.
8. Your teacher does not come to class.
9. A typhoon comes and there is no class today.

B. You are in the following situations. Explain your situation and say what you hope for.

Example: You want to live in Japan.
→ 日本に住みたいんです。仕事があるといいんですが。
に ほん す し ごと

1. You have a test tomorrow.
2. You are going to climb a mountain tomorrow.
3. You want to get married.
4. You will begin a homestay next week.
5. You will study abroad.

Ⅳ かぜをひいた時、病院に行きます

A. Describe each situation using 〜時.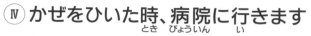

Example:

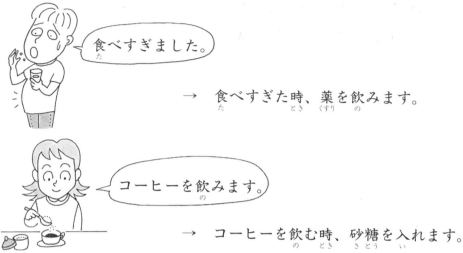

食べすぎました。

→ 食べすぎた時、薬を飲みます。

コーヒーを飲みます。

→ コーヒーを飲む時、砂糖を入れます。

(1)

眠いです。

(2)

わかりません。

(3)

日本語で手紙を書きました。

(4)

ホームシックです。

(5)

友だちの家に行きます。

(6)

ひまです。

(7)　　　　　　　　　　　　　(8)

B. Connect the sentences using 〜時. Pay attention to the tense before 〜時. [))

Example: 道に迷う／親切そうな人に道を聞く

→ 道に迷った時、親切そうな人に道を聞きます。

1. 友だちが来る／私の町を案内する
2. さびしい／友だちに電話をする
3. 電車に乗る／切符を買う
4. 写真を撮る／「チーズ」と言う
5. ひまだ／料理をする
6. ディズニーランドに行く／ミッキー・マウスのぬいぐるみを買った
7. ホームシックだ／泣く
8. かぜをひく／病院に行く

C. Pair Work—Ask each other the following questions. Answer them with 〜時.

Example: A：どんな時薬を飲みますか。
B：頭が痛い時、薬を飲みます。

1. どんな時学校をサボりますか。
2. どんな時親に電話しますか。
3. どんな時うれしくなりますか。
4. どんな時緊張しますか。
5. どんな時泣きましたか。
6. どんな時感動しましたか。

D. Complete the following sentences.

1. ＿＿＿＿＿＿＿＿＿＿＿＿＿＿時、笑ってはいけません。
　　　　　　　　　　　　　　　　とき　わら

2. ＿＿＿＿＿＿＿＿＿＿＿＿＿＿時、パーティーをしましょう。
　　　　　　　　　　　　　　　　とき

3. ＿＿＿＿＿＿＿＿＿＿＿＿＿＿時、友だちに相談します。
　　　　　　　　　　　　　　　　とき　とも　　　　そうだん

4. さびしい時、＿＿＿＿＿＿＿＿＿＿＿＿＿＿＿＿＿＿＿＿。
　　　　　とき

5. 初めて日本語を習った時、＿＿＿＿＿＿＿＿＿＿＿＿＿＿。
　はじ　にほんご　なら　とき

6. 友だちが＿＿＿＿＿＿＿＿＿＿＿＿＿時、
　とも　　　　　　　　　　　　　　とき
　＿＿＿＿＿＿＿＿＿＿＿＿＿てあげます。

7. ペットが死んだ時、＿＿＿＿＿＿＿＿＿＿＿＿＿＿＿。
　　　　　し　とき

Ⓥ 来られなくてすみませんでした
　　こ

A. Make sentences apologizing for the following things using 〜てすみませんでした／〜てごめん.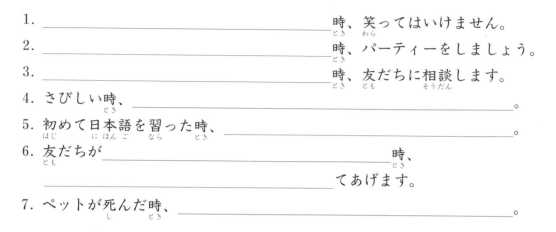

Example: 授業に来られない　→　授業に来られなくてすみませんでした。
　　　　　じゅぎょう　こ　　　　　じゅぎょう　こ

(to your professor)

1. 授業中に話す
　じゅぎょうちゅう　はな

2. 授業中に寝る
　じゅぎょうちゅう　ね

3. 遅刻する
　ちこく

4. 教科書を持ってこない
　きょうかしょ　も

(to your friend)

5. 夜遅く電話する
　よるおそ　でんわ

6. 約束を守らない
　やくそく　まも

7. パーティーに行かない
　　　　　い

8. 手紙を書かない
　てがみ　か

B. Make sentences to apologize for the following things and add excuses to it. Use 〜てすみませんでした or 〜てごめん depending on whom you are talking to.

Example: You came late to the class. (to your professor)

　　　→　遅くなってすみませんでした。
　　　　　おそ

1. You couldn't come to the class. (to your professor)

2. You woke your roommate up. (to your roommate)

3. You forgot your friend's birthday. (to your friend)

4. You laughed at your friend. (to your friend)

5. You told a lie. (to your friend)

6. You lost the book that you borrowed from your host father. (to your host father)

Ⅵ まとめの練習
れんしゅう

A. Talk about a good experience you had recently.

Example: この間、一人で京都にお寺を見に行って、道に迷ったんです。その時、女の人に道を聞きました。その人はとても親切で、お寺に連れていってくれました。そして、その人はほかのお寺も案内してくれました。とてもうれしかったです。

B. Role Play—Make a skit based on the following situations.

1. You were absent from class yesterday. Apologize to your teacher and explain why you were absent.

2. You stood up your date. Apologize to him/her. Then tell him/her that you are too busy to have a date next week, and ask him/her to wait till the week after next.

第17課｜LESSON ⋯⋯⋯⋯⋯17
ぐちとうわさ話 Grumble and Gossip
ばなし

会話 Dialogue
かい　わ

Ⅰ Sue and Takeshi have just run into each other at the station.

1 スー： たけしさん、久しぶりですね。旅行会社に就職したそうですね。おめでと
ひさ　　　　　　　りょこうがいしゃ　しゅうしょく

2 　　　　　うございます。

3 たけし： ありがとうございます。

4 スー： もう仕事に慣れましたか。
しごと　な

5 たけし： ええ。でも学生の時に比べてすごく忙しくなりました。自分の時間がぜん
がくせい　とき　くら　　　　　いそが　　　　　　　　　じぶん　じかん

6 　　　　　ぜんないんです。

7 スー： 大変ですね。私の友だちの会社は休みが多くて、残業をしなくてもいい
たいへん　　　わたし　とも　　　かいしゃ　やす　　おお　　　ざんぎょう

8 　　　　　そうですよ。

9 たけし： うらやましいですよ。ぼくの会社は休みも少ないし、給料も安いし、最低
かいしゃ　やす　すく　　　きゅうりょう　やす　　さいてい

10 　　　　　です。

11 スー： 会社に入る前にどうしてもっと調べなかったんですか。
かいしゃ　はい　まえ　　　　　　　　しら

12 たけし： 旅行会社に入ったら、旅行ができると思ったんです。
りょこうがいしゃ　はい　　　　りょこう　　　　　　おも

Ⅱ Ken and Sue have arranged to meet at the coffee shop.

1 スー： けさ、駅でたけしさんに会ったよ。
えき　　　　　　あ

2 けん： たけしさんが卒業してからぜんぜん会ってないけど、元気だった？
そつぎょう　　　　　　　　あ　　　　　げんき

3 スー： ずいぶん疲れているみたい。毎晩四、五時間しか寝ていないそうだよ。
つか　　　　　　　まいばんし　ごじかん　　ね

4 けん： やっぱりサラリーマンは大変だなあ。
たいへん

5 スー： それに、忙しすぎてメアリーとデートする時間もないって。
いそが　　　　　　　　　　　じかん

6 けん： そうか。ぼくだったら、仕事より彼女を選ぶけど。あの二人、大丈夫かなあ。
しごと　　かのじょ　えら　　　　　ふたり　だいじょうぶ

Ⓘ

Sue: Takeshi, long time no see. I've heard you got a job at a travel agency. Congratulations!

Takeshi: Thank you.

Sue: Have you gotten used to the job yet?

Takeshi: Yes. But, compared to my college days, I have become very busy. I don't have any time for myself.

Sue: That's tough. At my friend's company, there are many holidays, and they don't have to work overtime, I heard.

Takeshi: I'm envious. At my company, there are few holidays and the salary is low . . . It can't get worse.

Sue: Why didn't you check more before you entered the company?

Takeshi: I thought that I could travel around when I got in a travel agency.

Ⅱ

Sue: I happened to meet Takeshi at the station this morning.

Ken: I haven't seen him since he graduated. How was he?

Sue: He looked very tired. He said he sleeps only four or five hours every night.

Ken: Company employees in Japan have a hard time, after all.

Sue: Besides that, he said he doesn't have time to go out with Mary.

Ken: I see. If I were him, I would choose the girlfriend over the job. I hope they'll be okay.

単語
たん　ご

Ｖ　ｏ　ｃ　ａ　ｂ　ｕ　ｌ　ａ　ｒ　ｙ

Ｎ ｏ ｕ ｎ ｓ

おきゃくさん	お客さん	guest; visitor; client; customer
おとこ	男	man
おゆ	お湯	hot water
おんな	女	woman
かぎ		lock; key
かみ	紙	paper
* きゅうりょう	給料	salary
コンタクト		contact lenses
* さいてい	最低	the lowest; the worst
* サラリーマン		salaryman; company employee
* ざんぎょう	残業	overtime work
ストーブ		heater
たからくじ	宝くじ	lottery
ちがい	違い	difference
ニュース		news
ひげ		beard
ひみつ	秘密	secret
りょう	寮	dormitory
* りょこうがいしゃ	旅行会社	travel agency

い - ａ ｄ ｊ ｅ ｃ ｔ ｉ ｖ ｅ ｓ

* うらやましい		envious
* すくない	少ない	a little; a few
つよい	強い	strong

Ｕ - ｖ ｅ ｒ ｂ ｓ

* えらぶ	選ぶ	to choose; to select
おゆをわかす	お湯を沸かす	to boil water
かみをとかす	髪をとかす	to comb one's hair
こむ	込む	to get crowded
たからくじにあたる	宝くじに当たる	to win a lottery
ぬぐ	脱ぐ	to take off (clothes)
ひげをそる		to shave one's beard

* Words that appear in the dialogue

R u - v e r b s

いれる		to make tea, coffee, etc.
かぎをかける		to lock （〜に）
たりる	足りる	to be sufficient; to be enough
* なれる	慣れる	to get used to . . . （〜に）

I r r e g u l a r   V e r b s

けしょうする	化粧する	to put makeup on
* しゅうしょくする	就職する	to get a full-time job (at . . .) （*company* に）
する		to wear small items (necktie, watch, etc.)
りこんする	離婚する	to get a divorce

A d v e r b s   a n d   O t h e r   E x p r e s s i o n s

* おめでとうございます		Congratulations!
* 〜かな（あ）		I wonder . . . (casual)
* じぶん	自分	oneself
* ずいぶん		very
* そうか		I see. (casual)
* それに		moreover, . . .
たとえば	例えば	for example
* 〜にくらべて	〜に比べて	compared with . . .
〜によると		according to . . .
* まえ	前	before . . .
* やっぱり		after all

文法 G r a m m a r
ぶん ぽう

1 〜そうです (I hear)

In Lesson 13, we discussed the sentence-final expression そうです which means "seemingly." Here we will study another sentence-final そうです, which presents a "hearsay report." The two そうです differ not only in their semantics, but also in the forms of predicates they are attached to.

You can add the そうです of report to a sentence ending in the short form.[1]

If you heard someone say:		You can report it as:
「日本語の授業は楽しいです。」 にほんご じゅぎょう たの *"Our Japanese class is fun."*	→	日本語の授業は楽しい<u>そうです</u>。 にほんご じゅぎょう たの *I have heard that their Japanese class is fun.*
「先生はとても親切です。」 せんせい しんせつ *"Our professor is very kind."*	→	先生はとても親切だ<u>そうです</u>。 せんせい しんせつ *I have heard that their professor is very kind.*
「今日は授業がありませんでした。」 きょう じゅぎょう *"We did not have a class today."*	→	その日は授業がなかった<u>そうです</u>。 ひ じゅぎょう *I've heard that they didn't have a class that day.*

When we use そうです, the reported speech retains the tense and the polarity of the original utterance. We simply turn the predicates into their short forms. (Thus です after a な-adjective or a noun changes to だ, while です after an い-adjective is left out.) Compare the paradigms of the two そうです.

			I hear that . . .	*It looks like . . .*
verbs:	話す はな	→	話すそうです はな	—[2]
い-adjectives:	さびしい	→	さびしいそうです	さびしそうです
な-adjectives:	好きだ す	→	好きだそうです す	好きそうです す
noun ＋です:	学生だ がくせい	→	学生だそうです がくせい	—

---

[1] The そうです of report is robustly invariant. The only forms commonly used are そうです and the more casual そうだ. We do not use the negative そうじゃありません, and the past tense version そうでした.
[2] See the footnote on そうです in Lesson 13.

You can also use そうです to report on things that you have read about in a book or in a newspaper, or have come to know via a broadcast. To specify the information source, you can preface a sentence with the phrase 〜によると, as in 新聞によると (according to the newspaper report), and 天気予報によると (according to the weather forecast).

2 〜って

In informal speech, you can add って at the end of a sentence, instead of そうです, to quote what you have heard. って is the informal variant of the quotation particle と and follows the short forms in much the same way as と言っていました and そうです.[3]

Thus, when your friend Mary says,

「今日は忙しいです。あした、試験があるんです。」

you can report it as:

メアリーさん、今日は忙しいって。あした、試験があるんだって。
Mary says she's busy today. She says she has an exam tomorrow.

You can also use って in place of the quotation particle と before verbs like 言う.

あきらさんは何て言ってた。[4]   *What did Akira say?*

チョコレートを食べすぎたって言ってた。   *He said he ate too much chocolate.*

3 〜たら

たら is one of the several words in Japanese that refer to conditional (*if*) dependence.[5] When we say "A たら B," we mean that "B is valid, contingent on the fulfillment of A." That is to say, the event, action, or situation in B is realized if and when the condition A is met.

日本に行ったら、着物を買います。
I will buy kimono if and when I go to Japan.

---

[3] って and と can also follow the long forms, and indeed sentence final particles like か, ね, and よ, if your intent is to quote verbatim, preserving the style and tone of the original utterance.

[4] って changes to て after ん.

[5] We learned one use of this word in Lesson 14: たらどうですか used in recommending an activity to the listener. たらどうですか literally translates as "how is it if."

The initial た in たら comes from the short form past tense endings of predicates.

verbs:	読む	→	読んだら
い-adjectives:	やさしい	→	やさしかったら
な-adjectives:	静かだ	→	静かだったら
noun ＋です:	休みだ	→	休みだったら
negative clauses:	〜ない	→	〜なかったら

Sometimes, the clause before たら describes a *possible* condition and the clause after it the consequence which *then* follows. Whether or not the condition is actually met is largely an open issue with this set of sentences. It may be fairly likely, as in the first example, or very unlikely, as in the last.

天気がよかったら、散歩に行きます。
We will go for a walk, if the weather is fine.

山下先生に会ったら、そのことを聞こうと思います。
I will ask about it, if I see Professor Yamashita.

日本人だったら、この言葉を知っているでしょう。
If somebody is a Japanese person, then they will probably know this word.

宝くじに当たったら、アムネスティにお金を送ります。
I would send money to Amnesty International, if I should win the lottery.

Note that when you say "A たら B," you cannot express a sequence of events in which B occurs before A; B can only take place at the time A comes true or later. You cannot therefore use たら to describe an "if" sentence like the following. ("B"= this weekend, which comes before "A"= next week.)

✗ 来週試験があったら、今度の週末は勉強したほうがいいですよ。
It will be better for you to study this weekend, if you have an exam next week.

Sometimes, the たら clause describes a very *probable* condition, and the second clause describes the event that will take place *as soon as* the situation is realized. With this type of sentence, たら simply arranges future events and activities in a temporal sequence.

今晩、うちに帰ったら、電話します。
I will call you when I get home tonight.

宿題が終わっ<u>たら</u>、遊びに行きましょう。
しゅくだい　お　　　　　　　　あそ　　い
Let's go out and have some fun once we are done with the homework.

Note that the very same sentences could be interpreted in this way or in the way shown earlier. The difference lies not in the sentences themselves, but in the possibly different ways the real world could be like. If you expect to be home tonight in all likelihood, the first sentence here describes what you will do *when* you get home. If, on the other hand, you are not certain whether you will be home tonight, the same たら sentence describes what you will do *if* you get home.[6]

Finally, the たら clause can describe a condition that is unreal and contrary to fact. With this type of sentence, you express a purely hypothetical condition and its probable result.

私が猫だっ<u>たら</u>、一日中寝ているでしょう。
わたし　ねこ　　　　　　　いちにちじゅう ね
If I were a cat, I would be asleep all day long.

お金があっ<u>たら</u>、車を買うんですけど。
かね　　　　　　　くるま か
If I had money, I would buy a car.

4　　〜なくてもいいです

To describe what you *do not need to* do, take a negative sentence in the short form, drop the final い of ない, and add くてもいいです. なくて is the negative *te*-form, which we studied in the last lesson.

靴を脱がなくてもいいです。
くつ ぬ
You do not need to take off your shoes.

プレゼントは高くなくてもいいです。
たか
The present does not need to be anything expensive.

〜ない　→　〜なくてもいいです　　*does not need to . . .*

---

[6]Throughout the uses of the たら conditional clauses discussed here, one thing remains constant: A たら B can only describe a conditional dependency that holds *naturally* between A and B. You cannot describe with たら an "if" dependency of the "B even if A" type, where B holds *in spite of* A.
　　×あなたが結婚したかっ<u>たら</u>、私は結婚しません。
　　　　　　　けっこん　　　　　　　わたし けっこん
　　I will not marry you even if you want to.

5 〜みたいです

みたいです follows a noun and expresses the idea that something or somebody *resembles* the thing or the person described by the noun. The resemblance noted is usually in terms of external characteristics, but not necessarily so.

私の父はジェリー・ガルシアみたいです。
わたし　ちち
My dad looks/acts like Jerry Garcia.
(Has a portly figure? Wears tie-dye shirts? Has an interesting taste in certain chemicals?)

あの人はゴリラみたいです。
ひと
That person over there is like a gorilla.
(Sturdily built? Thumps his chest often? Good at climbing trees?)

みたいです can also follow a verb[7] and expresses the idea that something "appears to be the case." It can follow the short form of the present tense and the past tense, both in the affirmative and in the negative.

雨が降ったみたいです。
あめ　ふ
It looks like it has rained.

あの人はおなかがすいているみたいです。
ひと
It looks like that person is hungry.

あの人はきのうの夜寝なかったみたいです。
ひと　　　　　　よる ね
It looks like that person did not sleep last night.

先生はあした学校に来ないみたいです。
せんせい　　　　がっこう　こ
It looks like the professor is not coming to school tomorrow.

| verb ＋ みたいです | *It looks like . . .* |

---

[7] みたいです can in fact follow adjectives too, but it is far more common to use そうです with adjectives. See Lesson 13 for the adjective base ＋ そうです construction.

6 〜前(まえ)に/〜てから

You can use the present tense short form and 前(まえ)に to describe the event *before* which something happens.

> verb A (short present) ＋ 前(まえ)に   verb B   *B before A.*

国(くに)に帰(かえ)る前(まえ)に、もう一度(いちど)東京(とうきょう)に行(い)きます。
I will go to Tokyo one more time before I go back home.

日本(にほん)に来(く)る前(まえ)に、一学期(いちがっき)日本語(にほんご)を勉強(べんきょう)しました。
I studied Japanese for one semester before I came to Japan.

The verb that precedes 前(まえ)に is always in the present tense, whether the tense of the overall sentence is in the present tense (as in the first example above) or in the past tense (as in the second).

To describe an event *after which* another thing happens,[8] you can use the *te*-form of a verb ＋ から.

> verb A ＋ てから   verb B   *A, and then B./B after A.*

勉強(べんきょう)してから、友(とも)だちに手紙(てがみ)を書(か)きました。
I studied and then wrote letters to my friends.

けんさんが来(き)てから、食(た)べましょう。
Why don't we (start) eat(ing) after Ken has arrived.

---

[8]An "A てから B" sentence can also describe the state B that has held true *since* the event A.
猫(ねこ)が死(し)んでから、とてもさびしいです。
I have been feeling very lonely since my cat died.

練習 Practice
れん しゅう

①CDを買ったそうです
シーディー か

A. Listen to Sue's story and report it using 〜そうです.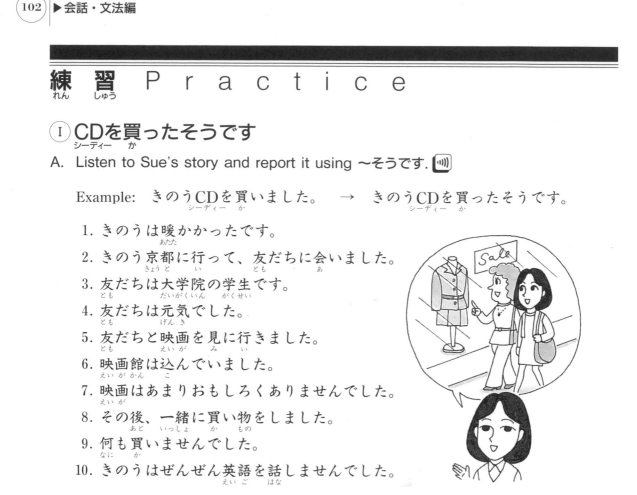

Example: きのうCDを買いました。 → きのうCDを買ったそうです。
シーディー か シーディー か

1. きのうは暖かかったです。
あたた
2. きのう京都に行って、友だちに会いました。
きょうと い とも あ
3. 友だちは大学院の学生です。
とも だいがくいん がくせい
4. 友だちは元気でした。
とも げんき
5. 友だちと映画を見に行きました。
とも えいが み い
6. 映画館は込んでいました。
えいがかん こ
7. 映画はあまりおもしろくありませんでした。
えいが
8. その後、一緒に買い物をしました。
あと いっしょ か もの
9. 何も買いませんでした。
なに か
10. きのうはぜんぜん英語を話しませんでした。
えいご はな

B. Pair Work—One person chooses one of the following topics and talks about it. The other takes notes about what the person says and reports it to the class using 〜そうです.

1. Last weekend
2. My family (host family)
3. Plans for the holiday

Ⅱ 今週は忙しいって
こんしゅう　いそが

A.　Report on what Mary and Robert said using 〜って. 🔊

Example:　メアリー／I am busy this week.

→　Q：メアリーさんは何て言ってた？
　　　　　　　　　なん　い

　　　A：今週は忙しいって。
　　　　　こんしゅう　いそが

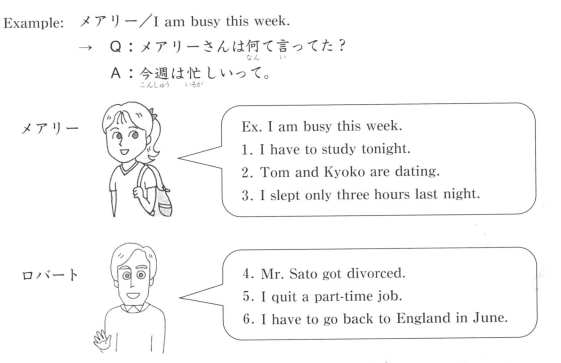

メアリー

Ex. I am busy this week.

1. I have to study tonight.

2. Tom and Kyoko are dating.

3. I slept only three hours last night.

ロバート

4. Mr. Sato got divorced.

5. I quit a part-time job.

6. I have to go back to England in June.

B.　Pair Work—First practice the following dialogue with your partner. Then change the underlined parts and make another dialogue with your partner.

A：知ってる？ ジョンさん、宝くじに当たったって。
　　し　　　　　　　　　たから　　あ

B：うん、聞いたよ。百万円もらえるって。
　　　　き　　　　ひゃくまんえん

A：いいなあ。今度ジョンさんと食べに行こうよ。
　　　　　　こんど　　　　　　た　い

B：うん。おごってもらおう。

Ⅲ お金があったら、うれしいです
かね

A.　Make sentences with 〜たら、うれしいです using the cues. 🔊

Example:　お金がある　→　お金があったら、うれしいです。
　　　　　　かね　　　　　　　　かね

1. 友だちがたくさんできる
とも

2. 成績がいい
せいせき

3. 日本に行ける
にほん　い

4. 学校が休みだ
がっこう　やす

5. 宿題がない
しゅくだい

6. プレゼントをもらう

7. 物価が安い
ぶっか　やす

8. いい天気だ
てんき

9. 弁護士になれる
べんごし

10. 先生がやさしい
せんせい

B. Change the cues 1 through 8 into たら-clauses, choose the appropriate phrases to follow them from a through i, and make sentences.

Example: 卒業したら、旅行会社に就職するつもりです。

Ex. 卒業する
1. 太る
2. ディスコに行く
3. 宿題が終わらない
4. 寒い
5. カメラが高くない
6. 友だちが病気だ
7. 部屋がきれいじゃない
8. お客さんが来る

a. 掃除します。
b. どこにも行けません。
c. 買おうと思っています。
d. 旅行会社に就職するつもりです。
e. ダイエットをしなくちゃいけません。
f. 薬を買ってきてあげます。
g. 踊ります。
h. お茶をいれてください。
i. ストーブをつけたほうがいいですよ。

C. Pair Work—Ask what your partner would do in the following situations, using ～たら.

Example: ０点を取る → A：０点を取ったら、どうしますか。
B：０点を取ったら、日本語の勉強をやめます。

1. 国に帰る
2. お金がない
3. 日本語が上手になる
4. 男／女だ
5. 先生だ
6. 彼／彼女がほかの人と付き合う
7. 宝くじに当たる
8. 買い物の時、お金が足りない

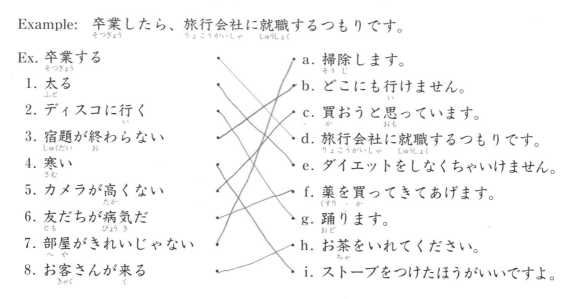

Ⅳ 勉強しなくてもいいです

A. John doesn't have to do the following things. Make sentences using ～なくてもいい。

Example: need not study → ジョンさんは勉強しなくてもいいです。

On Saturday:

1. need not memorize vocabulary
2. need not practice kanji
3. need not speak Japanese
4. need not get up early
5. need not go to school

At his homestay:

6. need not wash dishes
7. need not do laundry
8. need not cook
9. need not clean his own room
10. need not come home early

B. Pair Work—Ask if your partner has to do the following things today. Add your own questions. When you answer, describe why you have to/don't have to do it.

Example: write a paper

→　Ａ：今日、レポートを書かなくちゃいけませんか。

Ｂ：はい、書かなくちゃいけません。しめきりはあしたですから。

いいえ、書かなくてもいいです。しめきりは来週ですから。

Questions	Answers and Reasons	
go to bed early	はい	いいえ
memorize kanji	はい	いいえ
withdraw money	はい	いいえ
do homework	はい	いいえ
go to the post office	はい	いいえ
go shopping	はい	いいえ
	はい	いいえ
	はい	いいえ

C. Pair Work—You and your friend are doing research on companies. Student A has looked into SOMY and Student B has looked into Bamasonic (B's memo is on p. 110). The things you must do are checked. Look at the memo and exchange the information using 〜なくちゃいけませんか. After getting all the information, discuss which company would be better.

Example: A：バマソニックでは土曜日に働かなくちゃいけませんか。
B：いいえ、働かなくてもいいです。ソミーはどうですか。

Student A

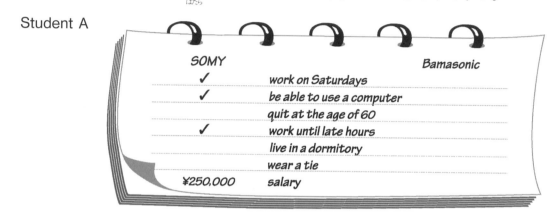

SOMY		Bamasonic
✓	work on Saturdays	
✓	be able to use a computer	
	quit at the age of 60	
✓	work until late hours	
	live in a dormitory	
	wear a tie	
¥250,000	salary	

Ⓥ スーパーマンみたいですね

A. Describe what the following things/people are like with 〜みたいですね。🔊

Example: 私の友だちです。とても強いんです。
→ スーパーマンみたいですね。

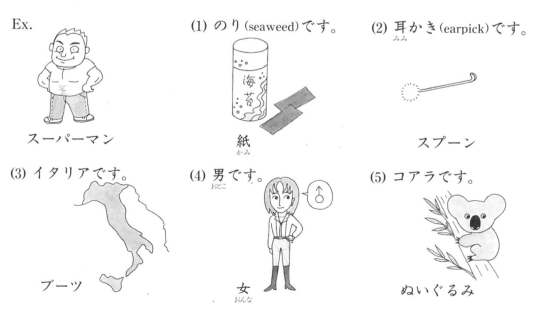

Ex.

スーパーマン

(1) のり (seaweed) です。

紙

(2) 耳かき (earpick) です。

スプーン

(3) イタリアです。

ブーツ

(4) 男です。

女

(5) コアラです。

ぬいぐるみ

(6) 私_{わたし}の友_{とも}だちです。
よく寝_ねるんです。

猫_{ねこ}

(7) 私_{わたし}の友_{とも}だちです。
秘密_{ひみつ}がたくさん
あるんです。

バットマン

(8) 私_{わたし}の友_{とも}だちです。
とてもかっこいい
んです。

マイケル・ジャクソン

B. Describe the following pictures with verb ＋ みたいです.

Example: 出_でかけるみたいです。

Ex.

(1)

(2)

(3)

(4)

(5)

(6)

(7)

(8)

(9)

C. Pair Work—Ask your partner the following questions about the picture. When you answer, use 〜みたいです.

Example: Ａ：この人は男の人ですか。
　　　　　　Ｂ：ええ、男の人みたいです。／いいえ、男の人じゃないみたいです。

1. この人は学生ですか。
2. この人は結婚していますか。
3. 今日は休みですか。
4. 今、雨が降っていますか。
5. この人はテニスをしますか。
6. たばこを吸いますか。
7. よく掃除をしますか。
8. 料理ができますか。
9. ギターが弾けますか。
10. 今、何をしていますか。

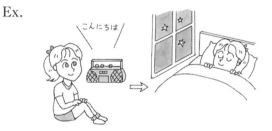

Ⅵ 日本に来てから日本語を勉強しました

A. Look at the following pictures and make sentences using 〜てから。

Example: 日本語のテープを聞いてから、寝ます。

Ex.

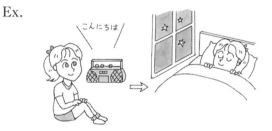

(1)   (2)

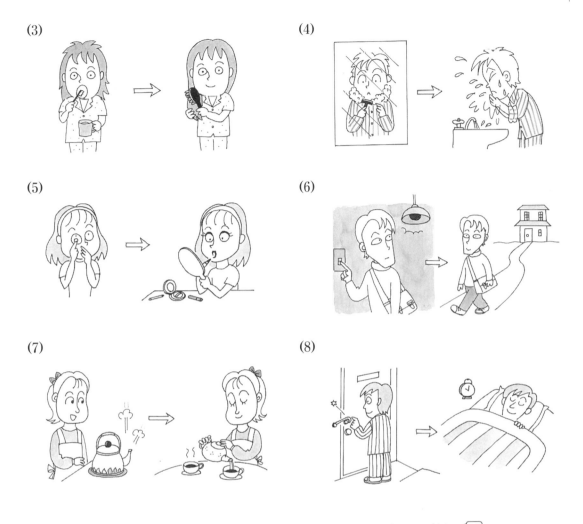

(3) (4) (5) (6) (7) (8)

B. Look at the pictures above and make sentences using 〜前に.

Example: 寝る前に、日本語のテープを聞きます。
　　　　　ね　まえ　　にほんご　　　　　　き

C. Pair Work—Ask your partner the following questions.

1. 学校に来る前に、何をしますか。
　　がっこう　く　まえ　　なに

2. 就職する前に、何をしなくちゃいけませんか。
　　しゅうしょく　まえ　　なに

3. 結婚する前に、何がしたいですか。
　　けっこん　まえ　　なに

4. きのううちへ帰ってから、何をしましたか。
　　　　　　　　かえ　　　　　なに

5. 今日授業が終わってから、何をするつもりですか。
　　きょう じゅぎょう お　　　　　なに

Ⅶ まとめの練習
れんしゅう

A. Gossip about people (e.g., a celebrity/your teacher/your classmate) by using 〜そうです／〜って. You can make up your own story.

B. Talk about the things you have to or don't have to do in Japan, comparing them to similar situations in your country.

Example: 日本とアメリカの間にはいろいろな違いがあります。たとえば、日本
にほん　　　　　　あいだ　　　　　　　　　ちが　　　　　　　　　　　　　　　　にほん
ではうちの中で靴を脱がなくちゃいけません。でも、アメリカでは脱
なか　くつ　ぬ　　　　　　　　　　　　　　　　　　　　　　　　　　　ぬ
がなくてもいいです。

C. Find an interesting news item on TV or in newspapers or magazines and report on it using 〜そうです.

Example: ニュースによると、カリフォルニアで地震があったそうです。
じしん

Pair Work Ⅳ C.

Example: Ａ：バマソニックでは土曜日に働かなくちゃいけませんか。
どようび　はたら
Ｂ：いいえ、働かなくてもいいです。ソミーはどうですか。
はたら

Student B

	Bamasonic		SOMY
●		work on Saturdays	
		be able to use a computer	
		quit at the age of 60	
	✓	work until late hours	
	✓	live in a dormitory	
	✓	wear a tie	
●	¥220,000	salary	

床屋／美容院で
とこや　びよういん

At the Barber/Beauty Salon

Useful Expressions

カット（パーマ）お願いします。
ねが
—— I would like to have a hair cut (permanent).

あまり短くしないでください。
みじか
—— Please don't make it too short.

そらないでください。
—— Please don't shave.

３センチぐらい切ってください。
き
—— Please cut off about 3 centimeters.

後ろをそろえてください。——————— Please cut the back all the same length.
うし

赤にそめてください。——————— Please dye my hair in red.
あか

ボブ・マーリーみたいな髪形にしたいんですが。
かみがた
—— I want my hair to be like Bob Marley's. (showing the picture)

Useful Vocabulary

シャンプー	shampoo	切る	to cut
カット	cut	そる	to shave
ブロー	blow-dry	刈る	to crop
パーマ	permanent	そめる	to dye
セット	set	そろえる	to make hair even; to trim
髪形	hair style	パーマをかける	to have one's hair permed
もみあげ	sideburns		

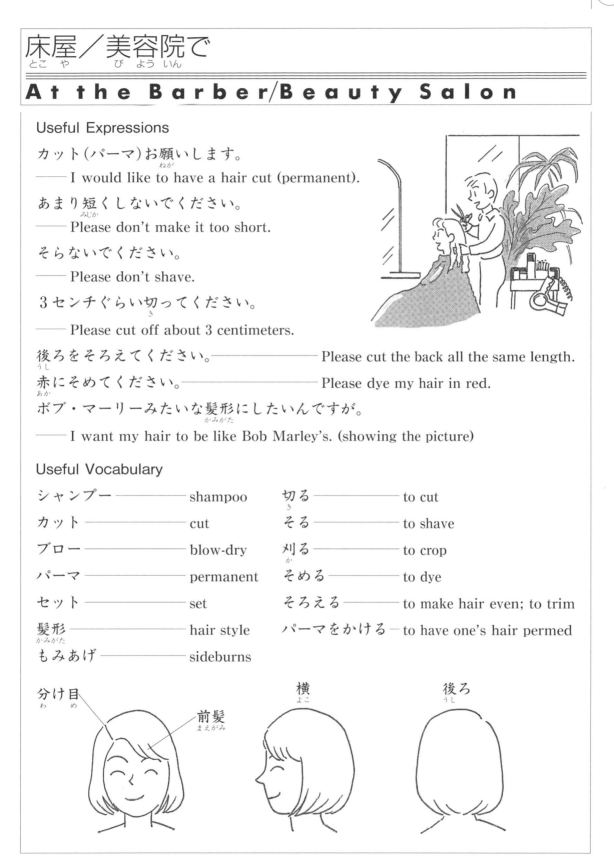

分け目　前髪　横　後ろ
わ　め　まえがみ　よこ　うし

第18課 | L E S S O N 18
ジョンさんのアルバイト John's Part-time Job

会話 _{かいわ} D i a l o g u e

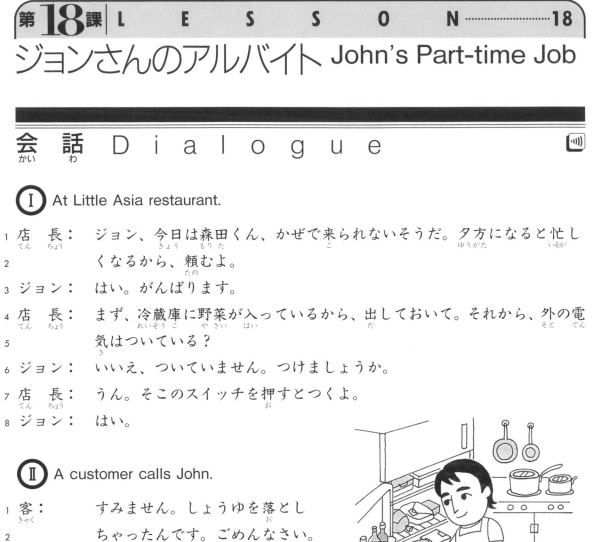

Ⓘ At Little Asia restaurant.

1 店長_{てんちょう}： ジョン、今日_{きょう}は森田_{もりた}くん、かぜで来_こられないそうだ。夕方_{ゆうがた}になると忙_{いそが}し
2 くなるから、頼_{たの}むよ。

3 ジョン： はい。がんばります。

4 店長_{てんちょう}： まず、冷蔵庫_{れいぞうこ}に野菜_{やさい}が入_{はい}っているから、出_だしておいて。それから、外_{そと}の電_{でん}
5 気_きはついている？

6 ジョン： いいえ、ついていません。つけましょうか。

7 店長_{てんちょう}： うん。そこのスイッチを押_おすとつくよ。

8 ジョン： はい。

Ⅱ A customer calls John.

1 客_{きゃく}： すみません。しょうゆを落_おとし
2 ちゃったんです。ごめんなさい。

3 ジョン： いえ、大丈夫_{だいじょうぶ}です。あっ、スカー
4 トが汚_{よご}れてしまいましたね。

5 客_{きゃく}： 本当_{ほんとう}だ。どうしよう。

6 ジョン： 今_{いま}すぐ、タオルを持_もってきます。

Ⅲ After closing time.

1 店長_{てんちょう}： 今日_{きょう}はジョンのおかげで、助_{たす}かったよ。

2 ジョン： いいえ。でも本当_{ほんとう}に忙_{いそが}しかったですね。

3 店長_{てんちょう}： あしたは学校_{がっこう}があるんだろう。アルバイトをしながら学校_{がっこう}に行_いくのは大_{たい}
4 変_{へん}だね。

5 ジョン：　ええ、ときどき、遅刻しちゃうんですよ。
6 店　長：　ぼくも学生の時はよく授業をサボったよ。もっと勉強すればよかったな
7 　　　　　あ。後はぼくがやっておくから。
8 ジョン：　じゃあ、お先に失礼します。お疲れさまでした。
9 店　長：　お疲れさま。

Ⅰ

Manager: John, I heard Mr. Morita has a cold and is not able to come today. In the evening it will
　　　　　get busy, so I am counting on you.

John: Sure, I will do my best.

Manager: First of all, vegetables are in the refrigerator, so, take them out. Then, is the outside
　　　　　light on?

John: No, it isn't. Shall I turn it on?

Manager: Yes. If you press the button there, the light will be on.

John: Yes.

Ⅱ

Customer: Excuse me. I have dropped the soy sauce. I am sorry.

John: Please don't worry. Oh, your skirt has become dirty, hasn't it?

Customer: Oh, no! What should I do?

John: I will bring a towel right away.

Ⅲ

Manager: You were so helpful today.

John: Don't mention it. But, it was such a busy day.

Manager: You have school tomorrow, right? It is tough to go to school working part-time, isn't it?

John: Yes. I am late for classes sometimes.

Manager: When I was a student, I often cut classes, too. I should have studied more. Well, I will
　　　　　take care of the rest then.

John: Excuse me for leaving early. Good-bye.

Manager: Thank you. Bye.

単語
たん　　　ご

Vocabulary

Nouns

*	あと	後	the rest
	エアコン		air conditioner
	カーテン		curtain
	ぎゅうにゅう	牛乳	milk
	シャンプー		shampoo
*	しょうゆ	しょう油	soy sauce
*	スイッチ		switch
*	スカート		skirt
*	そと	外	outside
*	タオル		towel
	にっき	日記	diary
	ポップコーン		popcorn
	やちん	家賃	rent
*	ゆうがた	夕方	evening
	ラジカセ		cassette player with a radio
	るすばんでんわ	留守番電話	answering machine
*	れいぞうこ	冷蔵庫	refrigerator
	ろうそく		candle

い-adjectives

あかるい	明るい	bright
きぶんがわるい	気分が悪い	to feel sick
はずかしい	恥ずかしい	embarrassing; to feel embarrassed

U-verbs

	あく	開く	(something) opens （〜が）
	あやまる	謝る	to apologize
*	おす	押す	to press; to push
*	おとす	落とす	to drop (something) （〜を）
	おゆがわく	お湯が沸く	water boils
	ころぶ	転ぶ	to fall down
	こわす	壊す	to break (something) （〜を）
	さく	咲く	to bloom

* Words that appear in the dialogue

しまる	閉まる	(something) closes	（〜が）
* たすかる	助かる	to be saved; to be helped	
* たのむ	頼む	to ask (a favor)	
* つく		(something) turns on	（〜が）
よごす	汚す	to make dirty	（〜を）

Ru-verbs

おちる	落ちる	(something) drops	（〜が）
かんがえる	考える	to think (about); to consider	
きえる	消える	(something) goes off	
こわれる	壊れる	(something) breaks	（〜が）
* よごれる	汚れる	to become dirty	（〜が）

Irregular Verb

ちゅうもんする	注文する	to place an order

Adverbs and Other Expressions

* いますぐ	今すぐ	right away
* おかげで		thanks to . . .　（〜の）
* おさきにしつれいします	お先に失礼します	See you. (lit., I'm leaving ahead of you.)
* おつかれさま（でした）	お疲れ様（でした）	You must be tired after working so hard. (ritualistic expression)
* 〜（ん）だろう		short form of 〜（ん）でしょう
* どうしよう		What should I/we do?
* ほんとうに	本当に	really
* まず		first of all
〜までに		by (time/date)

文法 G r a m m a r
ぶん ぽう

1 Transitivity Pairs

Some verbs describe situations in which human beings act on things. For example, I *open* the door, you *turn on* the TV, and they *break* the computer. Such verbs are called "transitive verbs." Some other verbs describe changes that things or people undergo. For example, the door *opens*, the TV *goes on*, and the computer *breaks down*. These latter verbs are called "intransitive verbs."

While most verbs are loners and do not have a counterpart of the opposite transitivity, some important verbs come in pairs.

Transitive		Intransitive	
開ける あ	*open something*	開く あ	*something opens*
閉める し	*close something*	閉まる し	*something closes*
入れる い	*put something in*	入る はい	*something goes inside*
出す だ	*take something out*	出る で	*something goes out*
つける	*turn something on*	つく	*something goes on*
消す け	*turn something off;* *extinguish something*	消える き	*something goes off*
壊す こわ	*break something*	壊れる こわ	*something breaks*
汚す よご	*make somethingdirty*	汚れる よご	*something becomes dirty*
落とす お	*drop something*	落ちる お	*something drops*
わかす	*boil water*	わく	*water boils*

Transitive verbs call for both the subject (agent) and the object (the thing that is worked on). Intransitive verbs call only for the subject (the thing or the person that goes through the change).

たけしさんが電気をつけました。
でん き
Takeshi turned the light on.

電気がつきました。
でん き
The light went on.

たけしさんがお湯をわかしました。
ゆ
Takeshi boiled the water.

お湯がわきました。
ゆ
The water boiled.

Transitive verbs describe activities, while intransitive verbs describe changes. They behave differently when they are followed by the helping verb ている. Let us first recall that activity verbs (話す, for example) + ている refer to actions in progress, while change verbs (結婚する, for example) + ている refer to the states resulting from the change.

スーさんは今、電話でお母さんと話しています。 (activity, action in progress)
Sue is talking on the phone with her mother right now.

山下先生は結婚しています。 (change, result state)
Professor Yamashita is married.

Similarly, when followed by ている, transitive verbs refer to actions in progress, while intransitive verbs refer to states that hold after the change takes place.

ロバートさんは窓を開けています。
Robert is opening the windows.

ドアが開いています。
Doors are open./There's an open door.

ともこさんは電気を消しています。
Tomoko is turning the light off.

テレビは消えています。
The TV set is off.

ゴジラが町を壊しています。
There goes Godzilla, destroying the city.

このコンピューターは壊れています。
This computer is broken.

2 〜てしまう

The *te*-form of a verb + しまう has two senses, which at first might appear rather incongruous. In its first sense, しまう indicates that one "carries out with determination" a plan described by the verb. It typically involves bringing something to a culmination point. You, in other words, do something completely, or finish doing something, or have something done.

本を読んでしまいました。
I read the book completely./I finished reading the book.

The second sense of しまう is "lack of premeditation or control over how things turn out." This often comes with *the sense of regret*; something regrettable happens, or you do something which you did not intend to.[1]

---

[1]Since しまう goes with the verbal *te*-form, which is affirmative, it only gives us sentences meaning that something regrettable does or did happen. In other words, we cannot express with しまう negated ideas such as "regrettably, x did not take place" or "unfortunately, I did not do x."

電車の中にかばんを忘れてしまいました。
I inadvertently left my bag on the train.

宿題を忘れたので、先生は怒ってしまいました。
To my horror and sorrow, my professor got angry, because I had forgotten my homework.

・

Both senses focus on the discrepancy between what we intend and what the world is like when it is left on its own. A しまう sentence may be ambiguous between the two senses. How a given しまう sentence should be interpreted depends on the assumptions the speaker has when uttering it. For example, the "finished reading" sentence above can be read in the "regrettably" sense equally easily if you read the book although you had not planned to, or knowing that it was wrong but unable to resist the temptation.

In speech, 〜てしまう and 〜でしまう are often contracted to 〜ちゃう and 〜じゃう, respectively.

宿題をなくしちゃった。
I lost my homework!

食べてしまいます	→	食べちゃいます
死んでしまった	→	死んじゃった

3　〜と

The present tense short form of a predicate ＋ と means *whenever* the situation described by the predicate holds, another thing happens. In most と sentences, the first clause describes the cause, and the second the effect.

私はその人と話すと元気になる。
Whenever I talk with that person, I feel uplifted.

道が込んでいると時間がかかる。
Whenever the streets are crowded, it takes longer to get there.

clause A　と　clause B。　　*Whenever A happens, B happens too.*
(short, present)

Sometimes, a と sentence describes a cause-effect relationship between specific events.

メアリーさんが国に帰るとさびしくなります。
If Mary goes back home, we will be sad and lonely.

While the clause that comes before と is always in the present tense, the second clause can be in the present or in the past tense.

私は子供の時、冬になるとかぜをひきました。
When I was young, whenever winter arrived, I caught a cold.

The event described by the second clause must follow the event described in the first half of the sentence. Thus it is wrong to say:

✕ 私はその人と話すと喫茶店に行きます。
　 Whenever I talk with that person, we go to a coffee shop.

If you want an adjective idea in the second clause, it is usually expressed as a change. It is very common therefore to find in the second clause an い-adjective base ＋ くなる, and a な-adjective base ＋ になる (see Lesson 10 for adjective ＋ なる).

秋になると木が赤くなります。
Whenever fall arrives, trees turn red.

夜になると町が静かになります。
Whenever night comes, the town becomes quiet.

4　〜ながら

You can connect two verbs with ながら to say that the two actions are performed at the same time. ながら follows a verb stem. The second verb, which goes after ながら, can be in any form.

私はいつも音楽を聞きながら日本語を勉強します。
I always study Japanese while listening to music.

たけしさんは歌を歌いながら洗濯をしています。
Takeshi is doing laundry singing a song.

アルバイトをしながら学校に行くのは大変です。
It is not easy to go to school working part-time.

Note that the two verbs that flank ながら must be two actions performed by the same person. ながら, in other words, cannot describe an action performed while another person does something.

5　〜ばよかったです

ばよかったです means *I wish I had done* or *I should have done* something. You can use it to describe an alternative course of action you, to your great regret, did not take.

あの時、「愛している」と言えばよかったです。
I wish I had told her that I loved her.

彼女と別れなければよかったです。
I should not have broken up with her.

All verbs can regularly be turned into a ばよかったです sentence with no exception or irregularity. You form the ば-form on the basis of the present tense short forms.

Verbs in the affirmative:

  Drop the final *-u* and add *-eba*.

食べる (tabe-ru)	→	食べれば (tabe-reba)
行く (ik-u)	→	行けば (ik-eba)
待つ	→	待てば
買う	→	買えば
する	→	すれば
くる	→	くれば

Verbs in the negative:

  Drop the final い and add ければ.

食べない	→	食べなければ
行かない	→	行かなければ
待たない	→	待たなければ
買わない	→	買わなければ
しない	→	しなければ
こない	→	こなければ

We will learn about the ば-forms used in broader contexts in Lesson 22.

表現ノート
ひょうげん

おかげ ▶ Noun のおかげ（で）is used to express gratitude to something or someone when things turn out as desired.

友だちが書いてくれた地図のおかげで道に迷わなかった。
とも　　か　　　　　　ちず　　　　　　　　みち　まよ
Thanks to the map my friend drew, I didn't get lost.

先生：卒業おめでとう。　　　　　　*Congratulations on your graduation.*
せんせい　そつぎょう
学生：先生のおかげです。　　　　　　*I owe it to you, Professor.*
がくせい　せんせい

The expression おかげさまで (lit., Thanks to you) is the proper response when asked 元気ですか.
げんき

A：元気ですか。　　　　　　　　*How are you?*
　げんき
B：ええ、おかげさまで。　　　　　*Yes, thanks to you.*

おかげさまで is also used to show appreciation for the addressee's help/support/concern.

A：仕事に慣れましたか。
　しごと　な
　Have you gotten used to the job?
B：ええ、おかげさまで、だいぶ慣れました。
　　　　　　　　　　　　　　　な
　Yes, I have gotten used to it mostly. Thank you for your concern.

練習 P r a c t i c e
れん　しゅう

① 窓が開いています
まど　あ

A. Describe the pictures using transitive and intransitive verbs. 🔊

Example: (a) ドアを開けます。　　(b) ドアが開きます。
　　　　　　　　　あ　　　　　　　　　　あ

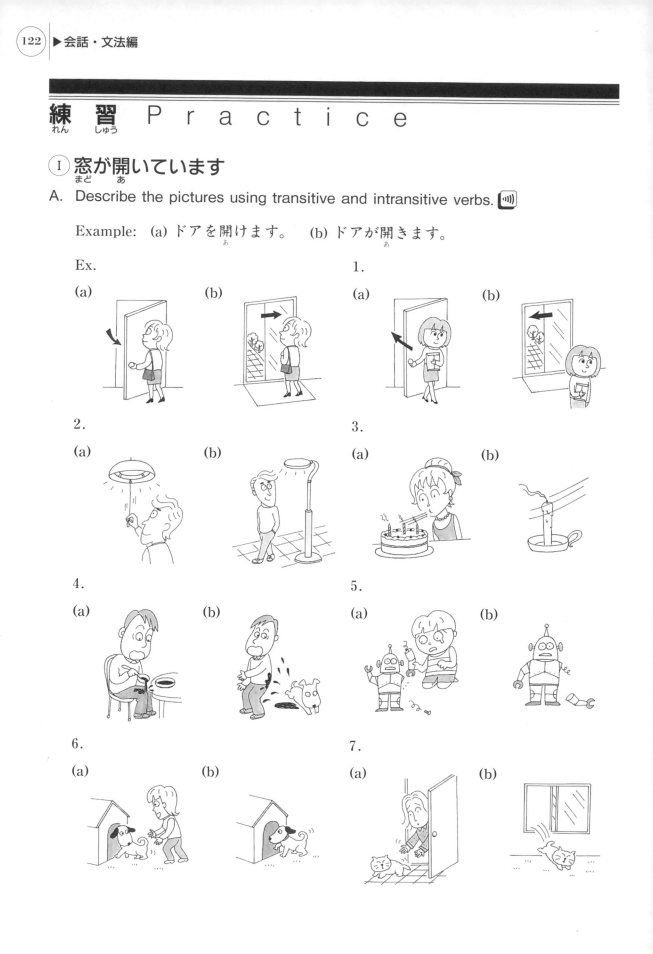

Ex.

(a)　　　　　　　　(b)

1.

(a)　　　　　　　　(b)

2.　　　　　　　　　　　　　　　　3.

(a)　　　　　　　　(b)　　　　　　　(a)　　　　　　　　(b)

4.　　　　　　　　　　　　　　　　5.

(a)　　　　　　　　(b)　　　　　　　(a)　　　　　　　　(b)

6.　　　　　　　　　　　　　　　　7.

(a)　　　　　　　　(b)　　　　　　　(a)　　　　　　　　(b)

8.

(a)　　　　　(b)

9.

(a)　　　　　(b)

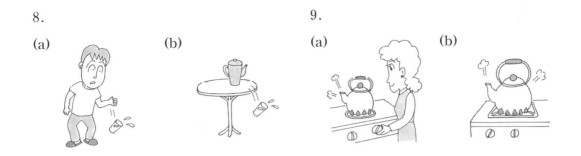

B. Describe the condition using 〜ている. ▣

Example: 窓が開いています。
　　　　　まど　　あ

Ex.　　　(1)　　　(2)　　　(3)

(4)　　　(5)　　　(6)　　　(7)

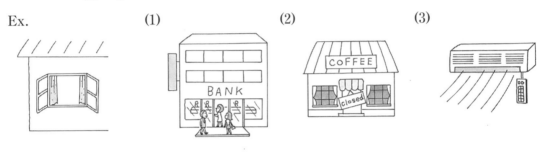

(8)　　　(9)

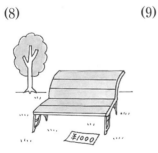

C. Pair Work—One person looks at picture A below and the other looks at picture B (p. 133). The two pictures look similar but are not identical. Find out the difference by asking each other questions.

Example: A：冷蔵庫にりんごが入っていますか。
れいぞうこ　　　　　　　　はい

B：はい。一つ入っています。
ひと　はい

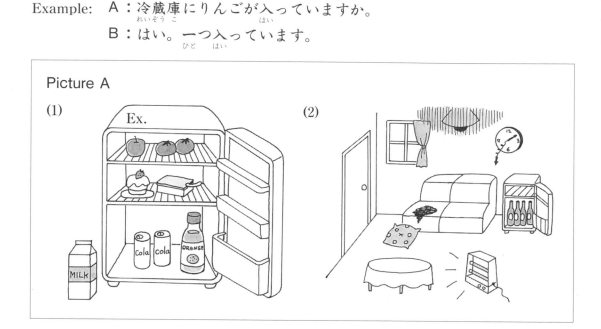

Picture A

(1)

Ex.

(2)

D. Pair Work—You and your partner are working part-time at Little Asia. The manager is sick, and you need to take care of the restaurant for the day. Look at the picture and discuss what needs to be done to open the place for business.

Example: A：エアコンがついていませんね。

B：そうですね。じゃ、私がつけますよ。
わたし

A：すみません。お願いします。
ねが

Ⅱ 昼ご飯を食べてしまいました
ひる はん た

A. You finished doing the following things. Express what you did with 〜てしまう. 🔊

Example: finished eating lunch → もう昼ご飯を食べてしまいました。
ひる はん た

1. finished doing homework
2. finished writing a paper
3. finished reading a book
4. finished listening to a Japanese language tape
5. finished cleaning a room
6. finished seeing a video

B. The following things happened and you regret them. Express them with 〜てしまう. 🔊

Example: お金があまりないんですが、(bought a lot)
かね
→ お金があまりないんですが、たくさん買ってしまいました。
かね か

1. 友だちにラジカセを借りたんですが、(broke it)
とも か
2. 給料をもらったんですが、(spent all)
きゅうりょう
3. 急いでいたので、(fell down)
いそ
4. きのう寒かったので、(caught a cold)
さむ
5. きのうあまり寝なかったので、(slept in class)
ね
6. ゆみさんが好きだったんですが、(Yumi got married)
す
7. 今日までに家賃を払わなくちゃいけなかったんですが、(forgot it)
きょう やちん はら
8. 朝寝坊したので、(missed a train)
あさねぼう

C. You stayed at your friend's apartment while he/she was away. Now your friend is back; make an apology using 〜ちゃう／じゃう for what you have done in the apartment.

Example: A：ごめん。

B：どうしたの？

A：実は冷蔵庫の食べ物を全部食べちゃった。
　　じつ　れいぞうこ　　た　もの　ぜんぶ　た

B：えっ！

friend's shampoo

(1)

(2)

Ex.

friend's diary

(6)

(3)

friend's magazine

(5)

(4)

answering machine

D. Pair Work—You did the following things. Explain the situations to your partner in informal speech. Continue the conversation.

Example: You borrowed a camera from your friend but broke it.

→   A：友だちからカメラを借りたんだけど、壊しちゃった。

B：えっ。今すぐ謝ったほうがいいよ。

A：そうだね。そうするよ。

1. You borrowed a book from your friend but lost it.

2. You received a scholarship but you bought a car with that money.

3. You told a lie to your friend.

4. You had a fight with your boyfriend/girlfriend.

5. You didn't want to go to class, so you cut class.

6. You overslept and came late for class.

Ⅲ 春になると暖かくなります

A. Change the cues in 1 through 6 into と clauses and choose the correct phrase on the right to complete each sentence. 〔)))〕

Example: 秋になると涼しくなります。

Ex. 秋になります   ·   · a. 日本語が上手になりません。

1. 電気をつけます   ·   · b. 目が疲れます。

2. お酒を飲みすぎます   ·   · c. 明るくなります。

3. 日本語を話しません   ·   · d. 花が咲きます。

4. 家族から手紙が来ません   ·   · e. 涼しくなります。

5. 一日中コンピューターを使います ·   · f. 悲しくなります。

6. 春になります   ·   · g. 気分が悪くなります。

B. Pair Work—Give advice to your partner who has the following problems, using 〜と.

Example: A：車の運転が下手なんです。　B：練習すると上手になりますよ。

1. A：疲れているんです。　　　B：＿＿＿＿＿＿＿と元気になりますよ。
2. A：友だちがいないんです。　B：＿＿＿＿＿＿＿と友だちができますよ。
3. A：かぜをひいたんです。　　B：＿＿＿＿＿＿＿とよくなりますよ。
4. A：太りたいんです。　　　　B：＿＿＿＿＿＿＿と太りますよ。
5. A：寝られないんです。　　　B：＿＿＿＿＿＿＿と寝られますよ。

C. Pair Work—Talk with your partner using the cues below. Expand your conversation.

Example: ＿＿＿＿＿＿＿と顔が赤くなる
　　　　→　A：私／ぼくは、恥ずかしいと顔が赤くなるんです。
　　　　　　B：そうですか。

　　　　　　私／ぼくは、お酒を飲むと顔が赤くなるんです。
　　　　　　A：どれぐらい飲むと顔が赤くなるんですか。

1. ＿＿＿＿＿＿＿と気分が悪くなる　　2. ＿＿＿＿＿＿＿とうれしくなる
3. ＿＿＿＿＿＿＿と悲しくなる　　　　4. ＿＿＿＿＿＿＿と元気になる
5. ＿＿＿＿＿＿＿と疲れる　　　　　　6. ＿＿＿＿＿＿＿と緊張する
7. ＿＿＿＿＿＿＿と踊りたくなる

Ⅳ テレビを見ながら勉強します

A. The pictures below show what Michiko does. Describe them using 〜ながら. 🔊

Example: みちこさんは、テレビを見ながら勉強します。

Ex.　　　　　　(1)　　　　　　(2)　　　　　　(3)

(4)　　　　　　(5)　　　　　　(6)　　　　　　(7)

(to walk：歩<ruby>歩<rt>ある</rt></ruby>く)

B. Pair Work—Ask your partner the following questions.

1. ご飯を食べながら、何をしますか。

2. 何をしながら、勉強しますか。

3. お風呂に入りながら、何をしますか。

4. 音楽を聞きながら、何をしますか。

5. 何をしながら、考えますか。

C. Class Activity—Let's play charades. The teacher gives a sentence card to each student. One of the students mimes the sentence. All other students guess what the person is doing and raise their hands when they recognize the action. The person that gets the most points is the winner.

Example:　歩きながら、アイスクリームを食べています。

D. Talk about the following, using 〜ながら.

1. two things you often do at the same time when you are busy

Example:　忙しい時、食べながら勉強します。

2. two things it is better not to do at the same time

Example:　運転しながら電話で話さないほうがいいです。

3. two things you like to do at the same time

Example:　音楽を聞きながら運転するのが好きです。

4. two things you cannot do at the same time

Example:　自転車に乗りながらそばを食べられません。

Ⓥ もっと勉強すればよかったです
べんきょう

A. Change the following verbs into ば-forms. 🔊

Example: いく → いけば

1. よむ   2. くる   3. みる   4. はなす   5. する
6. つかう   7. あそぶ   8. おきる   9. たべない   10. こない
11. きかない 12. つかわない 13. しない

B. The following pictures are what happened to you as a result of action you took or didn't take (marked with ✕). Express your regret using 〜ばよかったです. 🔊

Example: かさを持ってくればよかったです。
も

Ex.   (1)

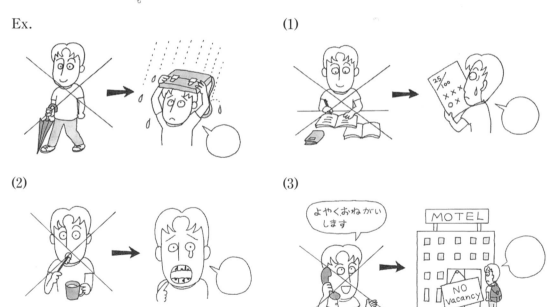

(2)   (3)

(4)   (5)

make friends

(6)

(7)
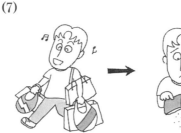

(8)

C. Make sentences in the following situations using 〜ばよかった.

Example:　You didn't do well on your test.

→　もっと勉強すればよかったです。／お酒を飲みに行かなければよかったです。

1. You were late for class.

2. You went to a restaurant but it was closed for a holiday.

3. You are on a trip. You forgot to bring a camera.

4. Your college life is miserable.

5. The hamburger you ordered doesn't taste good.

6. You ate too much and you are not feeling well.

7. You have just started working after graduation. You are too busy to have time for yourself.

8. You can't help thinking about your ex-boyfriend/ex-girlfriend.（前の彼／前の彼女）

Ⅵ まとめの練習
れんしゅう

A. Pair Work—Tell each other a story of a failure or a sad experience, which happened contrary to your wishes.

Example:　Ａ：けさ、起きられなくて、授業に遅れてしまったんです。
　　　　　　　　お　　　　　　　　　　　じゅぎょう　おく
　　　　　　Ｂ：きのう何時に寝たんですか。
　　　　　　　　　　　なんじ　ね
　　　　　　Ａ：二時です。
　　　　　　　　にじ
　　　　　　Ｂ：もっと早く寝ればよかったですね。
　　　　　　　　　　　はや　ね

B. Pair Work—Ask your partner the following questions.

1. あしたまでに何をしなくちゃいけませんか。
　　　　　　　なに
2. レポートの宿題がありますか。いつまでに出さなくちゃいけませんか。
　　　　　しゅくだい　　　　　　　　　　　　　だ
3. 卒業までに何をしようと思っていますか。
　そつぎょう　　なに　　　おも
4. ＬＬは何時から何時まで開いていますか。
　エルエル　なんじ　　なんじ　　あ
5. 図書館は何曜日に閉まっていますか。
　としょかん　なんようび　し
6. あなたの冷蔵庫の中に何が入っていますか。
　　　　　れいぞうこ　なか　なに　はい
7. 高校の時、何をすればよかったですか。
　こうこう　とき　なに
8. お酒を飲むとあなたはどうなりますか。
　　さけ　の

Pair Work Ⅰ C.

Example:　A：冷蔵庫にりんごが入っていますか。
　　　　　　れいぞうこ　　　　　　　　　　はい

　　　　　　B：はい。一つ入っています。
　　　　　　　　　ひと　はい

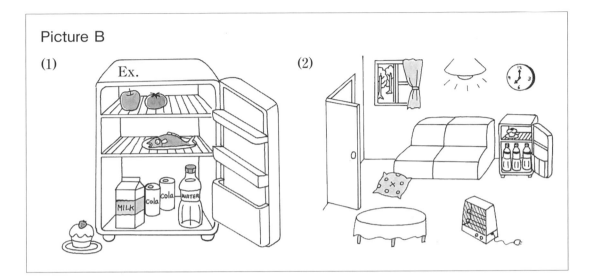

Picture B

(1)　　　　　　　　　　　　　　　　(2)

第19課 L E S S O N 19

出迎え Meeting the Boss
でむか

会話 Dialogue
かいわ

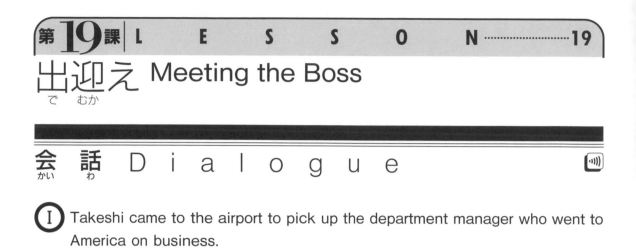

Ⅰ Takeshi came to the airport to pick up the department manager who went to America on business.

1 たけし： 部長、出張お疲れさまでした。

2 部　長： 木村くん、迎えに来てくれてありがとう。本当はシアトルを一時に出るは
ぶちょう　　きむら　　むか　　　　　　　　　　　　　　　　ほんとう　　　　　　　　いちじ　て

3 　　　　　 ずだったんだけど、遅れちゃってね。
　　　　　　　　　　　　　　　　おく

4 たけし： じゃあ、お疲れになったでしょう。
　　　　　　　　　　つか

5 部　長： 大丈夫だけど、ちょっとおなかがすいてるんだ。
ぶちょう　　だいじょうぶ

6 たけし： じゃあ、何か召し上がってから、お帰りになりますか。
　　　　　　　　なに　め　あ　　　　　　　　かえ

7 部　長： うん。そうしようか。
ぶちょう

Ⅱ At a restaurant.

1 ウエートレス：いらっしゃいませ。何名様ですか。
　　　　　　　　　　　　　　　　　　なんめいさま

2 たけし：　　　二人です。
　　　　　　　　ふたり

3 ウエートレス：おたばこをお吸いになりますか。
　　　　　　　　　　　　　　す

4 部　長：　　　いいえ。
ぶちょう

5 ウエートレス：こちらへどうぞ。お決まりになりましたらお呼びください。
　　　　　　　　　　　　　　き　　　　　　　　　　　　　よ

Ⅲ In front of the department manager's house.

1 部　長：　うちまで送ってくれてありがとう。

2 たけし：　いいえ。今日はごちそうしてくださってありがとうございました。

3 部　長：　ゆっくり話ができてよかったよ。ちょっとうちに寄らない？

4 たけし：　いえ、もう遅いし、奥様もお休みになっているでしょうから。

5 部　長：　この時間ならまだ起きているはずだよ。

6 たけし：　でも、今日は遠慮しておきます。奥様によろしくお伝えください。

Ⅰ

Takeshi: Boss, welcome back. You must be tired after the business trip.

Department manager: Thank you for coming here to pick me up, Mr. Kimura. Originally, I was supposed to leave Seattle at one o'clock, but it ran late.

Takeshi: You must be tired, then.

Department manager: No, I am fine, but I am a little hungry.

Takeshi: Then, would you like to eat something and go home?

Department manager: That sounds good to me.

Ⅱ

Waitress: Welcome. How many?

Takeshi: Two.

Waitress: Do you smoke?

Department manager: No.

Waitress: This way, please. When you decide, call me.

Ⅲ

Department manager: Thank you for giving me a ride home.

Takeshi: Not at all. Thank you for paying for the dinner.

Department manager: It was nice to have a good talk with you. Would you like to drop by my house?

Takeshi: It's okay. It's late, and your wife is probably sleeping.

Department manager: No. She must still be awake around this time.

Takeshi: But, I'd rather not today. Please give her my best regards.

単語
たん　　ご
Vocabulary

Nouns

* おくさま	奥様	(your/his) wife (polite)
おこさん	お子さん	(your/their) child (polite)
おれい	お礼	expression of gratitude
けいご	敬語	honorific language
* こちら		this way (polite)
* しゅっちょう	出張	business trip
しゅるい	種類	a kind; a sort
せいかく	性格	personality
ちゅうがくせい	中学生	junior high school student
どちら		where (polite)
なまけもの	怠け者	lazy person
なやみ	悩み	worry
はずかしがりや	恥ずかしがり屋	shy person
* はなし	話	chat; talk
* ぶちょう	部長	department manager
ぶんか	文化	culture
まちがい	間違い	mistake

い-adjective

なかがいい	仲がいい	be on good/close terms; to get along well

な-adjective

まじめ(な)		serious; sober; diligent

U-verbs

いらっしゃる		honorific expression for いく, くる, and いる
* おくる	送る	to walk/drive (someone) (*person* を *place* まで)
おこる	怒る	to get angry
おっしゃる		honorific expression for いう
* おやすみになる	お休みになる	honorific expression for ねる
* きまる	決まる	to be decided　 (〜が)
くださる	下さる	honorific expression for くれる

* Words that appear in the dialogue

ごらんになる	ご覧になる	honorific expression for みる
しりあう	知り合う	to get acquainted with （〜と）
〜ていらっしゃる		honorific expression for 〜ている
なさる		honorific expression for する
ひっこす	引っ越す	to move (to another place to live) （〜に）
* めしあがる	召し上がる	honorific expression for たべる and のむ
* よぶ	呼ぶ	to call (one's name); to invite
* よる	寄る	to stop by

Ru-verbs

* おくれる	遅れる	to become late
かける		to sit down
はれる	晴れる	to become sunny
もてる		to be popular (in terms of romantic interest) （*people* に）

Irregular Verbs

* えんりょする	遠慮する	to hold back for the time being; to refrain from
* ごちそうする		to treat/invite (someone) to a meal （*person* に *meal* を）
しょうたいする	招待する	to invite someone (to an event/a place) （*person* を *event*/*place* に）
ちゅういする	注意する	to watch out; to give warning
* はなしをする	話をする	to have a talk

Adverbs and Other Expressions

おととい		the day before yesterday
なぜ		why （＝どうして）
* ほんとうは	本当は	in fact; originally
まいあさ	毎朝	every morning
* まだ		still
* 〜めいさま	〜名様	party of . . . people
ようこそ		Welcome.
* よろしくおつたえください	よろしくお伝えください	Please give my best regards (to . . .). （〜に）

文法 G r a m m a r
ぶん　ぼう

1 Honorific Verbs

We use special verbs to describe the actions of people whom you respect. These special verbs are called honorific verbs, because they bestow honor on, or exalt, the person performing the activities.

	honorific verbs	irregular conjugations
いる 行く い 来る く	いらっしゃる	いらっしゃいます
見る み	ご覧になる らん	
言う い	おっしゃる	おっしゃいます
する	なさる	なさいます
食べる た 飲む の	召し上がる め　あ	
くれる	くださる	くださいます
寝る ね	お休みになる やす	
～ている	～ていらっしゃる	～ていらっしゃいます

All the honorific verbs listed above are *u*-verbs, but some of them have irregular conjugations. The long forms of いらっしゃる, おっしゃる, なさる, くださる, and ～ていらっしゃる end with います, instead of the expected ります.

When we use an honorific verb instead of a normal verb, we will have sentences which mean that somebody graciously does something. (Thus we never use these verbs to describe our own actions.) We use them when we talk about what is done by (1) somebody higher up in the social hierarchy, or (2) somebody whom you do not know very well, especially when addressing them directly.

先生は今日学校にいらっしゃいません。　　cf. 行きません／来ません／いません
せんせい　きょうがっこう　　　　　　　　　　　　　　　い　　　　　　き
The professor will (graciously) not go to/come to/be at the school.

(three-way ambiguous)

何を召し上がりますか。　　　　　　cf. 食べますか／飲みますか
なに　め　あ　　　　　　　　　　　　　　た　　　　　の
What will you (graciously) eat/drink?

田中さんのお母さんがこの本を<u>くださいました</u>。　cf. くれました
<small>たなか　　　かあ　　　　　　　ほん</small>
Ms. Tanaka's mother (graciously) gave me this book.

先生は自分で料理<u>なさる</u>そうです。　cf. 料理するそうです
<small>せんせい　じぶん　りょうり</small>　　　　　　　　　　　　<small>りょうり</small>
I hear that the professor (graciously) cooks for himself.

心配<u>なさ</u>らないでください。　cf. 心配しないでください
<small>しんぱい</small>　　　　　　　　　　　　<small>しんぱい</small>
Please don't (graciously) worry.

先生はテレビを<u>ご覧になって</u>います。　cf. <u>見</u>ています
<small>せんせい　　　　　　　らん</small>　　　　　　　　　　<small>み</small>
The professor is (graciously) watching TV.

For the activities for which we lack special honorific verbs, we add the respect factor as follows:

(1) Using ていらっしゃいます instead of ています, if the sentence has the helping verb ている.

先生はテープを聞い<u>ていらっしゃいます</u>。　（＜ 聞い<u>ています</u>)
<small>せんせい　　　　き</small>　　　　　　　　　　　　　　　　<small>き</small>
The professor is (graciously) listening to the tapes.

先生は疲れ<u>ていらっしゃる</u>みたいです。　（＜ 疲れ<u>ている</u>みたいです)
<small>せんせい　つか</small>　　　　　　　　　　　　　　　<small>つか</small>
It appears that the professor is (graciously) tired.

(2) Flanking a verb stem with お and になる, in most other cases.[1]

> お ＋ verb stem ＋ になる

先生はもう<u>お帰りになり</u>ました。　（＜ <u>帰り</u>ました)
<small>せんせい　　　　かえ</small>　　　　　　　　　　　<small>かえ</small>
The professor has already (graciously) gone home.

この雑誌を<u>お読みになった</u>ことがありますか。　（＜ <u>読んだ</u>ことがありますか)
<small>ざっし　　よ</small>　　　　　　　　　　　　　　　　　<small>よ</small>
Have you ever (graciously) read this magazine?

---

[1]As the examples show, you can turn most combinations of a verb and a post-predicate expression into the honorific style by simply turning the verb into the honorific form. Post-predicate expressions, such as ことがあります and ください, remain unchanged. This rule also applies to expressions like てもいい and てはいけない, and to the potential verbs. It is, however, not considered in good taste to talk about what an "honorable" person can or cannot do, and may or must not do.

　ている is exceptional in being a post-predicate that regularly undergoes the honorific style shift. Special honorific verbs generally take priority over ていらっしゃる, as seen in the <u>ご覧になっています</u> example above, but forms like <u>見ていらっしゃいます</u> are also considered acceptable.

どうぞお使いになってください。　（＜使ってください）
Please (graciously) use it.

2 Giving Respectful Advice

You may hear the form "お + verb stem + ください" in public address announcements and in the speech of store attendants.

整理券をお取りください。　（＜取る）
Please take a voucher.

説明をお読みください。　（＜読む）
Please read the instruction.

Although such sentences end with ください, it is better to consider that they are (courteously phrased) commands, rather than requests. When somebody tells you お〜ください, you are being encouraged to perform the actions *for your own good*. Thus if I want somebody to pass the salt *for me* it is wrong to say:

✕ 塩をお取りください。
Please take the salt (and pass it to me).

You may want to stick to what you have actually heard, rather than coming up with sentences of your own using this pattern, because the formation is full of irregularities. With most する compound verbs, for example, the prefix ご is used instead of お. Note also the examples with special honorific verbs below.

ご注意ください。　　　　（＜注意する）
Please watch out.

ご覧ください。　　　　　（＜ご覧になる ＜見る）
Please look.

お召し上がりください。　（＜召し上がる ＜食べる）
Please help yourself.

お休みください。　　　　（＜お休みになる ＜寝る）
Please have a good rest.

3　〜てくれてありがとう

When you want to express gratitude to someone and if you want to refer specifically to the action you are grateful for in doing so, you can use the *te*-form ＋くれてありがとう.[2]

> verb *te*-form ＋ くれてありがとう　　　*Thank you for doing . . .*

手伝ってくれてありがとう。
て つだ
Thank you for helping me out.

If you are thanking someone who needs to be talked to with the honorific language, such as when you and the person are not close or when the person ranks higher than you in any of the social hierarchies, you should say "*te*-form ＋くださってありがとうございました."

推薦状を書いてくださってありがとうございました。
すいせんじょう　　か
Thank you for writing a letter of recommendation for me.

4　〜てよかったです

Te-form ＋よかった means "I'm glad that such and such is/was the case." If you want to mention something in the negative in the part before よかった, you can use the negative *te*-form なくて.

> 〜てよかったです　　　*I am glad that . . .*

日本語を勉強してよかったです。
に ほん ご　　べんきょう
I'm glad that I have studied Japanese.

メアリーさんが元気になってよかったです。
げん き
I'm glad that Mary got well.

きのうのパーティーに行かなくてよかったです。
い
I'm glad that I did not go to the party yesterday.

---

[2]You can use this pattern to say "thank you for being such-and-such a person," by using でいる instead of です.

いい友だちでいてくれてありがとう。　　　*Thank you for being a good friend.*
とも

5 ～はずです

You can say something is "supposed to be the case," by adding はずです to a sentence ending in the short form.

| ～はずです | *It is supposed to be the case . . .* |

今日は日曜日だから、銀行は閉まっているはずです。
Banks must be closed, because today is a Sunday.

きのうメアリーさんはどこにも行かなかったはずです。
I believe that Mary did not go anywhere yesterday.

A はずです sentence is a statement about what you believe is true or likely, though you lack conclusive evidence. It is used when situations surrounding the case and/or our common sense point naturally to such a belief. はずです cannot be used in a situation in which you are "supposed" to do something because of duty, responsibility, or law.

You can turn はずです into the past tense to describe something that was supposed to have been the case but which actually turned out otherwise. The part that precedes はずでした is in the present tense.

先週電話をもらうはずでしたが、電話がありませんでした。
I was supposed to receive a phone call last week, but I did not.

You can use はずです with adjectives and nouns as well as with verbs.

い-adjectives:	おもしろいはずです
な-adjectives:	元気なはずです
nouns:	日本人のはずです

表現ノート
ひょうげん

Honorific forms of nouns and adjectives ▶ Some nouns and adjectives are made into honorific forms by adding the prefixes お or ご. Genenally speaking, お is used with words that originated in Japanese and ご with words borrowed from Chinese.

お〜：	お名前	お仕事	お好き	お元気	おたばこ	お忙しい
	なまえ	しごと	す	げんき		いそが
ご〜：	ご両親	ご兄弟	ご病気	ご主人	ご親切	
	りょうしん	きょうだい	びょうき	しゅじん	しんせつ	

Some other words are replaced by special vocabulary items.

家	→	お宅
いえ		たく
子供	→	お子さん
こども		こ
だれ	→	どなた／どちら様
		さま
どこ	→	どちら
どうですか	→	いかがですか

These words and expressions cannot be used when you refer to yourself, your family, or the group you belong to.

A：ご両親はお元気ですか。　　　*How are your parents?*
　　りょうしん　げんき
B：おかげさまで元気です。　　　*Thanks to you, they are fine.*
　　　　　　　　　げんき
　　（×　お元気です）
　　　　　　　げんき

たら in polite speech ▶ We learned in Lesson 17 that the conditional たら is based on the past tense short forms. In honorific speech, たら also follows the long form.

お決まりになりましたらお呼びください。　cf. 決まったら呼んでください。
　き　　　　　　　　　　　　　よ　　　　　　　　き　　　　　よ
Please let us know when you are ready to order.

お帰りになりましたら、お電話をお願いします。
　かえ　　　　　　　　　でんわ　　ねが
Please call me when you are back.

練習 P r a c t i c e
れん しゅう

① コーヒーを召し上がります
め あ

A. Change the following verbs into honorific expressions. 🔊

(a) Special honorific verbs

Example: 行く → いらっしゃる
い

1. 食べる　　2. 言う　　3. いる　　4. する　　5. 寝る　　6. 来る
た　　　　　い　　　　　　　　　　　　　　　　ね　　　　　く

7. 見る　　　8. 飲む　　9. 住んでいる　　10. 読んでいる　　11. くれる
み　　　　　の　　　　　す　　　　　　　　よ

(b) お〜になる

Example: 歌う → お歌いになる
うた　　　　　うた

1. わかる　　2. 調べる　　3. 読む　　4. 聞く　　5. 座る
しら　　　　　よ　　　　　き　　　　　すわ

6. 立つ　　　7. 乗る　　　8. 入る　　9. 待つ
た　　　　　の　　　　　はい　　　　ま

B. Describe what Professor Yamashita does in a day using honorific expressions. 🔊

Example: 山下先生はコーヒーを召し上がります。
やましたせんせい　　　　　　　　め あ

Ex.　　　　　　(1)　　　　　　　(2)　　　　　　　(3)

(4)　　　　　　(5)　　　　　　　(6)　　　　　　　(7)

(8)　　　　　(9)　　　　　(10)

C. Change the following questions into honorific expressions. 🔊

Example: よく写真を撮りますか。 → よく写真をお撮りになりますか。

1. お名前は何と言いますか。　　　　2. どちらに住んでいますか。

3. どんな音楽をよく聞きますか。　　4. 車を持っていますか。

5. ご兄弟／お子さんがいますか。　　6. 週末、よく何をしますか。

7. 週末、どちらへよく行きますか。　8. きのう何を食べましたか。

9. 外国に行ったことがありますか。　10. どんな外国語を話しますか。

11. 最近、映画を見ましたか。　　　　12. 毎日、何時ごろ寝ますか。

13. 日本の歌を知っていますか。　　　14. ペットを飼っていますか。

15. どんなスポーツをしますか。　　　16. お酒を飲みますか。

17. 結婚していますか。　　　　　　　18. 有名人に会ったことがありますか。

19. なぜ日本語を勉強しているんですか。

D. Pair Work—Ask your partner the questions above made with honorific expressions. Make sure that you don't use honorific forms when you answer.

E. Role Play—Act the role of a reporter or a celebrity who you like.
　　Reporter—Ask questions using honorific expressions.
　　Celebrity—Answer the questions.

Ⅱ お待ちください

Match the following expressions with the pictures.

1. (　) お待ちください。
2. (　) ご覧ください。
3. (　) お入りください。
4. (　) ご注意ください。
5. (　) お召し上がりください。
6. (　) おかけください。
7. (　) お使いください。
8. (　) お書きください。
9. (　) おたばこはご遠慮ください。

Ⅲ 悩みを聞いてくれてありがとう

A. Express your appreciation to the following people using 〜てくれてありがとう／
〜てくださってありがとうございました. 📻

Example:

悩みを聞く

    to your friend   →   悩みを聞いてくれてありがとう。

    to your teacher →   悩みを聞いてくださってありがとうございました。

<table>
<tr><td align="center">Your friend</td><td align="center">Your teacher</td></tr>
<tr><td align="center"></td><td align="center"></td></tr>
</table>

1. ノートを見せる

2. うちまで送る

3. 宿題を手伝う

4. おいしい料理を作る

5. 昼ご飯をおごる

6. 推薦状を書く

7. 宿題の間違いを直す

8. パーティーに招待する

9. 日本の文化を教える

10. 辞書を貸す

B. Role Play—In pairs, act the role of the following, expressing your appreciation to each other as much as possible.

Example: Husband and Wife

    →   Husband: いつもおいしい料理を作ってくれてありがとう。

            Wife: いつも犬を散歩に連れていってくれてありがとう。

                 （掃除する／服を買う／毎朝駅まで送る, etc.）

1. Husband and Wife

2. Boss and Secretary

3. Roommates

4. Boyfriend and Girlfriend

C. Tell the class who you want to express your gratitude to, and what you want to say to them, as in the example.

Example: 私はホストファミリーのお母さんにお礼が言いたいです。お母さんは
毎朝起こしてくれました。おかげで日本語の授業に遅刻しませんで
した。「毎朝起こしてくれてありがとう」と言いたいです。

Ⅳ 日本に来てよかったです

A. Express that you are glad that you did/didn't do the things below using ～て
よかった。 🔊

Example: 日本に来る → 日本に来てよかったです。

1. 留学する
2. 敬語を習う
3. 日本語の勉強をやめない
4. 友だちに手伝ってもらう
5. 授業をサボらない
6. この大学を選ぶ
7. 授業に遅れない
8. 早くレポートを書いてしまう
9. いろいろな人と知り合える
10. 新しいアパートに引っ越す

B. Pair Work—Talk about the things you are glad you have done/you haven't done. Expand the conversation as in the example.

Example: おととい

→ A：おととい、秋葉原でMDを買いました。秋葉原に行ってよ
かったです。
B：どうしてですか。
A：ほかの店より安いし、いろいろな種類のMDがあるし。
B：いくらぐらいでしたか。

1. きのう
2. 先週
3. 去年
4. 大学に入ってから
5. 子供の時

Ⓥ 頭_{あたま}がいいはずです

A. Read the information about Mr. Ishida and Ms. Sato and answer the questions
using 〜はず.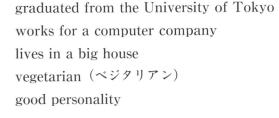

Example:　Q：石田さんは頭がいいですか。
　　　　　A：ええ。東京大学を卒業したから、頭がいいはずです。
　　　　　　　　　　とうきょうだいがく　　そつぎょう　　　　　　あたま

graduated from the University of Tokyo

works for a computer company

lives in a big house

vegetarian（ベジタリアン）

good personality

石田さん
いしだ

diligent student

studied in China for one year

tennis club member

lives alone

佐藤さん
さとう

1. 石田さんはコンピューターが使えますか。
　いしだ　　　　　　　　　　　　つか
2. 石田さんはお金持ちですか。
　いしだ　　　かねも
3. 石田さんは肉を食べますか。
　いしだ　　にく　た
4. 石田さんは女の人にもてますか。
　いしだ　　おんな　ひと
5. 佐藤さんはよく授業をサボりますか。
　さとう　　　　じゅぎょう
6. 佐藤さんは中国語が話せますか。
　さとう　　ちゅうごくご　はな
7. 佐藤さんはテニスが上手ですか。
　さとう　　　　　じょうず
8. 佐藤さんは自分で洗濯や掃除をしますか。
　さとう　　じぶん　せんたく　そうじ

B. Complete the sentences using 〜はず.

1. きょうこさんは性格がいいから、＿＿＿＿＿＿＿＿＿＿＿＿＿＿＿＿＿＿＿＿＿。
   (せいかく)

2. たくやくんはまだ中学生だから、＿＿＿＿＿＿＿＿＿＿＿＿＿＿＿＿＿＿＿＿。
   (ちゅうがくせい)

3. けんさんは怠け者だから、＿＿＿＿＿＿＿＿＿＿＿＿＿＿＿＿＿＿＿＿＿＿＿。
   (なま もの)

4. みちこさんは恥ずかしがり屋だから、＿＿＿＿＿＿＿＿＿＿＿＿＿＿＿＿＿＿＿。
   (は や)

5. たけしさんとメアリーさんは仲がいいから、＿＿＿＿＿＿＿＿＿＿＿＿＿＿＿＿。
   (なか)

6. スーさんはまじめだから、＿＿＿＿＿＿＿＿＿＿＿＿＿＿＿＿＿＿＿＿＿＿＿。

C. The following are things you expected to happen but didn't. Think about the reasons and make sentences as in the example.

Example: 友だちがパーティーに来る
        (とも)   (く)
   → 友だちがパーティーに来るはずでしたが、病気になって来られま
     (とも)   (く)   (びょうき)   (こ)
     せんでした。

1. きのうは晴れる
   (は)
2. きのうまでにレポートが終わる
              (お)
3. 友だちに会える
   (とも)(あ)
4. 友だちがおごってくれる
   (とも)
5. 飛行機は二時に着く
   (ひこうき)(にじ)(つ)
6. 沖縄で泳げる
   (おきなわ)(およ)
7. 今年卒業できる
   (ことしそつぎょう)

D. Takeshi went to Nara with Mary, but things turned out differently from what he had expected. Talk about what he had expected and what really happened, using 〜はず.

Example: <u>What he had expected</u>   <u>What happened</u>
        his father would lend his car   his father left early to play golf
                                          using his car

   → お父さんが車を貸してくれるはずでしたが、朝早く車でゴルフに
     (とう)   (くるま)(か)   (あさはや)(くるま)
     行ってしまいました。
     (い)

What he had expected	What happened
1. the bus would come at 10:00	the bus came late
2. they could see mountains from the bus	it rained
3. it would take only one hour to Nara	it took as long as three hours
4. they would go to a nice restaurant	they lost the way
5. the date would be fun	Mary got angry

E. Pair Work—Make a dialogue as in the example.

Example: A：先週、コンサートに行くはずだったんだけど、かぜをひいちゃって、行けなかったんだ。

B：そう。それは残念だったね。だれのコンサート？……

A：_____ はずだったんだけど、

_____ て、_____ んだ。

B：そう。_____

A：_____

B：_____

Ⅵ まとめの練習

A. Class Activity—Using honorific expressions, ask questions and find someone who . . .

1. plays tennis _____

2. writes lots of letters _____

3. often buys a lottery ticket _____

4. has an elder brother _____

5. has been to Okinawa _____

6. watches TV every day _____

7. drinks coffee every day _____

8. comes to school by bicycle _____

B. A Japanese official from a sister city has come to your city. You came to the airport to pick him/her up. Using honorific expressions, ask questions in order to get to know the official.

Example: カルガリーにようこそ。カナダは初めていらっしゃいましたか。

C. Role Play—Make a skit based on the following situations.

1. This is your last day in Japan. You had a great time because of your host family. Express your appreciation to the host family.

2. Japanese language was hard for you. You thought about quitting it many times during the semester, but you could make it because of your teacher's help. Visit your teacher's office and express your appreciation to the teacher.

訪問する
ほう もん

Visiting Someone's House

Here are some examples of expressions when you visit someone's house.

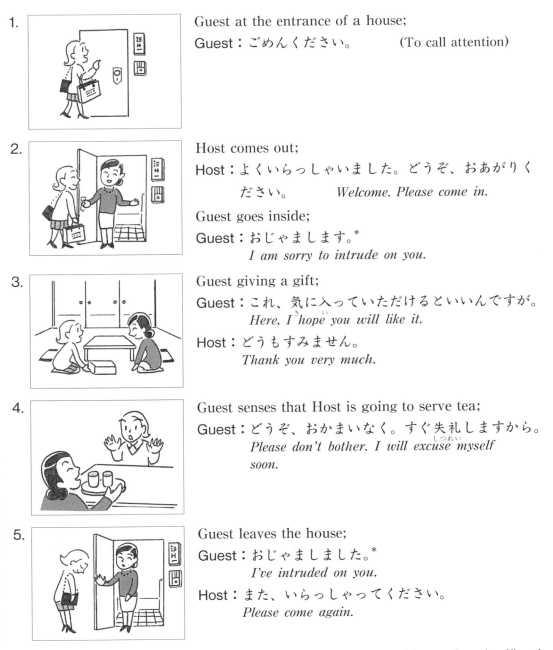

1. Guest at the entrance of a house;

   Guest：ごめんください。 (To call attention)

2. Host comes out;

   Host：よくいらっしゃいました。どうぞ、おあがりく

   ださい。 *Welcome. Please come in.*

   Guest goes inside;

   Guest：おじゃまします。*

   I am sorry to intrude on you.

3. Guest giving a gift;

   Guest：これ、気に入っていただけるといいんですが。

   Here, I hope you will like it.

   Host：どうもすみません。

   Thank you very much.

4. Guest senses that Host is going to serve tea;

   Guest：どうぞ、おかまいなく。すぐ失礼しますから。

   Please don't bother. I will excuse myself
   しつれい

   soon.

5. Guest leaves the house;

   Guest：おじゃましました。*

   I've intruded on you.

   Host：また、いらっしゃってください。

   Please come again.

* おじゃまします is used only when you visit someone's residence; to visit a professor's office, for example, 失礼します is used. おじゃましました is used when you leave someone's house. 失礼し
しつれい
ました is used when you leave a professor's office.
しつれい

第20課 LESSON 20
メアリーさんの買い物 Mary's Shopping
かもの

会話 Dialogue
かいわ

Ⅰ At an electric appliance store.

1 メアリー： すみません。この間このウォークマンを買ったんですが、音が聞こえ
2 　　　　　 ないんです。

3 店　員： 少々、お待ちください。今、係の者を呼んで参ります。
　てんいん　しょうしょう　　　ま　　　　　いま　かかり　もの　よ　　　まい

4 田　中： お待たせいたしました。田中と申します。ウォークマンを見せていただ
　たなか　　　　ま　　　　　　　たなか　もう　　　　　　　　　　　み
5 　　　　　 けますか。……壊れているみたいですね。失礼いたしました。よろし
　　　　　　　　　　　こわ　　　　　　　　　　　しつれい
6 　　　　　 かったら、交換いたしますが。
　　　　　　こうかん

7 メアリー： じゃあ、お願いします。
　　　　　　ねが

　　　　　　　　　*　　　　　　*　　　　　　*

8 田　中： 申し訳ございません。今、同じ物がございませんので、二、三週間待っ
　たなか　もう　わけ　　　　いま　おな　もの　　　　　　　　に　さんしゅうかんま
9 　　　　　 ていただけませんか。

10 メアリー： それは、ちょっと……。もうすぐ国に帰るので、できれば返品したいん
　　　　　　　　　　　　　　　　　くに　かえ　　　　　　へんぴん
11 　　　　　 ですが。

12 田　中： そうですか。かしこまりました。まことに申し訳ございませんでした。
　たなか　　　　　　　　　　　　　　　　　　　もう　わけ

Ⅱ On a street.

1 メアリー： すみません。にしき屋という店はどこにあるか教えていただけませ
　　　　　　　　　　や　　　　みせ　　　　　　　おし
2 　　　　　 んか。地図があるんですけど、わかりにくいんです。
　　　　　　ちず

3 おじいさん： 扇子の店ですね。次の角を左に曲がったら見えますよ。扇子を買い
　　　　　　せんすみせ　　　つぎ　かど　ひだり　ま　　　み　　　せんすか
4 　　　　　 に行くんですか。
　　　　　い

5 メアリー： ええ。おみやげに扇子を買おうと思っているんです。
　　　　　　　　　　せんすか　　　おも

6 おじいさん： いいおみやげになりますよ。おや、雨ですね。かさを持っていますか。
　　　　　　　　　　　　　　　　　　あめ　　　　　　も

7 メアリー： いいえ。急いでいたから、かさを持たないで、来ちゃったんです。
　　　　　　　　いそ　　　　　　　　　も　　　　　き

₈ おじいさん： じゃあ、一緒に店まで行きましょう。

₉ メアリー： どうもすみません。荷物が重そうですね。お持ちします。

₁₀ おじいさん： ありがとう。

Ⅰ

Mary: Excuse me. I bought this "Walkman" the other day, but I can't hear anything.

Shop assistant: Please wait a moment. I will call the person in charge.

Tanaka: I'm sorry to have kept you waiting. My name is Tanaka. Could I see your "Walkman"?

　　　　. . . It seems to be broken. I am sorry. If you like, we will exchange it.

Mary: Please.

　　　　　　　　　*　　　　*　　　　*

Tanaka: I am very sorry. We don't have the same one, so could you wait for a couple of weeks?

Mary: Well . . . I am going home soon. If possible, I want to return it.

Tanaka: That's fine. I am really sorry.

Ⅱ

Mary: Excuse me. Could you please tell me where Nishikiya is? I have a map, but I can't make it out.

Old man: It is a fan store, isn't it? You can see it when you turn left at the next corner. Are you going to buy fans?

Mary: Yes. I'll return to my country soon, so I'm thinking of buying fans as a souvenir.

Old man: It is a good souvenir. Oh, rain. Do you have an umbrella?

Mary: No. I was in a hurry, so I left without an umbrella.

Old man: Then, let's go to the store together.

Mary: Thank you so much. Your bag looks heavy. I'll carry it.

Old man: Thank you.

単語
たん　ご

Vocabulary

Nouns

あちら		that way (polite)
うちゅうじん	宇宙人	space alien
* おと	音	sound
* かかりのもの	係の者	our person in charge
* かど	角	corner
かみさま	神様	God
くうこう	空港	airport
じ	字	letter; character
してん	支店	branch office
しゅみ	趣味	hobby; pastime
しょうせつ	小説	novel
しんごう	信号	traffic light
スニーカー		sneakers
* せんす	扇子	fan
つき	月	moon
ハイヒール		high heels
* 〜や	〜屋	. . . shop
ゆうべ		last night

い-adjective

* おもい	重い	heavy; serious (illness)

U-verbs

あるく	歩く	to walk
* いたす	致す	extra-modest expression for する
いただく	頂く	extra-modest expression for たべる and のむ
* いただく	頂く	humble expression for もらう
うかがう	伺う	to humbly visit; to humbly ask
おる		extra-modest expression for いる
* ござる		extra-modest expression for ある
〜ておる		extra-modest expression for 〜ている
〜でござる		extra-modest expression for です

* Words that appear in the dialogue

* まいる	参る	extra-modest expression for いく and くる
* まがる	曲がる	to turn (right/left) (*corner* を *direction* に)
* もうす	申す	extra-modest expression for いう
もどる	戻る	to return; to come back

Ru-verbs

* きこえる	聞こえる	to be audible （〜が）
さしあげる	差し上げる	humble expression for あげる
つたえる	伝える	to convey (message)
* またせる	待たせる	to keep (someone) waiting

Irregular Verbs

* こうかんする	交換する	to exchange
せいかつする	生活する	to lead a life
* へんぴんする	返品する	to return (merchandise)

Adverbs and Other Expressions

* おや？		Oh!
〜かい	〜階	. . . th floor
* かしこまりました		Certainly.
さあ		I am not sure, . . .
* しつれいしました	失礼しました	I'm very sorry.
* しょうしょう	少々	a few seconds
それでは		if that is the case, . . .
* できれば		if possible
* まことに	誠に	really (very polite)
また		again
〜みたいなX		X such as . . .
* もうしわけありません	申し訳ありません	You have my apologies.
* よろしかったら		if it is okay (polite)

文法 Grammar
ぶん ぽう

1 Extra-modest Expressions

In the last lesson, we learned the special expressions to be used when we want to show respect to another person. Here, we will learn to *talk modestly of our own actions*. We use the verbs below when we want to sound modest and respectful in our speech, to show an extra amount of deference to the listener. These verbs are almost always used in long forms, because the purpose of using them is to be polite to the person you are talking to. Having one of these verbs is like ending a sentence with words like *sir* or *ma'am*.

extra-modest expressions		
いる	おります	（おる）
行く	参ります	（参る）
来る	まい	まい
言う	申します	（申す）
	もう	もう
する	いたします	（いたす）
食べる	いただきます	（いただく）
飲む		
ある	ございます	（ござる）
〜ている	〜ております	（〜ておる）
〜です	〜でございます	（〜でござる）

You can use these verbs instead of the normal ones on very formal occasions, for example, when you introduce yourself at a job interview. (They are typically used with the more stilted first-person word 私, rather than the normal 私.)
わたくし わたし

私は来年も日本におります。　　　　cf. います
わたくし らいねん にほん
I will be in Japan next year, too, sir/ma'am.

私は今年の六月に大学を卒業いたしました。　　cf. 卒業しました
わたくし ことし ろくがつ だいがく そつぎょう　　　　そつぎょう
I graduated from college this June, sir/ma'am.

私は一年間日本語を勉強しております。　　cf. 勉強しています
わたくし いちねんかん にほんご べんきょう　　　　べんきょう
I have been studying Japanese for a year.

私は日本の文化に興味がございます。　　cf. あります
わたくし にほん ぶんか きょうみ
I am interested in the Japanese culture.

You can also use these expressions to talk modestly about your own family or about the company you work for. Extra-modest expressions are frequently used by people in business when they talk to customers. Thus you hear many extra-modest sentences like the second and third examples below, in public address announcements, and in the speech of shop clerks.

私の母は医者でございます。　　　　　cf. です
わたし はは　いしゃ
My mother is a doctor.

電車が参ります。　　　　　　　　　　cf. 来ます
でんしゃ まい　　　　　　　　　　　　　　き
A train is pulling in.

お手洗いは二階でございます。　　　　cf. です
てあら　　にかい
The bathroom is on the second floor.

Because the effect of the extra-modest expressions is to put the subject in a modest light, you cannot use them to describe the actions performed by the person you are talking to or by somebody who is not in your group. Therefore, it is wrong to say:

✕　先生はあした学校に参りますか。
せんせい　　　　がっこう　まい
Are you coming to school tomorrow, Professor?

2　Humble Expressions

When you do something out of respect for somebody, you can sometimes describe your action using a verb in the humble pattern "お + verb stem + する." (Not all verbs are used this way, so you may want to use only the ones you have actually heard used.) You can speak of "humbly" meeting, lending to, or borrowing from, someone, for example.

お + stem + する　　　*I (humbly) do . . .*

私はきのう先生にお会いしました。
わたし　　　せんせい　　あ
I (humbly) met my professor yesterday.

私は先生に本をお貸しするつもりです。
わたし せんせい ほん　か
I intend to (humbly) lend my professor a book.

私は先生に辞書をお借りしました。
わたし せんせい じしょ　か
I borrowed a dictionary from my professor (and feel very obliged).

する compound verbs do not follow this pattern. Instead they simply have the prefix ご or お, such as ご紹介する, ご案内する, ご説明する, and お電話する.

もらう and あげる have special replacement verbs:

もらう　→　いただく　　　　　私は先生にこの本をいただきました。
　　　　　　　　　　　　　　　I (humbly) received this book from my professor.

　　　　　　　　　　　　　　　私は先生に漢字を教えていただきました。
　　　　　　　　　　　　　　　I (humbly) had my professor teach me kanji.

あげる　→　さしあげる[1]　　私は先生にプレゼントをさしあげます。
　　　　　　　　　　　　　　　I will (humbly) give my teacher a gift.

The subjects in the above examples are all "I," and "I" humbly performs these actions in deference to the person that is underlined.[2] The difference between this pattern and the extra-modest expressions that we studied earlier lies here: the extra-modest expressions show respect to the listeners you are talking to, while the humble pattern shows respect to someone that appears in the event you are describing. This of course does not preclude the possibility of you humbly performing an action for the person you are talking to.[3] For example,

（私はあなたを）駅までお送りします。　　*I will (humbly) walk you to the station.*

---

[1] We do not endorse the use of さしあげる with the *te*-form of a verb in the sense of "humbly doing something for somebody," because many people object to this type of sentence. They argue that the idea that you are doing a service for somebody is ultimately an insolent belief and that trying to talk humbly about it is a rather unconvincing facade. Such speakers prefer instead to use the "お ＋ stem ＋ する" pattern.
　　　Instead of:　私は先生に地図を見せてさしあげました。
　　　Use:　　　　私は先生に地図をお見せしました。　*I (humbly) showed a map for my professor.*

[2] You can also talk about one of "your people," such as a member of your family or another worker at the company you work for, humbly performing an action in deference to somebody outside the group.
　　　私の父はお客さんにお茶をおいれしました。
　　　My father (humbly) served the guest tea.
　　　私の母は大統領に手紙をいただきました。
　　　My mother (humbly) received a letter from the President.

[3] Sometimes, we can use a humble expression to describe a situation where we do something for the person we are talking to, meaning "for you," "instead of you," and "saving you trouble."
　　　テレビをおつけしましょう。
　　　Let me (humbly) turn on the TV (for you).

Let us summarize the three types of "respect language" we have learned in the last two lessons. The up arrow and the down arrow indicate the person whose profile is raised or lowered, respectively, by the use of the respect element in the sentence.

1. **Honorific expressions** exalt the subject of the sentence.

   先生が⇧ いらっしゃいました／お帰りになりました。
   My professor has (graciously) arrived/left.

2. **Extra-modest expressions** talk modestly of what you do.

   私は⇩ メアリー・ハートと申します。(person listening to you⇧)
   My name is Mary Hart.

3. **Humble expressions** demote the subject and raise the profile of another person.

   私は⇩ 先生に⇧ 本をお返ししました。
   I (humbly) returned the book to my professor.

3 〜ないで

If you do something without doing something else, the missed action can be mentioned as 〜ない (the short negative present) plus で. Note that the present tense form 〜ない is used for both the present and past actions.

verb ＋ ないで	*without doing x*

ゆうべは、寝ないで、勉強しました。
Last night, I studied without getting any sleep.

辞書を使わないで、新聞を読みます。
I read a newspaper without using dictionaries.

4 Questions within Larger Sentences

You can include a question as a part of a longer sentence and express ideas such as "I don't know when the test is" and "I don't remember whether Mary came to the party."

Quoted question clauses are shown in the boxes in the examples below. Quoted questions are in short forms. Note (1) that the clause ends with the question particle か when it contains a question word like だれ and なに, as in the first two examples, and (2) that it ends with かどうか when it does not contain such a question word, as in the third example.[4]

山下先生は <u>きのう何を食べたか</u> 覚えていません。
Professor Yamashita does not remember what he ate yesterday.

<u>メアリーさんがどこに住んでいるか</u> 知っていますか。
Do you know where Mary lives?

私は <u>あした学校に行くかどうか</u> わかりません。
I do not know whether I will go to school tomorrow.

> Question-word question か
> Yes/no question かどうか わかりません, 覚えていません, etc.

The present tense short form だ which is used with a な-adjective or a noun at the end of the clause is usually dropped.[5]

だれが一番上手だ か わかりません。
I do not know who is the best.

あの人が学生だ かどうか わかりません。
I do not know if that person is a student.

We often use the particle が on the subject within a quoted sentence where は is expected. Thus corresponding to the direct question: たけしさんは何を食べましたか, we say:

私はたけしさんが何を食べたか知りません。
I do not know what Takeshi ate.

---

[4]Many people use か instead of かどうか in their speech for questions of this second type as well.

[5]Explanatory んです sentences can also be quoted. When a んですか question is quoted, だ (the short form counterpart of です) is dropped, and ん is changed to の.

    Direct question: どうしてメアリーさんは来なかったんですか。
    Quoted question: どうしてメアリーさんが来なかったのかわかりません。

5 | name という item

When you want to talk about a person or a thing that goes by a certain name, but if you believe the person you are talking with is not familiar with it, you can use the following pattern.

| (name) という (item) | (item) *called* "(name)" |

ポチという犬（を飼っていました。）　*(I used to have) a dog called "Pochi."*
「花」という歌（を歌いました。）　*(She sang) a song called "Hana."*

6 | 〜やすい/〜にくい

You can describe something that is "easy-to-do" by adding the adjective-forming suffix やすい to a verb stem. A verb stem + やすい conjugates like an い-adjective.[6]

使う　→　使いやすい　　このコンピューターは使いやすいです。
　　　　　　　　　　　　This computer is easy to use.

読む　→　読みやすい　　この本は読みやすかったです。
　　　　　　　　　　　　This book was easy to read.

If something is "hard-to-do," you can use another い-adjective-forming suffix にくい with a verb stem.

食べる　→　食べにくい　（骨が多くて）魚は食べにくいです。
　　　　　　　　　　　　Fish are hard to eat, because they have many bones.

Sometimes, the subject of a 〜やすい/にくい sentence is a place (where it is easy/difficult to do something in), a tool (easy/difficult to do something with), and so forth.

この町はとても住みやすいです。
This town is quite livable.

このコップは飲みにくいです。
This glass is hard to drink from.

---

[6]Note that やすい as a separate word means "cheap" and not "easy." "Easy" is やさしい.

〜やすい and 〜にくい focus on the psychological ease or difficulty of doing something. It is therefore odd to use やすい or にくい when the difficulty is defined in terms of a physical or statistical *success rate*. Thus compare:

このいすは座りにくい。
This chair is hard to sit on. (＝uncomfortable)

このいすに座るのは難しい。
It is hard to sit on this chair. (＝too many people vying for one chair)

この雑誌は買いにくい。
It is embarrassing to buy this magazine. (＝you are unwilling)

この雑誌を買うのは難しい。
This magazine is hard to buy. (＝small circulation; hard to come by)

練習 Practice
れん　しゅう

① 田中と申します
　　た なか　もう

A. Change the following words into extra-modest expressions.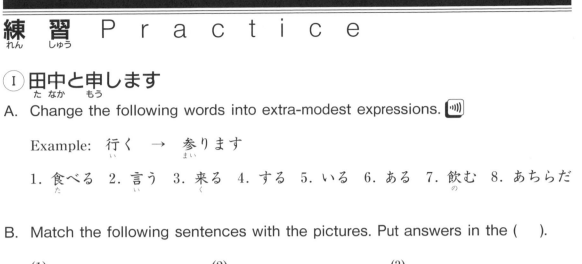

Example:　行く　→　参ります
　　　　　　い　　　　　まい

1. 食べる　2. 言う　3. 来る　4. する　5. いる　6. ある　7. 飲む　8. あちらだ
　　た　　　　　　い　　　　く　　　　　　　　　　　　　　　　　　　の

B. Match the following sentences with the pictures. Put answers in the (　).

(1)　　　　　　　　　　(2)　　　　　　　　　　(3)

　　（　　）　　　　　　　　（　　）　　　　　　　　（　　）

(4)　　　　　　　　　　(5)　　　　　　　　　　(6)

　　（　　）　　　　　　　　（　　）　　　　　　　　（　　）

> a. 上に参ります。次は七階でございます。
> 　　うえ　まい　　　つぎ　ななかい
> b. 電車が参ります。
> 　　でんしゃ　まい
> c. 田中と申します。よろしくお願いいたします。
> 　　た なか　もう　　　　　　　　　　ねが
> d. 父は今出かけております。
> 　　ちち　いま で
> e. いただきます。
> f. お手洗いはあちらにございます。
> 　　て あら

C. Pair Work—You are at a very formal reception and have just met each other for the first time. Ask each other the following questions using honorific expressions. When you answer, use extra-modest expressions.

1. お名前は何と言いますか。
2. いつ日本に来ましたか。
3. どちらに住んでいますか。
4. ビールをよく飲みますか。
5. お姉さんがいますか。
6. 何かスポーツをしますか。
7. 毎日どのぐらい日本語を勉強しますか。
8. 毎日何時ごろ晩ご飯を食べますか。
9. 先週の週末はどこかへ行きましたか。
10. 日本文学に興味がありますか。

D. Below on the left is Mr. Brown's speech of self-introduction at an informal party. Rephrase the speech for a very formal reception by filling in the blanks with extra-modest expressions.

Now make your own formal speech supposing you were representing a company.

E. Pair Work—Telephone Conversation

Change the underlined parts and practice the dialogue with your partner.

山田　：　はい、<u>山田</u>でございます。

スミス：　<u>スミス</u>と申しますが、<u>ようこ</u>さんはいらっしゃいますか。

山田　：　今、ちょっと出かけておりますが……。

スミス：　そうですか。じゃあ、<u>スミスから電話があった</u>と伝えていただけませんか。

山田　：　<u>スミス</u>さんですね。わかりました。

スミス：　失礼します。

Ⅱ お持ちします

A. Change the verbs into humble expressions. 🔊

Example:　会う　→　お会いする

1. 借りる　　2. 返す　　3. 送る　　4. 持つ　　5. 取る

6. 話す　　7. 読む　　8. 貸す　　9. もらう　　10. あげる

B. Look at the pictures and politely offer your help. 🔊

Example:　お持ちしましょうか。

Ex.

(1)

取れない

(2)

(3)

駅まで
行くんです

(4)

書けない……

(5)

一緒に
撮ろうよ

(6)　　　　　　　　　　(7)

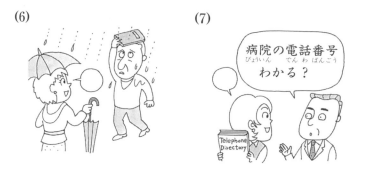

C. Pair Work—One of you is a boss. The other is a subordinate. The boss asks the subordinate to do various things. The subordinate responds using humble expressions.

Example:　Boss's situation: You want to take a taxi. Ask your subordinate to call a taxi.

→　A：タクシーに乗りたいんだけど、呼んでくれない？
　　B：はい、お呼びします。

Boss's situations:

1. Your bag is very heavy. Ask to carry it.
2. You are thirsty. Ask to make some tea.
3. You want to go home. Ask to give you a ride.
4. You are going to move to a new house next week. Ask to help you.
5. You want to borrow your subordinate's book. Ask to lend you the book.
6. You want to know Tanaka-san's telephone number. Ask to look up the number.
7. You want to eat rice balls (おにぎり). Ask to make some.
8. You want to have your subordinate's watch. Ask to give it to you.

D. Change the underlined parts into honorific, humble, or extra-modest expressions.

1. たけし：部長、何か飲みますか。
　　部　長：うん。
　　たけし：じゃあ、お茶をいれますね。

2. たけし：部長、もうこの本を読みましたか。

　部　長：うん、読んだよ。

　たけし：じゃあ、借りてもいいですか。来週、
　　　　　返します。

3. たけし：部長、荷物が重そうですね。持ちます。

　部　長：ありがとう。

　たけし：どちらに行くんですか。

　部　長：駅まで行くんだ。

　たけし：じゃあ、車で送ります。

4. たけし：アジアトラベルの木村と言います。
　　　　　山田部長に会いたいんですが。

　受　付：すみません。山田は今、出張で東京
　　　　　に行っています。

　たけし：そうですか。いつ戻りますか。

　受　付：あしたの夕方に戻ると思います。

　たけし：そうですか。それでは、またあした
　　　　　うかがいます。

Ⅲ ひげをそらないで大学に行きました

A. Describe the pictures using 〜ないで. 🔊

Example:　たけしさんはひげをそらないで、大学に行きました。

1. たけしさんは大学に行きました。

Ex.

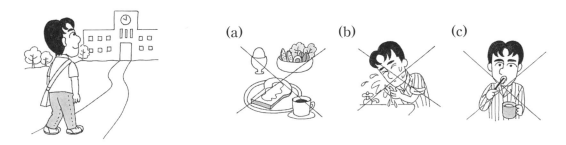

(a)　　　　　　　(b)　　　　　　(c)

2. メアリーさんは寝ました。

(a) (b) (c)

3. ジョンさんは出かけました。

(a) (b) (c)

B. Complete the following sentences.

1. _____ないで、空港に行ってしまいました。

2. _____ないで、ジーンズを買ってしまいました。

3. _____ないで、部長のお宅にうかがってしまいました。

4. 忙しかったので、_____ないで、寝ました。

5. お金がないので、_____ないで、生活しています。

6. 宿題は難しかったけど、_____ないで、やりました。

Ⅳ アメリカ人かどうかわかりません

A. You have been involved in a car accident and have lost all your memory. (For some reason you can speak Japanese.) You are at the hospital and your doctor will ask you the questions below. Answer them using 〜か（どうか）わかりません.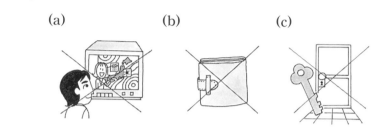

Example:　Q：あなたはアメリカ人ですか。
　　　　　A：さあ、アメリカ人かどうかわかりません。

1. あなたは日本人ですか。
2. 学生ですか。
3. 結婚していますか。
4. 子供がいますか。
5. 外国語が話せますか。
6. 名前は何ですか。

7. 何歳ですか。
なんさい

8. 仕事は何をしていますか。
しごと　なに

9. どこに住んでいますか。
す

10. 今日何を食べましたか。
きょう　なに　た

11. きのう何をしましたか。
なに

12. どうやってここに来ましたか。
き

B. You are interested in Hayashi, a friend of your friend. Ask your friend about Hayashi. 🔊

Example:　Do you know if Hayashi likes tennis?

→　はやしさんはテニスが好きかどうか知っていますか。
す　　　　　し

Do you know . . .

1. if Hayashi is good at singing
2. if Hayashi can swim
3. if Hayashi is interested in politics
4. where Hayashi lives
5. what kind of music Hayashi likes
6. what Hayashi will do this weekend
7. what time Hayashi goes to bed
8. what Hayashi's hobby is

C. Pair Work—Using the questions in B, ask questions about your classmates or your teacher. When you talk about your teacher, use honorific expressions.

Example:　where the teacher lives

→　Ａ：先生がどちらに住んでいらっしゃるか知っていますか。
せんせい　　　　　す　　　　　　　　し

Ｂ：はい。知っていますよ。駅のそばに住んでいらっしゃいますよ。
し　　　　　　　えき　　　　す

or さあ、私も先生がどちらに住んでいらっしゃるか知りません。
わたし　せんせい　　　　　す　　　　　　　　し

D. Pair Work—Ask your partner the following questions.

Example:　Ａ：先週の土曜日に何をしましたか。
せんしゅう　どようび　なに

Ｂ：さあ、何をしたか覚えていません。／映画を見に行きました。
なに　　　　おぼ　　　　　　えいが　み　い

1. 一年後も日本語を勉強していますか。
いちねんご　にほんご　べんきょう

2. 五年後、何をしていると思いますか。
ごねんご　なに　　　　　おも

3. ゆうべ、夢を見ましたか。どんな夢を見ましたか。
ゆめ　み　　　　　　　　ゆめ　み

4. 神様がいると思いますか。
かみさま　　　おも

5. 宇宙人がいると思いますか。
うちゅうじん　　　おも

6. 将来、人が月に住めると思いますか。
しょうらい　ひと　つき　す　　　おも

Ⓥ ローソンというコンビニ

A. Describe the pictures using 〜という 🔊

Example: ローソンというコンビニ

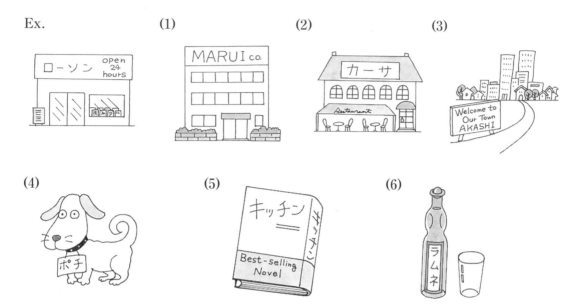

Ex.　　　　　(1)　　　　　(2)　　　　　(3)

(4)　　　　　(5)　　　　　(6)

B. Pair Work—Talk about the following topics, using 〜という as in the example.

Example: movie

→　A：「となりのトトロ」という映画を知っていますか。
　　B：いいえ、どんな映画ですか。
　　A：日本のまんがで、二人の女の子がトトロに会う話です。
　　　　日本語もやさしいし、絵もきれいだし、おもしろいですよ。
　　B：そうですか。見てみたいです。ビデオを持っていますか。

1. person　　　2. restaurant　　　3. book　　　4. shop
5. movie　　　6. singer　　　7. others

C. Tell your classmates about your favorite places or people.

Example: 私の町にはハリーズというレストランがあります。スパゲッティがとてもおいしくて、よく友だちと食べに行きます。……

Ⅵ 覚えやすいです
おぼ

A. Make sentences using やすい and にくい.

Example: 川という漢字は覚えやすいですが、髪という漢字は覚えにくいです。
かわ　　　 かんじ　　　 おぼ　　　　　　 かみ　　　 かんじ　　　 おぼ

Ex. 覚える
　　 おぼ

川という漢字　　　髪という漢字
かわ　　 かんじ　　　 かみ　　 かんじ

(1) 食べる
　　 た

ハンバーガー　　　魚
　　　　　　　　　 さかな

(2) 歩く
　　 ある

ハイヒール　　　スニーカー

(3) 持つ
　　 も

メアリーさんの　　たけしさんの
　　かばん　　　　　 かばん

(4) わかる

スーさんの話　　　けんさんの話
　　　　　 はなし　　　　　　　 はなし

(5) 使う
　　 つか

大きい辞書　　　小さい辞書
おお　 じしょ　　　 ちい　 じしょ

(6) 運転する

(7) 読む

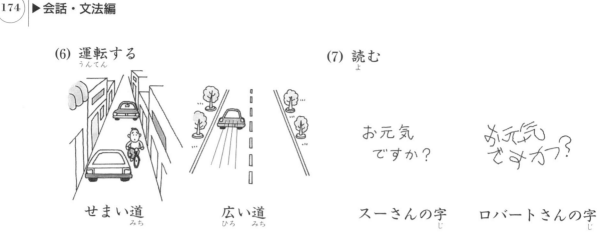

せまい道　　　　　　　広い道　　　　　スーさんの字　　ロバートさんの字

B. Class Activity—Show something to the class. Introduce it and talk about it using ～やすい／にくい.

Examples:　これは友だちにもらったペンです。とても書きやすいです。

これは漢字の辞書です。字が小さくて、ちょっと見にくいです。

C. Pair Work—Ask your partner the following questions and expand the conversation.

Example:　どんな人が話しやすいと思いますか。

→　A：どんな人が話しやすいですか。

B：そうですね。スーさんみたいな人が話しやすいです。

A：どうしてですか。

B：スーさんはやさしいし、こわくないし。Aさんはどんな人が

話しやすいですか。

1. どんな車が運転しやすいと思いますか。

2. どんな町が住みやすいと思いますか。

3. どんな会社が働きにくいと思いますか。

Ⅶ まとめの練習
れんしゅう

A. Pair Work—One of you looks at picture A below and the other looks at picture B (p. 177). Ask each other questions about how to get to the following places from "HERE" on the map. When you are asked, answer the question as in the example.

Example: 店「にしきや」
みせ
→ 　A：にしきやという店はどこにあるか教えていただけませんか。
みせ　　　　　おし
　　B：三つ目の信号を右に曲がったら左に見えますよ。
みっ　め　しんごう　みぎ　ま　　ひだり　み

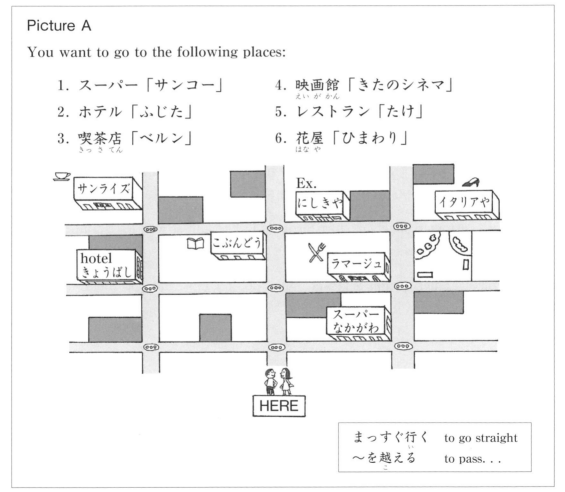

Picture A

You want to go to the following places:

1. スーパー「サンコー」　　　4. 映画館「きたのシネマ」
えい が かん
2. ホテル「ふじた」　　　　　5. レストラン「たけ」
3. 喫茶店「ベルン」　　　　　6. 花屋「ひまわり」
きっ さ てん　　　　　　　　はな や

サンライズ
こぶんどう
hotel
きょうばし
にしきや
ラマージュ
イタリアや
スーパー
なかがわ

HERE

まっすぐ行く　　to go straight
い
〜を越える　　　to pass. . .
こ

B. Class Activity—Suppose you are at a very formal party. Walk around the reception hall (classroom) and make acquaintance with VIPs (classmates). Ask questions and fill in the table below. Add your own questions.

	VIP 1	VIP 2	VIP 3
name?			
live where?			
do what for a living?			
play what sport?			
drink what?			
have brothers & sisters?			

C. Role Play—One of you is working at a shop, and the other is a customer. Using Dialogue I as a model, make conversations in the following situations.

1. The customer bought a shirt for their father, but it was too small for him. The customer wants to exchange it for a bigger one.

2. The customer bought a jacket, but it doesn't look good on them. The customer wants to return it.

Pair Work Ⅶ A.

Example: 店「にしきや」

→　A：にしきやという店はどこにあるか教えていただけませんか。

　　B：三つ目の信号を右に曲がったら左に見えますよ。

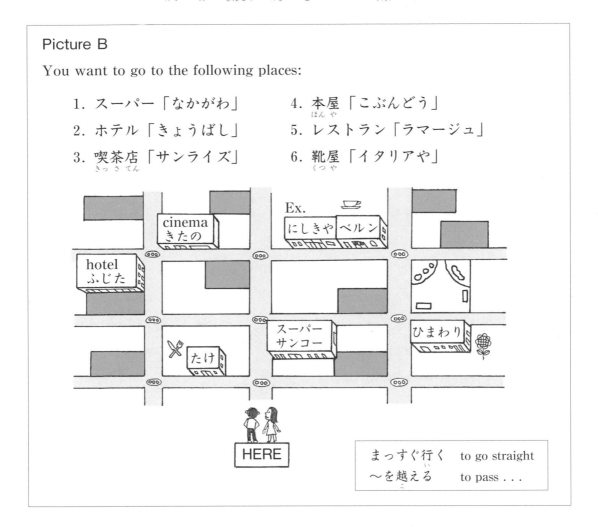

Picture B

You want to go to the following places:

1. スーパー「なかがわ」

2. ホテル「きょうばし」

3. 喫茶店「サンライズ」

4. 本屋「こぶんどう」

5. レストラン「ラマージュ」

6. 靴屋「イタリアや」

第21課 L E S S O N ―――――21
どろぼう Burglar

会話 Dialogue 〈))）
かい わ

(I) John runs into his landlord's house.

1 ジョン： 大家さん、大変です。どろぼうに入られました。
　　　　　おおや　　たいへん　　　　　　　　　　はい

2 大　家： えっ。何かとられたんですか。
　　おお　や　　　　　なに

3 ジョン： コンピューターと……バイトでためたお金もありません。
　　　　　　　　　　　　　　　　　　　　　　　かね

4 大　家： とにかく、警察に連絡したほうがいいですよ。
　　おお　や　　　　　けいさつ　れんらく

(II) A police officer comes to John's apartment.

1 警　察： かぎはかけてあったんですか。
　　けい　さつ

2 ジョン： さあ……ゆうべは飲んで帰ったから、かぎをかけたかどうかよく覚えて
　　　　　　　　　　　　　の　　　かえ　　　　　　　　　　　　　　　　　　おぼ

3 　　　　 いないんです。

4 警　察： じゃあ、何時ごろ帰ったか覚えていますか。
　　けい　さつ　　　　なんじ　かえ　おぼ

5 ジョン： 終電だったから……たぶん、一時半ごろです。
　　　　　しゅうでん　　　　　　　　　　いちじはん

6 警　察： どろぼうは、その後入ったんですね。
　　けい　さつ　　　　　　あとはい

7 ジョン： ええ。朝、部屋がめちゃくちゃだっ
　　　　　　　　あさ　へや

8 　　　　 たんで、びっくりしたんです。

9 警　察： 寝ている間にどろぼうに入られて、
　　けい　さつ　ね　　　あいだ　　　　　はい

10 　　　　 気がつかなかったんですか。
　　　　　き

11 ジョン： すみません。

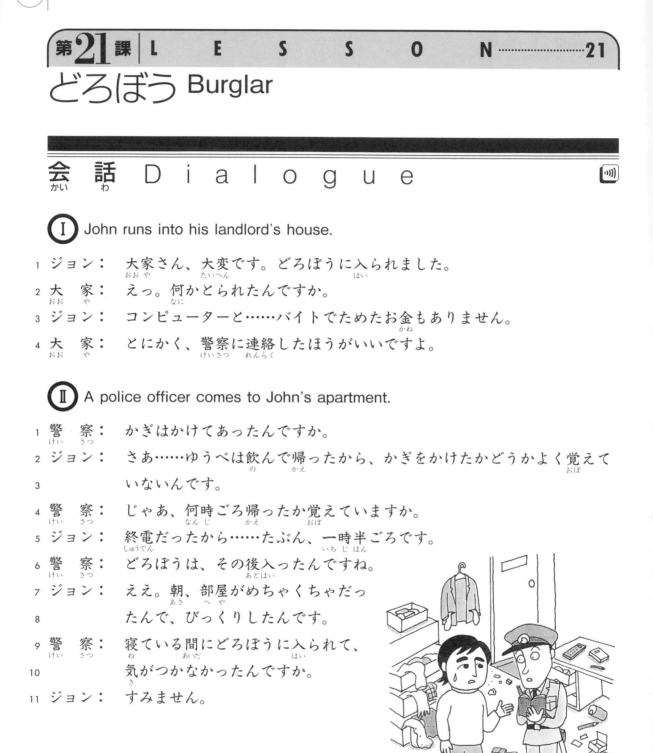

Ⅲ A few days later.

1 大家： ジョンさん、留守の間に警察から電話がありましたよ。犯人が捕まったの
2 で、警察に来てほしいそうです。
3 ジョン： ありがとうございます。よかった。
4 大家： それから、かぎを新しくしましたから、どうぞ。本当に大変でしたね。
5 ジョン： ええ。でも、そのおかげで、いいこともありました。みんないろいろな物
6 をくれたり、おごってくれたりしたんです。
7 大家： ジョンさんは、いい友だちがたくさんいて、幸せですね。

Ⅰ

John: Mr. "Landlord"! I am in trouble. I had my room broken into.

Landlord: Oh! Has something been taken?

John: My computer and . . . the money that I've saved from the part-time job has gone.

Landlord: Anyway, you should call the police.

Ⅱ

Police: Was the door locked?

John: Let me think . . . I don't remember whether I locked it or not since I drank (alcohol) and went home last night.

Police: Do you remember about what time you returned home, then?

John: I took the last train, so maybe around one thirty.

Police: The burglar broke in after that, right?

John: Yes. I was surprised that the room was such a mess in the morning.

Police: Your room was broken into while you were sleeping, and you didn't notice it?

John: I am afraid not . . .

Ⅲ

Landlord: There was a phone call when you were out. They said that they want you to come to the police station because the burglar has been arrested.

John: Thank you. I am glad.

Landlord: Oh, I changed the lock. Here's the key. You really had a hard time, didn't you?

John: Yes, but because of that, many good things have happened to me as well. Everyone gave me various things and treated me to meals, and so on.

Landlord: John, you are lucky because you have many good friends.

単語
たん　ご

Vocabulary

Nouns

あかちゃん	赤ちゃん	baby
か	蚊	mosquito
かいぎ	会議	business meeting; conference
ガソリン		gasoline
かんきょう	環境	environment
* けいさつ	警察	police; police station
こうじょう	工場	factory
* こと	事	things; matters
* しゅうでん	終電	last train
スピーチ		speech
せいふ	政府	government
ちかん		sexual offender; lascivious man
どうりょう	同僚	colleague
* どろぼう	泥棒	thief; burglar
* バイト		abbreviation of アルバイト
* はんにん	犯人	criminal
ポスター		poster
むかし	昔	old days; past
もんく	文句	complaint
もんくをいう	文句を言う	to complain
* るす	留守	absence; not at home

い-adjectives

とおい	遠い	far (away)
ひどい		awful

な-adjectives

あんぜん（な）	安全	safe
たいせつ（な）	大切	precious; valuable
* めちゃくちゃ（な）		messy; disorganized

U-verbs

おく	置く	to put; to lay; to place
* きがつく	気が付く	to notice

* Words that appear in the dialogue

ける		to kick
さす	刺す	to sting; to bite (bug); to stab
さわる	触る	to touch （〜に）
* つかまる	捕まる	to be arrested; to be caught
つつむ	包む	to wrap; to cover
なぐる	殴る	to strike; to hit; to punch
ぬすむ	盗む	to steal; to rob
はる	貼る	to post
ふむ	踏む	to step on （〜を）
ふる		to turn down (somebody); to reject; to jilt
やく	焼く	to bake
やる		to give (to pets, plants, younger siblings, etc.)

R u - v e r b s

いじめる		to bully
きがえる	着替える	to change clothes
* ためる		to save money
つづける	続ける	to continue
ほめる		to praise; to say nice things
まちがえる	間違える	to make a mistake
みつける	見つける	to find

I r r e g u l a r   V e r b s

じゅんびする	準備する	to prepare
ばかにする		to insult; to make a fool of . . . （〜を）
* びっくりする		to be surprised
ひるねをする	昼寝をする	to take a nap
* れんらくする	連絡する	to contact （〜に）

A d v e r b s   a n d   O t h e r   E x p r e s s i o n s

* 〜あいだに	〜間に	while . . .
* ころ		time of . . . ; when . . .
すこし	少し	a little
* とにかく		anyhow; anyway

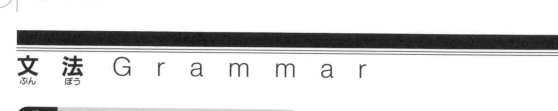

文法 G r a m m a r

1 Passive Sentences

When you are inconvenienced by something somebody else has done, you can express your dissatisfaction using the passive sentence. Suppose, for example, that you were bothered by your friend's unauthorized use of your car. Compare (a) the objective description of the event and (b) the passive version, which makes clear how you feel about it:

(a) 友だちが 車を 使いました。 *A friend of mine used my car.*

(b) 私は 友だちに 車を 使われました。 *I had my car used by a friend of mine (and I am mad/sad about it).*

As you can see from the above example, the basic makeup of a passive sentence is like the following examples.

私は　　　　友だちに　　　車を使われました。
(victim) は　　(villain) に　　　(evil act)

I had my car used by a friend.

The "victim" is affected by an event. Marked with the particle は or が.
The "villain" performs an action which causes the suffering. Marked with に.
The "evil act" is described with the passive form of a verb.

Let us first examine what the passive form of a verb looks like.

---

ru-verbs: Drop the final -*ru* and add -*rare-ru*.

食べる　→　食べられる

u-verbs: Drop the final -*u* and add -*are-ru*.

行く	→	行かれる	話す	→	話される
待つ	→	待たれる	死ぬ	→	死なれる
読む	→	読まれる	取る	→	取られる
泳ぐ	→	泳がれる	遊ぶ	→	遊ばれる
買う	→	買われる[1]			

irregular verbs:

くる　→　こられる

する　→　される

You may have noticed that the passive forms of *ru*-verbs and the irregular くる is the same as the potential verbs (see Lesson 13), but the passive form of an *u*-verb looks different from the potential verb: for the verb 読む, the passive is 読まれる, while the potential is 読める.

Passive forms of verbs themselves conjugate as regular *ru*-verbs.

読まれる	short forms		long forms	
	affirmative	negative	affirmative	negative
present	読まれる	読まれない	読まれます	読まれません
past	読まれた	読まれなかった	読まれました	読まれませんでした
te-form	読まれて			

Let us now turn to the ways in which these forms are used in sentences. In most passive sentences, the "victim" has been unfavorably affected by the "villain's" act. They may be unfavorably affected in various ways, such as being angry, embarrassed, sad, and hurt.[2]

私は となりの人に たばこを吸われました。
I was annoyed with the person sitting next to me for smoking.

たけしさんは メアリーさんに よく笑われます。
Takeshi is often laughed at by Mary.

山下先生は だれかに パスワードを盗まれたそうです。
I hear that Professor Yamashita had his password stolen by someone.

Compare the inadvertent/unfavorable focus of a passive sentence with the intended/favorable focus of a てもらう sentence (see Lesson 16).

---

[1] With the verbs that end with the *hiragana* う, we see a "*w*" intervening, just as in the negative short forms.

[2] Since the passive only applies to a verb, you cannot express your suffering from an adjectival situation. Thus you can say 私は雨に降られました (I was annoyed by the fact that it rained/I was rained on), because 降る is a verb, but you cannot use the passive to say something like "I was annoyed by the fact that the weather was bad," because 悪い (bad) is an adjective. You cannot express your suffering from somebody *failing* to do something, either, because you cannot add the passive suffix to an already negated verb. Therefore you cannot use the passive to say things like: Professor Yamashita was annoyed because students did not come to his class.

私は 友だちに 日記を 読まれました。
I was annoyed with a friend of mine for reading my diary.

私は 友だちに 手紙を 読んでもらいました。
I had a friend of mine read the letter for me.

Finally, we note that some passive sentences are not perceptibly unfavorable.

私は その人に デートに誘われました。
I was asked out by that person for a date.

私は 兄に 友だちに紹介されました。
I was introduced by my big brother to a friend of his.

私は 友だちに パーティーに呼ばれました。
I was invited by a friend to a party.

その人は みんなに 尊敬されています。
That person is looked up to by most everyone.

When someone says these, they probably do not mean that they were inconvenienced by how things have turned out. There are relatively few verbs that come out neutral in their meaning when they are turned into the passive form.[3]

2   〜てある

You can use the *te*-form of a verb + the helping verb ある to characterize a situation that *has been brought about on purpose* by somebody who remains unnamed in the sentence.

寒いので、ストーブがつけてあります。
The heater is on, because it is cold.
(= *The heater was turned on and has been kept that way*).

テーブルの上に本が置いてあります。
A book is on the table.
(= *The book was put on the table and it has remained there ever since.*)

---

[3]There is another type of passive sentence, with non-human subjects, which naturally lacks the implication that the inanimate, nonsentient subjects are inconvenienced. The passive sentences of this type are found more commonly in the written language than in the spoken language.

この公園は十年前に作られました。   *This park was built ten years ago.*

You can say ～てあります if somebody, possibly yourself, performed an action on purpose earlier which can be described in terms of ～ておきました ("do something by way of preparation," see Lesson 15) and if the result of that action can still be observed at this moment. Note that ～てあります describes a current state, hence the present tense.

レストランの予約がしてあります。　　is the result of　　予約をしておきました。
A restaurant reservation has been made.　　*(I) made a reservation in advance.*

パンが買ってあります。　　is the result of　　パンを買っておきました。
Bread has been bought (and is ready).　　*(I) bought bread (for future use).*

As you can see from the above examples, てある normally assigns the particle が (or は) to the noun, which is usually marked with を. てある almost exclusively goes with a transitive verb.

Compare also てある sentences with ている sentences that describe current states. ている goes with intransitive verbs, in contrast with てある.

窓が閉めてあります。　　　　（閉める＝transitive）
The window has been kept closed.

窓が閉まっています。　　　　（閉まる＝intransitive）
The window is closed.

Both of these sentences describe the same situation: the window is closed. The two sentences, however, differ in their connotations. With the transitive てある sentence, the current state of the window is the result of a human action; somebody closed it and kept it that way. With the intransitive ている sentence, there is no such clear implication of human intervention. The window is closed, but this may or may not be the result of somebody closing it.

3　～間に

You can use the pattern "A 間に B" when the event B takes place *in the middle of* another event A. Most often, the containing event A is described with the continuous ている. The verb A is in the present tense, even when the clause A describes a situation in the past.

お風呂に入っている間に電話がありました。
There was a phone call while I was taking a bath.

ゆうべ、寝ている間に地震がありました。
There was an earthquake while I was asleep last night.

両親が日本にいる間に京都に連れていきたいです。
I want to take my parents to Kyoto while they are in Japan.

A （ている） 間に B	B takes place, while A.

The "A" above can be a noun as well:

留守の間に友だちが来ました。
A friend came while I was out.

The event B must be of short duration and properly contained within the bounds of activity A. If B extends *throughout* the time when A occurs, we use 間 instead of 間に.

ルームメートがコンピューターを使っている間、私は本を読んで待ちました。
I waited, reading a book, while my roommate used my computer.

4 adjective ＋ する

We learned in Lesson 10 how to say "become," as in 寒くなる (become cold/colder) and 上手になる (become good/better at doing X). Here we learn to use adjectives together with the irregular verb する, which in combination with adjectives means "to make."

冷たい	→	冷たくする	to make something cold/colder
簡単な	→	簡単にする	to make something simple/simpler

この間の試験は難しすぎたので、次の試験はやさしくしてください。
Please make the next exam easier, because the last one was too difficult.

みんなで世界をよくしましょう。　（よく ← いい, irregular adjective）
Let's join our forces and make the world a better place.

部屋をきれいにしました。
I made the room clean.

髪をボブ・マーリーみたいにしたいです。
I want to make my hair like Bob Marley's.

Note also the following idiomatic use of this pattern:

静かにする　make it quiet　→　keep quiet　　静かにしてください。
　しず　　　　　　　　　　　　　　　　　　　　　　　　しず
　　　　　　　　　　　　　　　　　　　　　　　　Please be quiet!

5　～てほしい

When you want somebody to do something, you can describe your wish by using the *te*-form of a verb and the adjective ほしい. The person the wish is directed to is marked with the particle に.

私は 病気の友だちに 元気になってほしいです。
わたし　びょうき　とも　　　げんき
I want my sick friend to get well.

私は ルームメートに 宿題を手伝ってほしかったです。
わたし　　　　　　　　しゅくだい　てつだ
I wanted my roommate to help me with my homework.

| (私は) person に　verb *te*-form ほしい　　　*I want* (person) *to do . . .* |
| わたし |

When you want to say you don't want them to do something, you can negate ほしい and say ～てほしくありません or negate the verb and say ～ないでほしいです.

私は お父さんに 昔の話をしてほしくありません。
わたし　とう　　　むかし　はなし
I don't want my father to talk about the good old times.

私は ホストファミリーに 英語で話さないでほしいです。
わたし　　　　　　　　　えいご　はな
I don't want my host family to speak in English.

Let us now summarize the three words for "want":[4]

たい (Lesson 11)　　　| verb stem ＋ たい　　　*I want to do . . .* |

　　私はベトナムに行きたいです。　　　*I want to go to Vietnam.*
　　わたし　　　　　　い

---

[4]These are all private predicates, and used only for the speaker's wishes. When you want to describe the emotions of people other than the speaker the predicate needs to be changed as in the examples below (see Lessons 11 and 14 for details).

　先生は 学生に たくさん勉強してほしいと言っています。
　せんせい　がくせい　　　　　べんきょう　　　　　い
　Our professors say they want their students to study a lot.
　先生は 学生に たくさん勉強してほしがっています。
　せんせい　がくせい　　　　　べんきょう
　Our professors (are acting in a way that suggests that they) want their students to study a lot.

ほしい（Lesson 14）

| noun が　ほしい | *I want something.* |

私はいい辞書がほしいです。 *I want a good dictionary.*

てほしい（this lesson）

| verb *te*-form ＋ ほしい | *I want somebody to do . . .* |

私は弟に電話をしてほしいです。 *I want my little brother to call me.*

練習 Practice

① ルームメートに日記を読まれました

A. Change the following verbs into the passive forms.

Example: 飲む → 飲まれる

1. 食べる たべられる 2. やめる やめられる 3. なくす なくされる 4. する される
5. 捨てる すてられる 6. うそをつく うそをつかれる 7. 見る 見られる 8. 笑う わらわれる
9. 壊す こわされる 10. 連れていく つれていかれる 11. 来る こられる 12. たばこを吸う すわれる
13. 立つ たたれる 14. ばかにする ばかにされる 15. 怒る おこられる

B. Describe the pictures with the passive forms.

Example: たけしさんは どろぼうに かばんをとられました。

Ex. かばんをとる
(1) 笑う
(2) 足を踏む
(3) 財布を盗む

(4) なぐる
(5) 泣く
(6) (雨が)降る
(7) 刺す

(8) 友だち
<ruby>友<rt>とも</rt></ruby>だち
いじめる

(9) おじさん
怒る
<ruby>怒<rt>おこ</rt></ruby>る

(10) きょうこ
ふる

(11) ちかん
さわる

C. Pair Work—Make questions using the passive forms and ask your partner the questions.

Example: 友だちが笑う
<ruby>友<rt>とも</rt></ruby>だちが<ruby>笑<rt>わら</rt></ruby>う

→ Ａ：友だちに笑われたことがありますか。
Ａ：<ruby>友<rt>とも</rt></ruby>だちに<ruby>笑<rt>わら</rt></ruby>われたことがありますか。

Ｂ：ええ、あります。この間、「かわいい」と「こわい」を間違えたんです。
Ｂ：ええ、あります。この<ruby>間<rt>あいだ</rt></ruby>、「かわいい」と「こわい」を<ruby>間違<rt>まちが</rt></ruby>えたんです。

1. 友だちがばかにする
   <ruby>友<rt>とも</rt></ruby>だちがばかにする
2. 友だちが（あなたの）大切な物をなくす
   <ruby>友<rt>とも</rt></ruby>だちが（あなたの）<ruby>大切<rt>たいせつ</rt></ruby>な<ruby>物<rt>もの</rt></ruby>をなくす
3. 先生が怒る
   <ruby>先生<rt>せんせい</rt></ruby>が<ruby>怒<rt>おこ</rt></ruby>る
4. ちかんがさわる
5. だれかがなぐる
6. だれかが財布を盗む
   だれかが<ruby>財布<rt>さいふ</rt></ruby>を<ruby>盗<rt>ぬす</rt></ruby>む
7. きらいな人がデートに誘う
   きらいな<ruby>人<rt>ひと</rt></ruby>がデートに<ruby>誘<rt>さそ</rt></ruby>う
8. 彼／彼女がふる
   <ruby>彼<rt>かれ</rt></ruby>／<ruby>彼女<rt>かのじょ</rt></ruby>がふる

D. Pair Work—Your partner looks upset. Ask what the problem is. When you answer, use the passive form. Expand the conversation.

Example: A stranger punched you.

→ Ａ：どうしたんですか。

Ｂ：知らない人になぐられたんです。
Ｂ：<ruby>知<rt>し</rt></ruby>らない<ruby>人<rt>ひと</rt></ruby>になぐられたんです。

Ａ：それはひどいですね。警察に行ったほうがいいですよ。
Ａ：それはひどいですね。<ruby>警察<rt>けいさつ</rt></ruby>に<ruby>行<rt>い</rt></ruby>ったほうがいいですよ。

Ｂ：大丈夫です。なぐられた後、私もその人をけりましたから。
Ｂ：<ruby>大丈夫<rt>だいじょうぶ</rt></ruby>です。なぐられた<ruby>後<rt>あと</rt></ruby>、<ruby>私<rt>わたし</rt></ruby>もその<ruby>人<rt>ひと</rt></ruby>をけりましたから。

1. Your roommate made the room dirty.

2. A burglar broke into your house.

3. A customer complained.

4. A colleague read your e-mail.

5. Your friends make fun of you all the time.

6. (They) are bullying your child at school.

Ⅱ 写真が置いてあります
しゃしん　お

A. Describe the pictures with 〜てある. 🔊

Example: 家族の写真が置いてあります。
かぞく　しゃしん　お

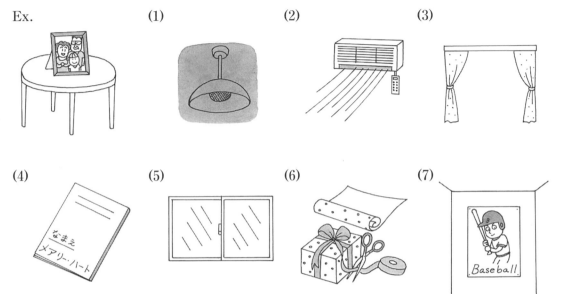

Ex.　　　　　　(1)　　　　　　(2)　　　　　　(3)

(4)　　　　　　(5)　　　　　　(6)　　　　　　(7)

B. You work as a house-sitter for a Japanese couple. The couple has just come home. Using 〜てある, tell them whether the following things have been done (○) or haven't been done (×). 🔊

Example:　○ washing the car　→　車が洗ってあります。
くるま　あら

　　　　　　× washing the car　→　車が洗ってありません。
くるま　あら

1. ○ cooking dinner　　　　　　2. ○ giving the cat water

3. × doing laundry　　　　　　4. ○ doing shopping

5. ○ putting the food in the refrigerator　　6. × cleaning the room

C. Pair Work—You and your friend have been making preparations for a party. Using the dialogue below as a model, go down the list of things to do, finding out what your partner has already done and dividing the remaining tasks between the two. Add your own question. B's list is on p. 197.

Example:

A：ビデオが借りてありますか。
か

B：ええ、借りてあります。きのうビデオ屋に行ったから、借りておきました。
か　　　　　　　　　　や　い　　　　　　　　　　か

A：じゃ、私は借りなくてもいいですね。

B：掃除がしてありますか。

A：いいえ、まだしてありません。今日忙しいから、してくれませんか。

B：えっ！ 私がするんですか。

A's List

	Decide who will do it:
ビデオを借りる	
掃除をする	
飲み物を買う	(I have done it.)
カラオケを準備する	
ケーキを焼く	
料理を作る	(I have done it.)
友だちに連絡する	
冷蔵庫にビールを入れる	

Ⅲ 社長が寝ている間に起きます

A. You are a chauffeur, working for the president of a company. The following is the daily schedule of the president. Describe your day as a chauffeur. 🔊

Example: 社長が寝ている間に起きます。

	the president		chauffeur
Ex.	still sleeping	7:00	← gets up
1.	changing his clothes	9:00	← puts the gas in the car
2.	eating breakfast at the cafe	11:00	← buys a boxed lunch at a convenience store
3.	reading the newspaper	1:00	← eats the boxed lunch
4.	attending a meeting	3:00	← takes a nap
5.	going to see his factories	5:00	← talks to his friends on the phone
6.	drinking at a party	7:00	← drinks a cola in the car

B. Complete the following sentences.

1. 日本にいる間に＿＿＿＿＿＿＿＿＿＿＿＿＿＿＿たいです。
　 にほん　　　　　あいだ

2. 両親が出かけている間に＿＿＿＿＿＿＿＿＿＿＿＿＿＿＿。
　 りょうしん　で　　　　　あいだ

3. 赤ちゃんが寝ている間に＿＿＿＿＿＿＿＿＿＿＿＿＿＿＿。
　 あか　　　　ね　　　あいだ

4. 休みの間に＿＿＿＿＿＿＿＿＿＿＿＿＿＿＿つもりです。
　 やす　あいだ

5. 私が留守の間に＿＿＿＿＿＿＿＿＿＿＿＿＿ないでください。
　 わたし　るす　あいだ

6. ＿＿＿＿＿＿＿＿＿＿＿＿間にどろぼうに入られました。
　　　　　　　　　　　　　あいだ　　　　　　　　はい

7. ＿＿＿＿＿＿＿＿＿＿＿＿間に友だちから電話がありました。
　　　　　　　　　　　　　あいだ　とも　　　　　　でんわ

Ⅳ 公園を多くします
　　こうえん　　おお

A. There will be an election for mayor soon. You are one of the candidates. Say your pledges below using ～く／にします。 🔊

Example:　increase parks　→　公園を多くします。
　　　　　　　　　　　　　　　こうえん　おお

1. make the town cleaner

2. make the municipal hospital new

3. make the town safer

4. make the environment better

5. make the tax lower（安い）
　　　　　　　　　　やす

6. make school holidays longer

7. make the roads wider

B. Pair Work—Make a short dialogue in the following situations. Use ～してください／～ていただけませんか.

Example:　Your teacher is so tough. He always gives you too much homework. Ask him to decrease homework.

→　A：先生、すみませんが、もっと宿題を少なくしていただけませ
　　　せんせい　　　　　　　　　　　　しゅくだい　すく
　　　んか。多すぎて、ほかのクラスの勉強ができないんです。
　　　　　　おお　　　　　　　　　　　　べんきょう

B：わからない時は手伝ってあげます。がんばってください。
　　　　　　とき　てつだ

1. Your teacher is so tough. Her tests are always difficult. Ask her to make exams easier.

2. Your host mother gave you too much rice. Ask her to give you less.

3. Someone who lives next door loves karaoke. He always sings very noisily. Ask him to be quiet.

4. Your boss always makes a long speech. He will make a speech at your wedding. Ask him to make it short.

5. You find a camera you want to buy, but it is a little expensive. Ask a shop clerk to make it cheaper.

Ⓥ たばこをやめてほしいです

A. Using the cues below, make sentences using 〜てほしい. 🔊

Example: お父さん／たばこをやめる

→ お父さんにたばこをやめてほしいです。

1. お母さん／仕事をする
2. おばあさん／若いころの話をする
3. 友だち／日本語の勉強を続ける
4. 友だち／遠い所に行かない
5. 同僚／夢をあきらめない
6. 先生／ほめる
7. 昔の彼／私を忘れる
8. 昔の彼女／幸せになる

B. Tell what you want your friend to do/not to do, using 〜てほしい.

Examples: Your friend likes cooking

→ 友だちは料理をするのが好きです。だからときどき晩ご飯を作ってほしいです。

Your friend lies all the time

→ 友だちはいつもうそをつきます。だからうそをつかないでほしいです。

Your friend . . .

1. has a car
2. is good at Japanese
3. has many friends
4. always complains
5. is rich
6. has been to various foreign countries
7. always comes late

C. Pair Work—Discuss what you and your partner want the following people or organizations to do/not to do. Give reasons.

Example:　ルームメート

→　A：私はルームメートに早く起きないでほしいです。
　　　B：どうしてですか。
　　　A：私はもっと寝たいんですが、いつも早く起こされるからです。

1. 友だち
2. 彼／彼女
3. 兄弟／親
4. 先生
5. あなたの学校／会社
6. あなたの国の政府

D. Pair Work—Ask a favor of your partner, explaining your situation. Then, expand the conversation.

Example:　You left your wallet at home

→　A：あの、財布を忘れたから、少しお金を貸してほしいんだけど。
　　　B：いくら？
　　　A：二万円。
　　　B：二万円も？
　　　A：今日、新幹線の切符を買わなくちゃいけないんだ。

1. The Japanese homework is difficult.
2. You want to take your friend for a drive.
3. You want to eat delicious tempura.
4. You are going to have a party at your house.
5. You have just lost your contact lens and can't find it.
6. You will arrive at the airport late at night.

Ⅵ まとめの練習

A. Tell about your bad experience using passive forms, e.g., when it happened/ what happened/how you felt about it.

Example:　先週、朝寝坊して、学校に行きました。急いでいたので、教室でころんでしまいました。みんなに笑われました。とても恥ずかしかったです。

B. Role Play—One of you is a police officer. The other was involved in the following incidents and is calling the police to explain the situation. (Refer to the vocabulary list below.)

Example: A burglar broke into your room and took your ring last night.

→ Police：はい。警察です。

Caller：もしもし。あのう、ゆうべどろぼうに入られて指輪を盗まれました。

Police：何時ごろですか。

Caller：アルバイトに行っている間に入られたので、八時から十一時までだと思います。

Police：取られたのはどんな指輪ですか

Caller：ルビー (ruby)の指輪です。誕生日に彼からもらったんです。

1. You were punched by a man when you were walking on a street.
2. Your bicycle was stolen.
3. You were deceived by a sales person, and money was taken.
4. You were followed by a man from the station to your house.
5. Your wallet was taken while you were sleeping on a train.

Vocabulary──犯罪・事件 (Crimes and Accidents)

ごうとう（強盗）	robber	おそう（襲う）	to attack
さぎ（詐欺）	fraud	ける	to kick
さぎし（詐欺師）	con man/woman	ころす（殺す）	to murder; to kill
ストーカー	stalker	する	to pick one's pockets
すり	pickpocket	だます	to deceive
ちかん	sexual offender	つける	to follow
まんびき（万引き）	shoplifting	なぐる（殴る）	to punch; to strike; to hit
ゆうかい（誘拐）	kidnapping	ぬすむ（盗む）	to steal
レイプ	rape	ひく	(a car) run over
		ゆする	to blackmail; to threaten

Pair Work Ⅱ C.

Example:

A：ビデオが借りてありますか。

B：ええ、借りてあります。きのうビデオ屋に行ったから、借りておきました。

A：じゃ、私は借りなくてもいいですね。

B：掃除がしてありますか。

A：いいえ、まだしてありません。今日忙しいから、してくれませんか。

B：えっ！ 私がするんですか。

B's List

	Decide who will do it:
ビデオを借りる	(I have done it.)
掃除をする	
飲み物を買う	
カラオケを準備する	
ケーキを焼く	(I have done it.)
料理を作る	
友だちに連絡する	
冷蔵庫にビールを入れる	(I have done it.)

第22課 | LESSON 22

日本の教育 Education in Japan
に ほん きょう いく

会話 Dialogue
かい わ

(I) Mary's host mother and host sister Yumi are talking.

1 お母さん： ゆみ、勉強しなさい。来週は期末試験があるのにぜんぜん勉強してい
2 ないでしょ。

3 ゆ み： お母さん、私、もう十七なんだから、少しほっておいてよ。

4 お母さん： 今、がんばっておけば、いい大学に入れて、後で楽になるんだから。

5 ゆ み： 私、別にいい大学に行けなくてもいい。

6 お母さん： お父さんとお母さんはあなたをいい大学に行かせてあげたいの。お母
7 さんのうちは貧乏だったから、大学に行かせてくれなかったのよ。

8 ゆ み： わかった、わかった。その話、もう何度も聞いた。

(II) In Mary's room.

1 ゆ み： メアリーも、高校の時、こんなふうだった？

2 メアリー： そうねえ、やっぱり親はうるさかったけ
3 ど、もう少し自由があったかな。

4 ゆ み： うちの親、ちょっと変だと思うでしょ。

5 メアリー： そんなことないよ。ちょっと厳しいかも
6 しれないけど、ゆみちゃんのことを心配
7 しているんだよ。

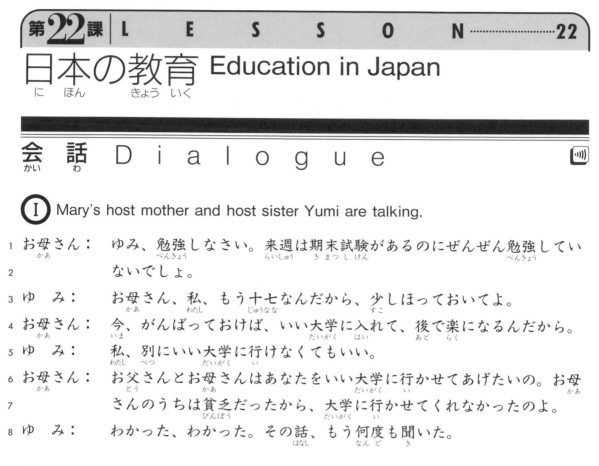

(III) The next day Mary and Takeshi are on a date.

1 メアリー： うちのゆみちゃん、高校生なのに忙しく
2 て、ぜんぜん遊ぶ時間がないみたい。

₃ たけし： 子供も大変だけど、親も大変だと思うよ。塾に行かせたり、英会話を習
₄ わせたり、お金がかかるだろうなあ。
₅ メアリー： たけしくんも子供の時、ゆみちゃんのように塾に行ってた？
₆ たけし： ぼくはずっと遊んでた。自分の子供にも、のんびり遊ばせてあげたい
₇ なあ。
₈ メアリー： でも、日本で子供を育てるのは大変そうだね。

Ⅰ

Host mother: Yumi, study! Even though you will have a final examination next week, you haven't studied at all, right?

Yumi: Mom, I am 17 years old. Leave me alone.

Host mother: If you do your best now, you will be able to enter a good university, and life will be easier later.

Yumi: It's okay not be able to go to a good university.

Host mother: Your father and I want to let you go to a good university. My parents didn't let me go to college because my family was poor.

Yumi: Okay, okay. I have heard that story many times.

Ⅱ

Yumi: Were you like me when you were in high school?

Mary: Let me think . . . My parents were strict, too, but I had a little more freedom, I guess.

Yumi: Don't you think that my parents are a bit strange?

Mary: I don't think so. They might be a little strict, but they are concerned about you.

Ⅲ

Mary: It seems that my host sister Yumi is too busy to have time to play at all even though she is a high school student.

Takeshi: Children are having a hard time, but I think that their parents are also suffering. They spend a lot letting their children go to cram schools, learn English conversation, and so on.

Mary: Did you go to a cram school like Yumi when you were a child?

Takeshi: I played all day. I want to let my children play without worrying.

Mary: But it seems that raising children in Japan is tough.

単語 (たんご)

Vocabulary

Nouns

あいて	相手	partner
うけつけ	受付	reception desk
* えいかいわ	英会話	English conversation
おじょうさん	お嬢さん	(someone's) daughter (polite)
かじ	家事	household matters
かぜ	風	wind
き	木	tree
* きまつしけん	期末試験	final examination
こうはい	後輩	junior members of a group
さる	猿	monkey
* じゆう	自由	freedom
* じゅく	塾	cram school
しょるい	書類	document
せんぱい	先輩	senior members of a group
ひとりぐらし	一人暮らし	living alone
ぶか	部下	subordinate
ふくしゅう	復習	review of lessons
プロジェクト		project
ボール		ball
むだづかい	無駄遣い	waste (money)
めんきょ	免許	license
よしゅう	予習	preparation of lessons

い-adjective

* うるさい		noisy; annoying

な-adjectives

* しんぱい（な）	心配	worried about　（〜が）
* びんぼう（な）	貧乏	poor
ぺらぺら（な）		fluent　（*language* が）
* へん（な）	変	strange; unusual
* らく（な）	楽	easy; comfortable

* Words that appear in the dialogue

U - v e r b s

かつ	勝つ	to win	（〜に）
コピーをとる	コピーを取る	to make a photocopy	
はこぶ	運ぶ	to carry	
はしる	走る	to run	
ひろう	拾う	to pick up (something)	
ふく	吹く	to blow	
* ほ（う）っておく	放っておく	to leave (someone/something) alone; to neglect	
まにあう	間に合う	to be in time	（〜に）
むかえにいく	迎えに行く	to go to pick up (someone)	

R u - v e r b s

けいかくをたてる	計画を立てる	to make a plan	
* そだてる	育てる	to raise; to bring up	
たすける	助ける	to help; to rescue	
まける	負ける	to lose (a match)	（〜に）

I r r e g u l a r   V e r b s

おねがいする	お願いする	to pray for help	
さんせいする	賛成する	to agree	（〜に）
しっぱいする	失敗する	to fail; to be unsuccessful	
てつやする	徹夜する	to stay up all night	
はんたいする	反対する	to oppose; to object to	（〜に）
ほんやくする	翻訳する	to translate	

A d v e r b s   a n d   O t h e r   E x p r e s s i o n s

* こんなふう		in this way
* ずっと		for a long time; all the time
ぜったいに	絶対に	definitely
* そんなこと（は）ない		I don't think so.
〜とか		. . . for example
* なんども	何度も	many times
* のんびり		in a leisurely way
* もうすこし	もう少し	a little more

文法 G r a m m a r
ぶん ぽう

1 Causative Sentences

In this lesson, we learn yet another verb derivation called the "causative form." When you use the causative form of a verb, you can describe who *makes* someone do something, and who *lets* someone do something.

You can derive the causative form of a verb this way:

---

ru-verbs: Drop the final *-ru* and add *-sase-ru.*

食べる → 食べさせる
た　　　　 た

u-verbs: Drop the final *-u* and add *-ase-ru.*[1]

行く → 行かせる		話す → 話させる	
待つ → 待たせる		死ぬ → 死なせる	
読む → 読ませる		取る → 取らせる	
泳ぐ → 泳がせる		遊ぶ → 遊ばせる	
買う → 買わせる			

irregular verbs:

くる → こさせる

する → させる

As you may have noticed already, the causative derivation is quite similar to the passive derivation, which we studied in the last lesson.

The basic structure of a causative sentence is like the following:

先生は　　　　　学生に　　　　会話を覚えさせました。
せんせい　　　　 がくせい　　　 かいわ　おぼ
(director) は　　(cast) に　　　　(action)

The professor made the students memorize the dialogue.

The "director" decides what is allowed and what is to be done. Marked with は or が.

The "cast" performs the action. Usually goes with に.[2]

The "action" is described with a causative form of a verb.

Let us first be clear about the two meanings of the causative form. Any causative verb can be interpreted either with the "*make* somebody do" reading or with the "*let* somebody do" reading. Thus you cannot tell simply from the sentences below in isolation whether they describe an authoritarian parent (forcing the children to eat what they do not want) or a doting parent (allowing the children to have what they want). Only our general knowledge about the parents and the linguistic context of the sentence solve the issue.

お父さんは 子供に 野菜を食べさせました。
The father made/let his child eat vegetables.

お母さんは 子供に 本を読ませました。
The mother made/let her child read the book.

If the helping verb てあげる, てくれる, or てもらう follows a causative verb, you can assume in almost all cases that it is a "let" causative (see Lesson 16 for those helping verbs).

先生は 私に 英語を話させてくれませんでした。
The professor did not allow me to speak in English.

私は 自分の子供に 好きな所に行かせてあげるつもりです。
I think I will let my children go to the place they love.

You can use the causative + てください to ask for permission to do something and to volunteer to do something.

私にこの仕事をやらせてください。
Please let me do this job.

---

[1] With the verbs that end with the *hiragana* う, we see a "w" intervening, just as in the negative short forms and the passive forms.

[2] There are cases in which the cast gets を instead.

(1) When the caused action is a reflex, such as crying and laughing:

私は その子供を 泣かせてしまいました。
I accidentally made the child cry.

アレンさんは おもしろい映画を作って みんなを 笑わせました。
Mr. Allen made funny movies and made everyone laugh.

(2) When the verb that is turned into the causative originally did not call for を:

In the first two examples below, the verbs 行く and 座る do not take the particle を, and therefore を is up for grabs for marking the cast in the causative sentences. In the last example, in contrast, 読む already calls for を, and therefore を is not available for marking the cast in the causative.

先生は 私を トイレに行かせました。　　　*The professor made me go to the bathroom.*
その人は 私を そこに座らせました。　　　*That person made me sit there.*
×　両親は 私を 本を読ませました。　　　*My parents made me read books.*

(director) は	(cast) に	causative verb		(director) *makes* (cast) *do . . .*	
(director) は	(cast) に	causative verb + てあげる/てくれる			
				(director) *lets* (cast) *do . . .*	
causative verb + てください				*please let me do . . .*	

2   verb stem + なさい

The verb stem + なさい is a command.[3] なさい has a strong implication that you are "talking down" to somebody, or that you think you are more mature, know better, and should be obeyed. なさい, therefore, is appropriate for parents to use toward their children or for teachers toward their students. You also often see なさい in exam instructions.

うちに毎日電話しなさい。   *Call home every day.*

先生の話をよく聞きなさい。   *Listen to what the professor has to say.*

かっこの中に単語を入れなさい。   *Fill in the blanks with a word.*

3   ～ば

"Clause A ば clause B" is a conditional statement "if A, then B." We have already seen an instance of this construction in Lesson 18, namely, the ば-form in the pattern ばよかった (I wish I had done . . .).

Let us first review the conjugation rule of the verb ば-form.[4]

---

[3] なさい goes directly on a verb stem, and therefore it can only be used for commands in the affirmative. To issue a command in the negative, you can use the *te*-form + はいけません, which we learned in Lesson 6.

[4] We will focus on the verb ば-form in this lesson, but ば also goes with い-adjectives and negative predicates in general:

おもしろい   →   おもしろければ
おもしろくない →   おもしろくなければ
元気じゃない →   元気じゃなければ
学生じゃない →   学生じゃなければ

With な-adjectives and nouns in the affirmative, だ either becomes なら (see Lesson 13) or であれば:

静かだ   →   静かなら or 静かであれば
先生だ   →   先生なら or 先生であれば

Verbs in the affirmative:

   Drop the final *-u* and add *-eba*.

食べる（た） → 食べれば（た）

行く（い） → 行けば（い）　　　待つ（ま） → 待てば（ま）　　　買う（か） → 買えば（か）

する → すれば

くる → くれば

Verbs in the negative:

   Drop the final い and add ければ.

行かない（い） → 行かなければ（い）

In an "A ば B" sentence, the "A" part describes the condition, *provided which* the consequence described in "B" will follow.

車があれば、いろいろな所に行けます。（くるま）（ところ）（い）
If you have a car, you can go to various places.

かぎをかけておけば、どろぼうに入られません。（はい）
If you lock the doors and windows, you won't have your apartment broken into.

大家さんに言わなければ、わかりませんよ。（おおや）（い）
If you do not tell the landlord, he will never find that out.

You usually use the "A ば B" pattern when the condition "A" guarantees a *good result* in "B." Therefore, the sentence (i) below is natural, while the sentence (ii), though not impossible, sounds rather odd.[5]

(i)　　走れば、電車に間に合います。（はし）（でんしゃ）（ま）（あ）
If I run, I will be able to catch the train.

(ii) ??　歩けば、電車に遅れます。（ある）（でんしゃ）（おく）
If I walk, I will be late for the train.

---

[5]You can express the idea in (ii) more appropriately with たら: 歩いたら、電車に遅れます。（ある）（でんしゃ）（おく） You may also note that (ii) is not totally ungrammatical. Embedded in a larger sentence that overtly cancels the "good result" implication, for example, (ii) improves significantly in acceptability:

歩けば電車に遅れるのはわかっていました。（ある）（でんしゃ）（おく）
I knew that I would be late for the train if I walked.

Because of this "good result" implication, "A ば B" is often used to advise "A." Sometimes, the part "B" contains vacuous generic expressions like 大丈夫です or いいんです.

この薬を飲めば大丈夫です。
You will be okay, if you take this medicine.

先生に聞けばいいんです。
All you have to do is ask the teacher. (If you ask, everything will be fine.)

4 〜のに

のに connects two facts, A and B, which hold in spite of the expectation that if A is the case, B is not to be the case. "A のに B," therefore means "A, but contrary to expectations, B, too" or "B, despite the fact A."

この会社はお金があるのに、給料は低いです。
This company is rich, but its workers' salaries are low.

家にいるのに、電話に出ない。
She is home but does not answer the phone.

The predicate in the part A is in the short form. When A ends with a な-adjective or with a noun + です, it appears as な, just like in the explanatory んです construction.

田中さんは親切なのに、山田さんは田中さんがきらいです。
Ms. Tanaka is nice, but Ms. Yamada does not like her.

大きい問題なのに、あの人はだれにも相談しません。
It is a big issue, but he does not consult with anybody.

Because のに connects two facts, you cannot have non-factual sentences like requests, and suggestions in the B clause:

　　　　　　× 日本語が少し難しいのに、これを読んでください。
Compare: 日本語が少し難しいけど、これを読んでください。
　　　　　　This Japanese is a little difficult, but please read it.

　　　　　　× あまりおいしそうじゃないのに、ここで食べましょう。
Compare: あまりおいしそうじゃないけど、ここで食べましょう。
　　　　　　The food does not look very promising, but let's eat here.

5 〜のような/〜のように

"noun A のような noun B" means "a B like/similar to A." When you say "A のような B,"
the "A" either has the same quality or appearance as B, or is an example of B.

私は鎌倉のような町が好きです。
わたし かまくら まち す
I like towns like Kamakura.

私はアウンサン・スーチーのような人になりたいです。
わたし ひと
I want to be a person like Aung San Suu Kyi, the Burmese democracy leader.

You use "noun A のように" when you want to describe an action which is "done in the
same way as A" or a characteristic "which is comparable to A."

メアリーさんは魚のように上手に泳げます。
さかな じょうず およ
Mary can swim very well, just like a fish.

アントニオさんはモハメド・アリのように強いです。
つよ
Antonio is strong like Muhammed Ali.

あの人は壊れたレコードのように同じことを言います。
ひと こわ おな い
She says the same thing over and over again, just like a broken vinyl record.

この町は夜の墓場のように静かです。
まち よる はかば しず
This town is as quiet as a graveyard at night.

練習 P r a c t i c e
れん しゅう

ⓘ 服を洗わせます
ふく　あら

A. Change the following verbs into the causative forms. 🔊

Example: 食べる　→　食べさせる
た　　　　　　　た

1. やめる　　　2. 働く　　　3. 飲む　　　4. 持つ　　　5. あきらめる
　　　　　　　　　　はたら　　　　　　の　　　　　　も
6. 来る　　　　7. 考える　　8. 習う　　　9. 取る　　　10. 持っていく
　　く　　　　　　　かんが　　　　　なら　　　　　と　　　　　　　も
11. 帰る　　　12. 運ぶ　　13. 拾う　　14. 練習する
　　かえ　　　　　はこ　　　　ひろ　　　　れんしゅう

B. Make sentences using the causative forms. 🔊

(a) You are on the tennis team and make junior students do these things.

Example: 私は後輩に服を洗わせます。
　　　　　わたし　こうはい　ふく　あら

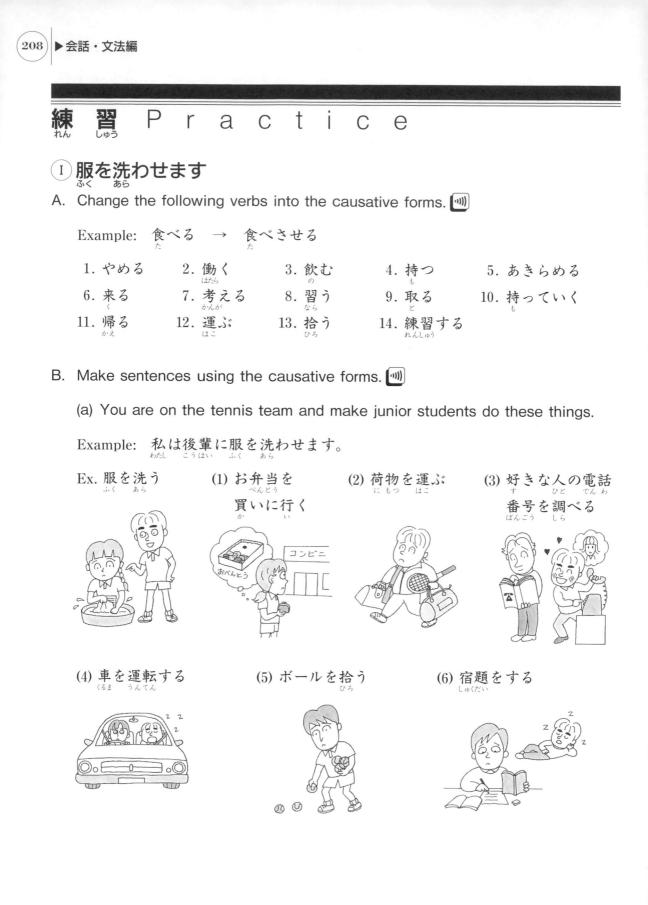

Ex. 服を洗う
ふく　あら

(1) お弁当を
べんとう
買いに行く
か　　い

(2) 荷物を運ぶ
にもつ　はこ

(3) 好きな人の電話
す　　ひと　でんわ
番号を調べる
ばんごう　しら

(4) 車を運転する
くるま　うんてん

(5) ボールを拾う
ひろ

(6) 宿題をする
しゅくだい

(b) You are the boss and make your subordinates do these things.

Example: 私は部下に書類を翻訳させます。
わたし　ぶか　しょるい　ほんやく

Ex. 書類を翻訳する　(1) コピーを取る　(2) お茶をいれる　(3) 残業する
しょるい　ほんやく　　　　　　　　　と　　　　　　ちゃ　　　　　　ざんぎょう

(4) 空港に迎えに来る　(5) お客さんを案内する　(6) 安いホテルを探す
くうこう　むか　　く　　　　きゃく　　あんない　　　　　やす　　　　　　さが

C. Group Work—Talk about the following topics with your classmates.

Example:　Ａ：あなたが先生だったら、学生に何をさせますか。
　　　　　　　　せんせい　　　　がくせい　なに
　　　　　　Ｂ：私が先生だったら、学生に毎日テストをさせます。
　　　　　　　　わたし　せんせい　　　がくせい　まいにち
　　　　　　Ｃ：どうしてですか。
　　　　　　Ｂ：毎日テストがあると、学生がたくさん勉強するからです。
　　　　　　　　まいにち　　　　　　　がくせい　　　　　　べんきょう
　　　　　　　　Ａさんはどう思いますか。
　　　　　　　　　　　　　　おも

1. あなたが日本語の先生だったら、学生に何をさせますか。
　　　にほんご　せんせい　　　　がくせい　なに
2. あなたが部長だったら、部下に何をさせますか。
　　　ぶちょう　　　　ぶか　なに
3. あなたが先輩だったら、後輩に何をさせますか。
　　　せんぱい　　　　こうはい　なに

D. Pair Work—You are executives in a company who are preparing for a conference. Look at the profiles of your subordinates and discuss who would be the best person to do the tasks.

Example:　A：だれにコンピューターを使わせましょうか。

　　　　　　B：佐藤さんに使わせたらどうですか。コンピューターのことをよく知っていますから。

Ex. コンピューターを使う　　　　　　　　　＿＿＿佐　藤＿＿＿

1. レストランを選ぶ　　　　　　　　　　　＿＿＿＿＿＿＿＿

2. 翻訳する　　　　　　　　　　　　　　　＿＿＿＿＿＿＿＿

3. 受付に座る　　　　　　　　　　　　　　＿＿＿＿＿＿＿＿

4. お客さんを空港に迎えに行く　　　　　　＿＿＿＿＿＿＿＿

5. 部屋を掃除する　　　　　　　　　　　　＿＿＿＿＿＿＿＿

6. 地図をかく　　　　　　　　　　　　　　＿＿＿＿＿＿＿＿

佐藤
（さとう）
knows a lot
about computers

吉田
（よしだ）
has a car

太田
（おおた）
remembers people's
names well

川口
（かわぐち）
knows nice
restaurants

加藤
（かとう）
fluent in English

木村
（きむら）
good at drawing

渡辺
（わたなべ）
looks bored

Ⅱ 大学に行かせてくれました
だいがく　い

A. You wanted to do the following things. Your parents let you do some and didn't let you do others. Complete the sentences using 〜てくれる／〜てくれない. 🔊

Example: 高校の時、一人暮らしをする（いいえ）
こうこう　とき　ひとり　ぐ
→ 高校の時、両親は一人暮らしをさせてくれませんでした。
こうこう　とき　りょうしん　ひとり　ぐ

1. 子供の時、夜遅くテレビを見る（いいえ）
こども　とき　よるおそ　み
2. 子供の時、友だちの家に泊まる（はい）
こども　とき　とも　いえ　と
3. 子供の時、テレビゲームをする（はい）
こども　とき
4. 子供の時、お菓子をたくさん食べる（いいえ）
こども　とき　かし　た
5. 子供の時、学校を休む（いいえ）
こども　とき　がっこう　やす
6. 高校の時、車の免許を取る（はい）
こうこう　とき　くるま　めんきょ　と
7. 高校の時、友だちと旅行する（いいえ）
こうこう　とき　とも　りょこう
8. 高校の時、アルバイトをする（はい）
こうこう　とき
9. 自分の好きな大学に行く（はい）
じぶん　す　だいがく　い

B. Pair Work—Using the cues above, talk about the things your parents let you do/ didn't let you do when you were a child and as a high school student.

Example: 高校の時、一人暮らしをする
こうこう　とき　ひとり　ぐ
→ Ａ：高校の時、両親は一人暮らしをさせてくれましたか。
こうこう　とき　りょうしん　ひとり　ぐ
Ｂ：いいえ、一人暮らしをさせてくれませんでした。私は一人暮
ひとり　ぐ　わたし　ひとり　ぐ
らしをしたかったんですけど。Ａさんは？

C. Pair Work—Talk about the following topics.

Example: Ａ：親になったら、子供に何をさせてあげますか。
おや　こども　なに
Ｂ：子供が楽器を習いたかったら、習わせてあげます。
こども　がっき　なら　なら
Ａ：どんな楽器ですか。
がっき
Ｂ：バイオリンとか、ピアノとか。

1. 親になったら、子供に何をさせてあげますか。
おや　こども　なに
2. 結婚したら、相手に何をさせてあげますか。
けっこん　あいて　なに
3. 社長になったら、部下に何をさせてあげますか。
しゃちょう　ぶか　なに

D. You have been working for a company, but your boss underestimates you. Volunteer to do the following activities using the causative ＋ てください. 🔊

Example: コピーを取る → 私にコピーを取らせてください。

1. 出張に行く
2. お客さんを案内する
3. 書類を書く
4. その仕事をやる
5. 次のプロジェクトの計画を立てる
6. お嬢さんと結婚する

E. Pair Work—Make a short dialogue in the following situations. Use the causative ＋ てください.

Example: Today is the birthday of your child. You want to leave the office early. Ask the boss.

→ Ａ：今日は早く帰らせてください。
Ｂ：どうしたの。
Ａ：今日は子供の誕生日なので一緒に晩ご飯を食べる約束をしたんです。
Ｂ：そうか。じゃあいいよ。

1. You want to go to Europe with your friend next month. You need a week off from the job. Ask the boss.
2. Your boss is looking for someone who can teach English to her/his child. You want the job.
3. You invited the boss out for dinner. After the meal, offer to pick up the tab.
4. Your boss is drunk, but he has to drive a car home.
5. You have been seeing someone for three months. He/she has just proposed marriage to you. You need time to think.

Ⅲ 掃除をしなさい
そうじ

A. You are a parent. What would you say to your child in the following situations? 🔊

Example: Your child's room is always messy. → 掃除をしなさい。
そうじ

1. Your child doesn't eat vegetables.
2. Your child doesn't study at all.
3. Your child stays up late.
4. Your child doesn't practice the piano.
5. Your child doesn't like to take a bath.
6. Your child always studies and doesn't play.
7. Your child doesn't come home right after school and hangs around at a convenience store.
8. Your son has very long hair like a girl's.

B. Pair Work—Choose a situation below and make a short dialogue using 〜なさい.

1. Parent—Child　　2. Teacher—Student

Example: Mother：ようこ、起きなさい。
　　　　　　　　　　お

　　　　　Child：眠いよ。
　　　　　　　　　ねむ

　　　　　Mother：早く起きなさい。もう八時よ。学校に行かなくちゃ。
　　　　　　　　　はや　お　　　　　　　はちじ　　　がっこう　い

　　　　　Child：お母さん、今日は日曜日だよ。
　　　　　　　　　かあ　　　きょう　にちようび

Ⅳ 薬を飲めば、元気になります
くすり　の　　　　げんき

A. Change phrases 1 through 6 into the ば-form and choose the correct phrase that follows from a through g. 🔊

Example: 薬を飲む → 薬を飲めば、元気になります。
　　　　　くすり　の　　　くすり　の　　　げんき

Ex. 薬を飲む　　　　　　　　　　　　　・a. 涼しくなります。
　　　くすり　の　　　　　　　　　　　　　　　すず
1. 風が吹く　　　　　・　　　　　　・b. ほしいものが買えます。
　　かぜ　ふ　　　　　　　　　　　　　　　　　か
2. 試験がない　　　　・　　　　　　・c. 迎えに来てくれます。
　　しけん　　　　　　　　　　　　　　　むか　き
3. 走る　　　　　　　・　　　　　　・d. 元気になります。
　　はし　　　　　　　　　　　　　　　　げんき
4. 予習をする　　　　・　　　　　　・e. 授業に間に合います。
　　よしゅう　　　　　　　　　　　　　　じゅぎょう　ま　あ
5. 友だちに電話する　・　　　　　　・f. 授業がよくわかります。
　　とも　　でんわ　　　　　　　　　　　じゅぎょう
6. 無駄遣いしない　　・　　　　　　・g. 遊びに行けます。
　　むだづか　　　　　　　　　　　　　　あそ　い

B. Encourage the people below using 〜ば大丈夫ですよ.

Example: 復習すれば大丈夫ですよ。

Ex.

試験が心配なんです。

復習する

(1)

授業に間に合わないかもしれません。

走る

(2)

外国に行くけど、言葉がわからないんです。

ジェスチャーを使う
(gesture)

(3)

レポートの締め切りに間に合わないんです。

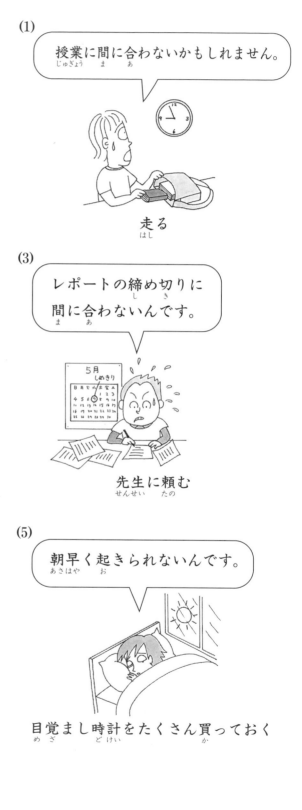

先生に頼む

(4)

服を汚したんです。

早く洗う

(5)

朝早く起きられないんです。

目覚まし時計をたくさん買っておく

(6)

仕事で失敗したんです。
し ごと　しっぱい

今度がんばる
こん ど

(7)

絶対に奨学金をもらいたいんです。
ぜったい　しょうがくきん

神様にお願いする
かみさま　ねが

C. Pair Work—Ask your partner the following questions.

Example:　A：どうすれば料理が上手になりますか。
　　　　　　　　　りょう り　　じょう ず
　　　　　　　B：料理をたくさん作れば、上手になりますよ。
　　　　　　　　　りょう り　　　　　　　つく　　じょう ず

1. どうすれば日本語が上手になりますか。
　　　　　　に ほん ご　じょう ず
2. どうすれば日本人の友だちができますか。
　　　　　　に ほんじん　とも
3. どうすれば大学院に入れますか。
　　　　　　だいがくいん　はい
4. どうすれば有名になれますか。
　　　　　　ゆうめい
5. どうすればお金持ちになれますか。
　　　　　　かね も
6. どうすれば幸せになれますか。
　　　　　　しあわ

Ⓥ ゆうべ寝たのに、眠いんです

A. Change the cues in 1 through 7 into のに-clauses and choose the correct phrase that follows from the right column. 🔊

Example: 日本に留学したことがないのに日本語がぺらぺらです。

Ex. 日本に留学したことがありません ・　　　　・a. 眠くありません

1. かぎがかけてありました ・　　　　・b. 人気がありません

2. 学生です ・　　　　・c. 仕事は大変です

3. ゆうべ早く寝ました ・　　　　・d. 日本語がぺらぺらです

4. 彼女はとてもきれいです ・　　　　・e. 試合に勝ちました

5. ぜんぜん練習しませんでした ・　　　　・f. どろぼうに入られました

6. 給料が安いです ・　　　　・g. 朝寝坊してしまいました

7. 徹夜しました ・　　　　・h. ベンツに乗っています
　　　　　　　　　　　　　　　　　　　(Mercedes)

B. Pair Work—Complain about the following situations. When you hear the complaint, give advice or encouragement.

Example: You bought a camera last week. It has broken.

→ 　A：このカメラ、先週買ったのに、もう壊れてしまったんです。
　　　B：店に持っていって、交換してもらったらどうですか。

1. You went to a baseball game. Your favorite team lost.

2. You studied a lot. You couldn't do well on the test.

3. You knitted a sweater for your boyfriend (girlfriend). He (She) never wears it.

4. Your relatives came to see you. You were busy and couldn't take them anywhere.

5. Today is your birthday. Your friend forgot it.

6. You want to live by yourself. Your parents don't let you do so.

7. You can do many things. Your boss makes you photocopy and serve tea (and do other simple things).

Ⅵ 父のような人になりたいです

A. Pair Work—Ask your partner the following questions. When you answer, use ～のような as in the example.

Example:　A：どんな人になりたいですか。

　　　　　B：父のような人になりたいです。

　　　　　A：どうしてですか。

　　　　　B：父は強くて、やさしいからです。

1. どんな人になりたくないですか。

2. どんな人と結婚したいですか。

3. どんな町に住みたいですか。

B. Describe your classmates using ～のような.

Example:　マイクさんはスーパーマンのような人です。私が困った時、いつも助けてくれますから。

C. Pair Work—Talk about your classmates using ～のように.

Example:　_____さん can climb up a tree like _____.

　　→　A：ジョンさんはさるのように木に登れると思います。

　　　　B：そうですね。私もそう思います。

　　　　or 私はメアリーさんのほうが上手に木に登れると思います。

1. _____さん can sing very well like _____.

2. _____さん can dance very well like _____.

3. _____さん eats a lot like _____.

4. _____さん is smart like _____.

5. _____さん is strong like _____.

6. _____さん is handsome/beautiful like _____.

7. _____さん is fluent in Japanese like _____.

Ⅶ まとめの練習
れんしゅう

A. Group Work—In a group, choose one topic from below and discuss it.

Example: 親は子供に楽器を習わせたほうがいい
おや こども がっき なら

→ A：私は賛成です。子供の時に楽器を始めたら、上手になるから、
わたし さんせい こども とき がっき はじ じょうず
習わせたほうがいいと思います。
なら おも

B：私は反対です。習いたくないのに習わせたら、子供は音楽が
わたし はんたい なら なら こども おんがく
きらいになるかもしれません。

C：私は賛成です。いろいろなことをさせるのはいいことだと思
わたし さんせい おも
います。

Topics:

1. 子供を塾に行かせたほうがいい
こども じゅく い

2. アルバイトをさせたほうがいい

3. 家事を手伝わせたほうがいい
か じ てつだ

4. 外国語を勉強させたほうがいい
がいこくご べんきょう

5. 大学に行かせたほうがいい
だいがく い

B. Talk about things that you wanted to do but were not allowed to do when you were a child. How did you feel about it? How did you react?

Example: 子供の時、テレビゲームをしたかったのに、両親はさせてくれません
こども とき りょうしん
でした。友だちはみんなゲームを持っていたから、すごく悲しかった
とも も かな
です。ときどき、友だちのうちに行って、ゲームをしました。
とも い

C. Role Play—Using the first part of Dialogue Ⅰ as a model, act the role of a mother/father or a child.

Father/Mother—Tell the child to do something using 〜なさい and try to convince him/her to do it.

Child—Take a defiant attitude toward the father/mother.

Example:　Father：ピアノの練習をしなさい。きのうもしなかっただろう。

Child：　うるさいなあ。少しほっておいてよ。

Father：毎日練習すれば、将来プロのピアニスト（professional pianist）になれるんだから。

Child：　私、別にピアニストになれなくてもいい。

Other cues:

go to bed/exercise/help cook/go to a cram school/eat vegetables/study English

第23課｜LESSON 23

別れ Good-bye
わか

会話 Dialogue
かい わ

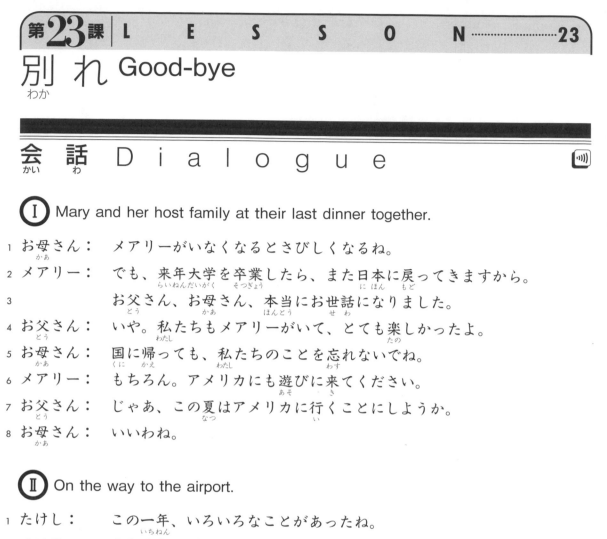

Ⅰ Mary and her host family at their last dinner together.

1 お母さん： メアリーがいなくなるとさびしくなるね。

2 メアリー： でも、来年大学を卒業したら、また日本に戻ってきますから。

3 お父さん、お母さん、本当にお世話になりました。

4 お父さん： いや。私たちもメアリーがいて、とても楽しかったよ。

5 お母さん： 国に帰っても、私たちのことを忘れないでね。

6 メアリー： もちろん。アメリカにも遊びに来てください。

7 お父さん： じゃあ、この夏はアメリカに行くことにしようか。

8 お母さん： いいわね。

Ⅱ On the way to the airport.

1 たけし： この一年、いろいろなことがあったね。

2 メアリー： そうそう。デートの時、よく待たされた。

3 たけし： ぼくが約束の場所を間違えて、後で、ものすごく怒られたり。

4 メアリー： たけしくんが作った料理を食べさせられて、おなかをこわしたり。

5 たけし： 初めて一緒に踊った時、「盆踊りみたいだ」って笑われた。

6 メアリー： あの時は足を踏まれて、痛かった。

7 たけし： 考え方が違うから、けんかもよくしたね。でもみんないい思い出だね。

Ⅲ At the airport.

1 たけし： じゃあ、元気でね。

2 メアリー： うん。たけしくんも。たけしくんに会えて本当によかった。

3 たけし： そんな悲しそうな顔しないで。

4 メアリー：　わかってる。じゃあ、そろそろ行かなくちゃ。

5 たけし：　　メアリーが卒業して日本に戻ってくるまで、待っているから。

Ⅰ

Host mother: When you are gone, we will miss you.

Mary: But I will come back to Japan when I graduate from college next year, so . . . Thank you for taking care of me, Father and Mother.

Host father: Don't mention it. We had a great time with you, Mary.

Host mother: Don't forget us even though you are going back to your country.

Mary: Of course I won't. Please come to see me in the U.S.

Host father: Then, let's visit the U.S. this summer.

Host mother: That sounds good.

Ⅱ

Takeshi: Many things happened in this one year.

Mary: You are right. You often made me wait when we had a date.

Takeshi: When I misunderstood where to meet, I was scolded badly later.

Mary: You made me eat that dish you cooked and I got a stomachache, and . . .

Takeshi: When we danced together for the first time, I was laughed at and you were saying "like a *Bon-odori*."

Mary: You stepped on my foot then and it hurt.

Takeshi: Because we think differently, we also fought a lot. But, they are all good memories. . .

Ⅲ

Takeshi: Well, take care of yourself.

Mary: Okay. You, too. I'm really glad that I met you, Takeshi.

Takeshi: Don't look so sad.

Mary: I know, but . . . Well, I should go now.

Takeshi: I'll wait until you graduate and come back to Japan.

単語
たん ご

V o c a b u l a r y

N o u n s

* おもいで	思い出	memory
かいがいりょこう	海外旅行	trip to a foreign country
からだ	体	body
くつした	靴下	socks
こくさいでんわ	国際電話	international call
じゅぎょうりょう	授業料	tuition
しょうがっこう	小学校	elementary school
せんきょ	選挙	election
タイヤ		tire
ただ		free of charge
* ばしょ	場所	place
べっそう	別荘	villa; vacation home
ボーナス		bonus
* ぼんおどり	盆踊り	*Bon* dance (Japanese traditional dance)
めんせつ	面接	interview
ゆうしょく	夕食	dinner
りそう	理想	ideal
るすばん	留守番	looking after a house during one's absence

い - a d j e c t i v e

まずい	(food is) terrible

U - v e r b s

あめがやむ	雨がやむ	the rain stops	
* いなくなる		(someone) is gone; to disappear	
* おせわになる	お世話になる	to be in someone's care	（〜に）
* おなかをこわす		to have a stomachache	
* ちがう	違う	to be different; wrong	
なくなる		to be lost; to disappear	
わるぐちをいう	悪口を言う	to talk behind someone's back	

* Words that appear in the dialogue

R u - v e r b s

うける	受ける	to take (an examination, interview, etc.)
かえる	換える	to change
はなれる	離れる	(something/someone) separates; parts from

I r r e g u l a r   V e r b s

* ～かおをする	～顔をする	to look . . . (facial expression)
がっかりする		to be disappointed
がまんする	我慢する	to be tolerant/patient
せわをする	世話をする	to take care of . . .　（～の）
どうじょうする	同情する	to sympathize　（～に）
パンクする		(tire) goes flat
* もどってくる	戻ってくる	(something/someone) comes back
ゆうしょうする	優勝する	to win a championship

A d v e r b s   a n d   O t h e r   E x p r e s s i o n s

* いや		no
* げんきでね	元気でね	Take care of yourself.
* そうそう		You are right.
* そろそろ		it is about time to . . .
* そんな～		such . . . ; that kind of . . .
* ものすごく		extremely

文法 Grammar
ぶん ぽう

1 Causative-passive Sentences

"Causative-passive" sentences are the passive version of causative sentences. You can use causative-passive sentences when you want to say that you were made to do, or harassed or talked into doing, something that you did not want to.

（下手だから歌いたくなかったのに）歌を歌わされました。
(I didn't want to sing because I'm not a good singer, but) I was forced to sing.

（きらいだから食べたくないんですが、いつも）肉を食べさせられます。
(I don't want to eat it because I don't like meat, but) I am (always) made to eat meat.

You make the causative-passive forms this way:

---

1. *ru*-verbs: Drop *-ru* and add *-sase-rare-ru*.

    食べる → 食べさせられる

2. *u*-verbs that end with す: Drop *-u* and add *-ase-rare-ru*.

    話す → 話させられる

3. all the other *u*-verbs: Drop *-u* and add *-asare-ru*.

書く	→	書かされる	立つ	→	立たされる
読む	→	読まされる	撮る	→	撮らされる
泳ぐ	→	泳がされる	呼ぶ	→	呼ばされる
買う	→	買わされる			

4. irregular verbs:

    する → させられる

    くる → こさせられる

In the table above, you must have noticed that the causative-passive morphology in Groups 1, 2, and 4 is indeed the combination of the causative and the passive forms: *-(s)ase-rare*. In Group 3, however, the causative-passive suffix *-asare* is shorter than the sum of the causative (*-ase*) and the passive (*-rare*) suffixes.[1]

---

[1] The more transparently combinative *aserare* forms, such as 書かせられる, are indeed grammatical, but causative-passive verbs of the *asare* form, such as 書かされる, are much more common.

The basic makeup of a causative-passive sentence is like this:

私は　　　　　彼女に　　　　　車を洗わされました。
(puppet) は　(puppet master) に　(action)

I was tricked by my girlfriend into washing her car.

The "puppet" is forced into performing an action. Marked with は or が.

The "puppet master" wields power over, and manipulates, the puppet.
The particle is に.

The "action" forced upon the puppet is described with a causative-passive verb.

If you compare a causative-passive sentence with a causative sentence, you notice that the actors are switched between the two:

Causative-passive:　私 は　友だち に　宿題を手伝わされました。
　　　　　　　　　　　　　　　I was forced by my friend into helping him with his homework.

Causative:　　　　　友だち は　私 に　宿題を手伝わせました。
　　　　　　　　　　　　　　　My friend made me help him with his homework.

Compare a causative-passive sentence with a plain, noncausative nonpassive sentence. These two types of sentences have the same subject. You add the "puppet master" role to a plain sentence and make the verb longer, and you get a causative-passive sentence.

Causative-passive:　ゆみは　お母さんに　勉強させられました。
　　　　　　　　　　Yumi was ordered by her mother to study.

Plain:　　　　　　　ゆみは ────── 勉強しました。
　　　　　　　　　　Yumi studied.

2　～ても

"A ても B" is "B, even if A." That is, B is still true in case of A (so is certainly true if A is not the case). Compare ても sentences with たら sentences, which have a more straightforward "if-then" meaning:

雨が降っても、ピクニックに行きます。
I will go on a picnic even if it rains.

雨が降ったら、ピクニックに行きません。
I will not go on a picnic if it rains.

暑くても、エアコンをつけません。
I will not turn on the air conditioner, even if it is hot.

暑かったら、エアコンをつけます。
I will turn on the air conditioner, if it is hot.

子供でも、わかります。
Even a child will get it. (You will be able to understand it, even if you are a child.)

子供だったら、わかりません。
If you are a child, you will not get it.

You can form a ても-clause by adding も to the verb or adjective *te*-form. With な-adjectives and nouns, you have でも. Note that verb たら and ても forms look very much like each other, but adjective たら and ても forms look quite distinct.

				Compare:
verbs:	買う	→	買っても	買ったら
い-adjectives:	悲しい	→	悲しくても（× 悲しかっても）	悲しかったら
な-adjectives:	元気(な)	→	元気でも（× 元気だっても）	元気だったら
nouns:	学生	→	学生でも（× 学生だっても）	学生だったら

You can also form a negative ても clause, based on the short form negative.

				Compare:
verbs:	買わない	→	買わなくても	買わなかったら
い-adjectives:	悲しくない	→	悲しくなくても	悲しくなかったら
な-adjectives:	元気じゃない	→	元気じゃなくても	元気じゃなかったら
nouns:	学生じゃない	→	学生じゃなくても	学生じゃなかったら

The ても-clause itself does not have tense. It can be followed either by a present tense clause (as in the above examples), or by a past tense clause:

私は、雨が降っていても、毎日、授業に行きました。
I went to class every day, even if it rained.

日本語の授業が難しくても、取ったでしょう。
I would have taken the Japanese class, even if it would have been difficult.

3 ～ことにする

ことにする means "decide to do . . . ." It follows the short form present tense of a verb. You can use a negated verb, too.

車を買うことにしました。
We have decided to buy a car.

あの人がかわいそうだから、あまり文句を言わないことにします。
I will not make too many complaints. I am feeling sorry for him already.

We sometimes use the volitional form of this construction, such as 行くことにしよう, instead of the simple volitional form of a verb, 行こう, in suggesting an activity. ことにしよう has the additional implication that the suggestion is being made after a deliberation.

今年の夏はベトナムに行くことにしよう。
Let's take the plunge. Let's go to Vietnam this summer.

ことにしている means "do something as a regular practice," that is, you have made up your mind that you should do something and have stuck to that determination.

毎日十一時に寝ることにしています。
I make it a rule to go to bed at eleven every night.

絶対にお酒を飲まないことにしています。
I have made this firm decision not to drink and have strictly followed it.

～ことにする	*decide to do . . .*
～ことにしている	*do . . . as a regular practice*

4　〜まで

A まで means "till A." The A in "A まで B" is the description of the change that coincides or causes the end of B. The A, therefore, is usually a verb of the "change" kind (see Lesson 7). The verb in A is always in the present tense and in the affirmative.

晴れるまで、喫茶店でコーヒーを飲みながら、待ちます。
I will wait in the coffee shop, drinking coffee, till it clears up.

日本語が上手になるまで、国に帰りません。
I will not go back to my country, till I become fluent in Japanese.

When the subject of A is different from the subject of B, the former is marked with the particle が rather than は.

赤ちゃんが寝るまで、（私は）歌を歌ってあげます。
I will sing a lullaby till the baby falls asleep.

You can use "A まで B" in a sentence describing a situation in the past. Note that the verb in A is in the present tense nonetheless.

日本の生活に慣れるまで、大変でした。
It was tough until I got used to living in Japan

5　〜方

The noun-forming suffix 方 follows the stem of a verb and means "the way in which the action is performed" or "how to do . . . ."

泳ぐ　　→　泳ぎ方　　*how to swim*
考える　→　考え方　　*the way people think*

Nouns that are marked with other particles when they go with a verb are marked with の before 〜方.[2]

---

[2] The goal of movement, normally marked with に, can be marked with the combination of particles への. Therefore we also say 空港への行き方 (how to get to the airport).

漢字を読む	→	漢字の読み方	*how to read the kanji; pronunciation*
はしを使う	→	はしの使い方	*how to use chopsticks*
空港に行く	→	空港の行き方	*how to go to the airport*
お風呂に入る	→	お風呂の入り方	*how to take a bath*

With compound する verbs, such as 勉強する, we have:

日本語を勉強する	→	日本語の勉強のし方
ホテルを予約する	→	ホテルの予約のし方

〜方 is a noun and is followed by particles like は and を.

たけしさんのスパゲッティの食べ方はおもしろいです。
The way in which Takeshi eats spaghetti is interesting.

すみません。この漢字の書き方を教えていただけませんか。
Excuse me, can you tell me how to write this kanji?

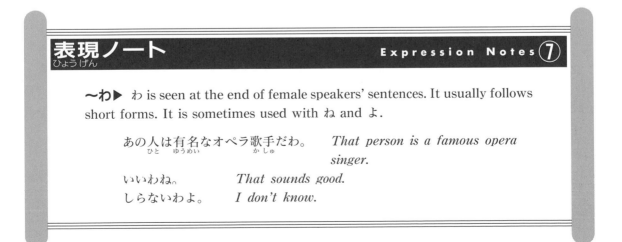

表現ノート　　　　　　　　　　　　　　Expression Notes ⑦

〜わ▶ わ is seen at the end of female speakers' sentences. It usually follows short forms. It is sometimes used with ね and よ.

あの人は有名なオペラ歌手だわ。　*That person is a famous opera singer.*

いいわね。　*That sounds good.*

しらないわよ。　*I don't know.*

練習 Practice

れん　しゅう

(I) 買い物に行かされました
(か　もの　い)

A. Change the following into the causative-passive forms.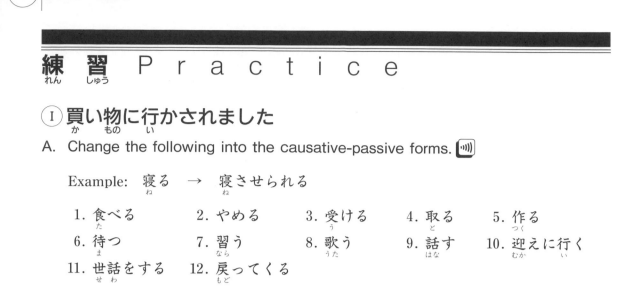

Example: 寝る　→　寝させられる
(ね)　　　　(ね)

1. 食べる
(た)
2. やめる
3. 受ける
(う)
4. 取る
(と)
5. 作る
(つく)

6. 待つ
(ま)
7. 習う
(なら)
8. 歌う
(うた)
9. 話す
(はな)
10. 迎えに行く
(むか　い)

11. 世話をする
(せ わ)
12. 戻ってくる
(もど)

B. Hiroshi and Michiko are forced to do the following by each other. Describe the pictures using the causative-passive forms.

Example: ひろしさんはみちこさんにかばんを持たされます。
(も)

Ex.
かばんを持つ
(も)

(1)
買い物に付き合う
(か　もの　つ　あ)

(2)
駅に迎えに行く
(えき　むか　い)

(3)
高い服を買う
(たか　ふく　か)

(4)
パンクした時
(とき)
タイヤを換える
(か)

(5)
お弁当を作る
(べんとう　つく)

(6)
夕食をおごる
(ゆうしょく)

(7)
アイロンをかける

(8) 部屋を掃除する
へ や　そう じ

(9) 毎晩会社の文句を聞く
まいばんかいしゃ　もん く　き

(10) 靴を磨く
くつ　みが

C. Pair Work—Ask your partner if, as a child, his/her parents made him/her do the following things using the causative-passive forms.

Example:　買い物に行く
か　もの　い
→　A：子供の時、買い物に行かされましたか。
こ ども　とき　か　もの　い
B：はい。行かされました。／いいえ。行かされませんでした。
い　　　　　　　　　　　　　　　い

1. 皿を洗う
さら　あら

2. 自分の部屋を掃除する
じぶん　へ や　そう じ

3. ピアノを習う
なら

4. 毎日勉強する
まいにちべんきょう

5. ペットの世話をする
せ わ

6. きらいな物を食べる
もの　た

7. 料理を手伝う
りょうり　て つだ

8. 塾に行く
じゅく　い

D. Pair Work—First play *janken* (scissors-paper-rock) and decide who is in charge. Each time you win *janken*, you can give an order, such as dancing, singing a song, drawing a picture, and opening a window. The other person will act out the order. Repeat *janken* several times. You will then describe actions, using the causative and causative-passive sentences.

Example:　open the window
→　A：窓を開けなさい。
まど　あ
B：はい、わかりました。　(B will act opening the window.)
A：Bさんに窓を開けさせました。
まど　あ
B：Aさんに窓を開けさせられました。
まど　あ

じゃんけん

じゃんけん (scissors-paper-rock) is a children's game. In じゃんけん, players call out "*Jan, ken, pon*" and make one of three forms with one hand: stone, scissors, or paper. "Stone" breaks "scissors," "scissors" cut "paper," and "paper" covers "stone." It is often played to determine who shall be "it" in games of tag or who shall go first in selecting teams.

Ⅱ 学生がうるさくても、怒りません

A. Make sentences using 〜ても. 🔊

Example: 学生がうるさい → 学生がうるさくても、絶対に怒りません。

絶対に怒りません。

山下先生

絶対に我慢します。

けん

Ex. 学生がうるさい
1. 学生が授業中に寝ている
2. 学生が宿題をしない
3. 学生に文句を言われる
4. 学生にばかにされる

5. クラブの先輩に怒られる
6. クラブの練習が厳しい
7. 先輩に荷物を持たされる
8. 友だちと遊ぶ時間がない

絶対にメアリーと
結婚します。

たけし

9. メアリーが料理が下手だ
10. 親に反対される
11. 今は離れている
12. 言葉や文化が違う

B. Answer the following questions using 〜ても. 🔊

Example:　Q：いじめられたら、学校を休みますか。
　　　　　　A：いいえ。いじめられても、学校を休みません。

1. 朝寝坊したら、学校をサボりますか。
2. 授業がつまらなかったら、先生に文句を言いますか。
3. 道に迷ったら、だれかに聞きますか。
4. 電車の中で子供がうるさかったら、注意しますか。
5. 先生に怒られたら、泣きますか。
6. 宝くじに当たったら、みんなにおごってあげますか。
7. 友だちとけんかしたら、自分から謝りますか。
8. 自分が作った料理がまずかったら、食べませんか。
9. 誕生日のプレゼントが靴下だったら、がっかりしますか。

C. Pair Work—Ask your partner the questions in B above.

Example:　A：いじめられたら、学校を休みますか。
　　　　　　B：はい。いじめられたら、学校を休みます。
　　　　　　　　いいえ。いじめられても、学校を休みません。

D. Complete the following sentences.

1. _____ても、怒りません。

2. _____ても、仕事を続けます。

3. _____ても、幸せです。

4. _____ても、日本に住みたいです。

5. _____ても、同情してあげません。

Ⅲ 日本語の勉強を続けることにしました
にほんご　べんきょう　つづ

A. The semester is over and people are leaving. Tell what they have decided to do, using 〜ことにする.

> Example:　メアリー：will go back to her country and continue the study of Japanese
>
> →　メアリーさんは国に帰って、日本語の勉強を続けることにしました。
> くに　かえ　　にほんご　べんきょう　つづ

1. スー：will become an elementary school teacher
2. ロバート：will have an interview at a Japanese company
3. ジョン：will not return to Australia because he will learn karate in Japan
4. たけし：will quit the company and look for a new job
5. みちこ：will study abroad
6. 山下先生：will teach Japanese in China
   やましたせんせい
7. メアリーのホストファミリー：will go to the U.S. to see Mary

B. Pair Work—Make a dialogue as in the example.

> Example:　A：町をよくしたいから、選挙に出ることにしました。
> まち　　　　　　　　せんきょ　で
> B：選挙に勝ったら、何をするつもりですか。
> せんきょ　か　　なに
> A：学校の授業料をただにします。
> がっこう　じゅぎょうりょう

Dialogue:

A：_____から、_____。

B：_____。

A：_____。

C. Group Work—You are a family who has recently won a lottery. Discuss how you will spend your money.

> Example:　A：湖のそばに別荘を買うことにしようか。
> みずうみ　　　べっそう　か
> B：別荘より店のほうがいいよ。店を始めることにしよう。
> べっそう　みせ　　　　　　　みせ　はじ
> C：どんな店？……
> みせ

Ⅳ 毎日日本語のテープを聞くことにしています
まいにち に ほん ご　き

A. Tell what Mary and Takeshi make a habit/policy of doing or not doing, using ～ことにしている.

Example: メアリーさんは一日に二回犬を散歩に連れていくことにしています。
いちにち　　にかいいぬ　さんぽ　つ

Ex. walk her dog twice a day

(1) not talk behind someone's back

(2) study in the library on weekends

(3) read the newspaper every day

(4) not watch TV and study at the same time

(5) eat breakfast every morning

(6) ask a person when she doesn't understand

(7) not cry even if he is sad

(8) buy flowers, cooks, etc.,
    on Mother's Day

(9) not drink coffee before going to bed

B. Pair Work—Tell your partner what you make a practice of doing or not doing.

Example:　A：私は毎日日本語のテープを聞くことにしています。Bさんは？
　　　　　　　　　わたし　　まいにち に ほん ご　　　　き
　　　　　　　B：私はホストファミリーと日本語だけで話すことにしています。
　　　　　　　　　わたし　　　　　　　　　　　　　に ほん ご　　　　はな

Ⓥ 大学を卒業するまで日本にいるつもりです
　　だい がく　　そつぎょう　　　　　に ほん

A. Describe how long they will stay in Japan or until when they will not get married,
using 〜まで. 🔊

Example:　ジョンさんは大学を卒業するまで日本にいるつもりです。
　　　　　　　　　　　　　だい がく　　そつぎょう　　　　　に ほん

(a) _____まで日本にいるつもりです。
　　　　　　　　　　　　　　　　に ほん

　　Ex. ジョン　　　　till he graduates from college

　　1. メアリー　　　till this semester ends

　　2. スー　　　　　till she becomes fluent in Japanese

　　3. ロバート　　　till money runs out

　　4. ヤン　　　　　till he dies

(b) _____まで結婚しません。
　　　　　　　　　　　　　　　　けっこん

　　1. ジョン　　　　till he finds an ideal partner

　　2. けん　　　　　till his favorite team wins the championship

　　3. スー　　　　　till she saves one million yen

　　4. ロバート　　　till he becomes thirty years old

B. Complete the following sentences.

1. 日本語がぺらぺらになるまで、＿＿＿＿＿＿＿＿＿＿＿＿＿＿＿＿＿＿＿＿。
   にほんご

2. 死ぬまで、＿＿＿＿＿＿＿＿＿＿＿＿＿＿＿＿＿＿＿＿＿＿＿＿＿。
   し

3. 雨がやむまで、＿＿＿＿＿＿＿＿＿＿＿＿＿＿＿＿＿＿＿＿＿＿。
   あめ

4. ＿＿＿＿＿＿＿＿＿＿＿＿＿＿＿＿＿＿＿まで、仕事を続けます。
                                     しごと　つづ

5. ＿＿＿＿＿＿＿＿＿＿＿＿＿＿まで、留守番をしなくちゃいけません。
                                 るすばん

6. ＿＿＿＿＿＿＿＿＿＿＿＿＿＿＿まで、我慢しました。
                                 がまん

C. Pair Work—Suggest the following plans to your partner. (The card for Student B is on p. 240.) When you respond, use 〜まで. Expand the conversation like the example.

Example:　Ａ：一緒に遊ぶ／Ｂ：You have a final exam pretty soon.
          いっしょ　あそ
　→　　Ａ：一緒に遊ぼうよ。
          いっしょ　あそ
　　　　Ｂ：もうすぐ期末試験だから、試験が終わるまで遊べないんだ。
              きまつしけん　　　　　しけん　お　　　　あそ
　　　　Ａ：残念。じゃあ、試験が終わったら一緒に遊ぼうね。
          ざんねん　　　　　しけん　お　　　　いっしょ　あそ

Student A—Suggest 1, 3, and 5 to your partner.
　　　　　　Use 2, 4, and 6 to respond to your partner's suggestions.

1. 出かける
   で

2. You are broke, but you will receive a bonus soon.

3. ケーキを食べる
         た

4. You caught a cold and have a sore throat.

5. 海外旅行に行く
   かいがいりょこう　い

6. Your parents are strict and won't let you live away from home.

Ⅵ コンピューターの使い方を教えてくれませんか

A. You want to know how to do the things below. Ask questions using ～方.

Example: how to use this computer

→ すみませんが、このコンピューターの使い方を教えてくれませんか。

1. how to make delicious coffee
2. how to iron
3. how to ride a bicycle
4. how to drive a car
5. how to play the guitar
6. how to knit a sweater
7. how to make sushi
8. how to reserve a seat on the Shinkansen
9. how to bake a cake

B. Pair Work—Ask your partner how to do the following. When you answer, explain it in detail.

Example: A：日本のお風呂の入り方を教えてくれませんか。
B：お風呂の入り方ですか。まず、お風呂に入る前に、体を洗います。それから、お風呂に入ってゆっくりします。

1. how to memorize kanji
2. how to take an inexpensive trip
3. how to find a part-time job
4. how to go to the airport
5. how to make an international call

C. Pair Work—Ask how to do the things below. Look at the pictures and explain. Use B above as a model.

1. すきやきの作り方

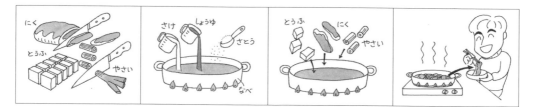

2. 公衆電話のかけ方
こうしゅうでんわ　　　　　かた

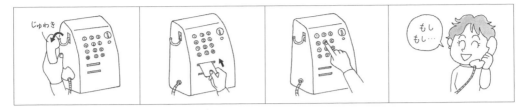

3. きっぷの買い方
か　　かた

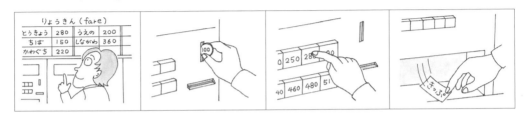

4. お茶のいれ方
ちゃ　　　　かた

Ⅶ まとめの練習
れんしゅう

A. Tell your future plans. Have you decided to continue studying Japanese? What else have you decided to do? Tell the reasons, too.

Example: 私は日本語の勉強を続けることにしました。日本文化にとても興味があって、それについてもっと勉強したいからです。

B. Pair Work/Group Work—Using Dialogue Ⅱ as a model, talk about good and bad memories in Japan or in Japanese class in a pair/group.

C. Pair Work—Using Dialogues I and Ⅲ as models, make short dialogues with your partner in the following situations.

1. You have lived with a host family in Japan for three months. You are leaving for your country tomorrow.

2. You and your friend had not seen each other for ten years. You have had a chance to meet the friend at a reunion. You have had a good time and now it is time to leave.

D. Class Activity—Find someone who . . .

1. was made to practice any musical instrument as a child. _____

2. was made to take care of younger sisters or brothers or pets as a child. _____

3. wants to stay in Japan until they become fluent in Japanese. _____

4. makes it a rule not to eat meat. _____

Pair Work (Ⅴ) C.

Example:　A：一緒に遊ぶ／B：You have a final exam pretty soon.
　　　→　A：一緒に遊ぼうよ。
　　　　　B：もうすぐ期末試験だから、試験が終わるまで遊べないんだ。
　　　　　A：残念。じゃあ、試験が終わったら一緒に遊ぼうね。

Student B—Suggest 2, 4, and 6 to your partner.
　　　Use 1, 3, and 5 to respond to your partner's suggestions.

1. Your host family is out. You have to stay home.
2. 買い物に行く
3. You are on a diet and have determined to lose ten kilograms.
4. カラオケで歌う
5. You are working on a big project (大きい仕事) and can't take a vacation.
6. 一緒に住む

読み書き編
よ か へん

読み書き編 ● もくじ

第13課 LESSON 13

日本のおもしろい経験 Interesting Experiences in Japan
けいけん

146	物 (thing)	もの / ブツ	食べ物（たべもの）food　物（もの）things 買い物（かいもの）shopping 動物（ドウブツ）animal (8) ノ ー 牛 牛 牜 牝 物 物
147	鳥 (bird)	とり / チョウ	鳥（とり）bird 焼き鳥（やきとり）grilled chicken 白鳥（ハクチョウ）swan (11) ノ イ 宀 户 户 皀 鸟 鸟 鳥 鳥 鳥
148	料 (ingredients; fare)	リョウ	料理（リョウリ）cooking　料金（リョウキン）charge 授業料（ジュギョウリョウ）tuition 給料（キュウリョウ）salary (10) ` `` 丷 斗 半 米 米 米 料 料
149	理 (reason)	リ	料理（リョウリ）cooking 理由（リユウ）reason (11) ー T 干 王 玎 珇 玾 理 理 理 理
150	特 (special)	トク / トッ	特に（トクに）especially 特別な（トクベツな）special 特急電車（トッキュウデンシャ）super express train (10) ノ ー 牛 牛 牛 牜 牜 特 特 特
151	安 (cheap; ease)	やす / アン	安い（やすい）cheap 安心（アンシン）relief　不安な（フアンな）uneasy (6) ` `` 宀 安 安 安
152	飯 (food; cooked rice)	ハン	ご飯（ごハン）rice; meal 朝ご飯（あさごハン）breakfast (12) ノ 人 タ 今 今 今 食 食 飣 飢 飯 飯
153	肉 (meat)	ニク	肉（ニク）meat 牛肉（ギュウニク）beef 肉屋（ニクや）meat shop (6) l 冂 内 内 肉 肉

154	悪	わる アク (bad; wrong)	悪い（わるい）bad 気分が悪い（キブンがわるい）to feel sick 最悪（サイアク）the worst　悪魔（アクマ）devil
			(11) 一 厂 厃 亜 亜 亜 亜 悪 悪 悪
155	体	からだ タイ (body)	体（からだ）body 体重（タイジュウ）body weight 体操（タイソウ）gymnastics; physical exercises
			(7) ノ イ 什 休 休 体
156	空	クウ そら　あ　から (sky; empty)	空港（クウコウ）airport　空気（クウキ）air 空（そら）sky　空く（あく）to be vacant 空手（からて）karate
			(8) 丶 宀 宀 空 空 空 空
157	港	コウ みなと (port; harbor)	空港（クウコウ）airport 神戸港（コウベコウ）Kobe Port　港（みなと）port
			(12) 丶 冫 氵 汢 汢 洪 洪 洪 港 港
158	着	つ　き チャク (to reach; to wear)	着く（つく）to arrive　着る（きる）to wear 着物（きもの）kimono 大阪着（おおさかチャク）arriving at Osaka
			(12) 丶 丷 夬 半 羊 羊 着 着 着 着
159	同	おな ドウ (same)	同じ（おなじ）same 同時（ドウジ）same time; simultaneous
			(6) 丨 冂 冃 同 同 同
160	海	うみ カイ (sea)	海（うみ）sea 日本海（ニホンカイ）the Japan Sea 海外（カイガイ）overseas
			(9) 丶 冫 氵 汢 汢 海 海 海
161	昼	ひる チュウ (noon; daytime)	昼（ひる）noon; daytime　昼ご飯（ひるごハン）lunch 昼食（チュウショク）lunch
			(9) 一 コ 尸 尸 尽 屍 屋 昼 昼

(In this chart, *katakana* indicates the *on'yomi* [pronunciation originally borrowed from Chinese] and *hiragana* indicates the *kun'yomi* [native Japanese reading].)

Ⅰ 漢字の練習
かん じ　れんしゅう

A. 次の漢字の読み方 (reading) を覚えましょう。太字 (bold type) は新しい読み方です。
かん じ　　よ　かた　　　　　　おぼ　　　　　　　　ふと じ

国 （くに）　　　　　気分 （キブン）　　　　一生 （イッショウ）

時 （とき）　　　　　高校生 （コウコウセイ）

（☞　　国 (058)　　分 (052)　　生 (054)　　時 (015)）

B. 次の漢字を読みましょう。(答 (answer) は下にあります。)
かん じ　　　　　　　　　　　こたえ

1. 毎日　　　　2. ある日　　　3. 一度　　　4. 午後

5. 持つ　　　　6. 会社員　　　7. 住む　　　8. 電車の中

9. 読む　　　10. 話す　　　11. 聞く

Ⅱ 日本のおもしろい経験
けい けん

単　語
たん　ご

経験 （けいけん） experience
① 特に （とくに） especially
③ めずらしい　rare
⑥ なんでも　anything; everything
⑩ ニヤニヤする　to grin [irr. verb]
⑪ 不安な （ふあんな） uneasy; worried
⑭ 気分が悪い （きぶんがわるい） to feel sick

⑮ 体 （からだ） body
　　体にいい （からだにいい） good for health
⑯ 一生に一度 （いっしょうにいちど）
　　once in a lifetime
⑱ やっぱり　after all
⑱ もう〜ない　not any longer

[Ⅰ-Bの答] 1. まいにち　2. あるひ　3. いちど　4. ごご　5. もつ　6. かいしゃいん　7. すむ
こたえ　　　8. でんしゃのなか　9. よむ　10. はなす　11. きく

A. 質問に答えてください。(Answer the questions.)

1. (1)-(4)は日本の食べ物です。下の a-d のどの写真だと思いますか。

(1) (　　　　) うめぼし (pickled plums)

(2) (　　　　) のり (seaweed)

(3) (　　　　) すき焼き (beef and vegetables stewed in a large skillet)

(4) (　　　　) 焼き鳥 (grilled chicken)

a.　　　　　　b.　　　　　　c.　　　　　　d.

2. 日本料理の中で何が一番好きですか。

B. 留学生のエイミーさんは日本の食べ物について書きました。読みましょう。

1　　私は日本料理が大好きです。特にすき焼きや焼き鳥が好きです。国で
は日本料理は安くないからあまり食べられませんでした。今、毎日食べ
られるので、とてもうれしいです。日本にはめずらしい食べ物がたくさ
んあります。国では、うめぼし、のりなどを見たことも聞いたことも
5 ありませんでした。私はめずらしい物に興味があるので、おいしそうな
食べ物は、なんでも食べてみます。

　　ある日、ホストファミリーと晩ご飯を食べに行きました。なべ*の中
に野菜や肉がたくさんありました。私は「これは何の肉？鳥の肉？」と
聞きました。お父さんは「食べてみて。おいしいから」と言いました。
10「どう？おいしい？」「はい、とても。でも、何ですか？」みんなはニヤニ
ヤして、何も言いません。私はちょっと不安になりました。でも、おな
かがすいていたし、おいしかったので、たくさん食べました。「ごちそ
うさま」「エイミーさん、実は、これはすっぽん*ですよ」「すっぽん？」

「すっぽんはかめ*です」「えっ！……」私は気分が悪くなりました。お
15 父さんはすっぽんは体によくて、高い食べ物だと言っていました。

　これは一生に一度のとてもおもしろい経験でした。国に帰って、友だ
ちに「かめを食べたことがある」と言えます。かめはおいしかったで
す。でも、やっぱり、もうかめを食べたくありません。

● なべ　pot
● すっぽん　snapping turtle; terrapin
● かめ　turtle

C. 文を読んで ○ (= true) か × (= false) を書いてください。

（　　　）1. 日本料理は大好きだが、国ではあまり食べなかった。

（　　　）2. 国でうめぼしを食べたことがある。

（　　　）3. めずらしい食べ物は何も食べられない。

（　　　）4. ホストファミリーとなべ料理を食べた。

（　　　）5. なべの中には鳥の肉があった。

（　　　）6. なべ料理はとてもおいしかった。

（　　　）7. すっぽんはめずらしいから、たくさん食べた。

（　　　）8. またすっぽんを食べるつもりだ。

Ⅲ 満員電車
まんいん

単 語
たん ご

満員電車 （まんいんでんしゃ） 　jam-packed train	① 着く （つく） to arrive （〜に） [u-verb]
	② ラッシュ　the rush hour
	② スーツケース　suitcase
第一印象 （だいいちいんしょう） 　the first impression	④ 同じ （おなじ） same
込む （こむ） to get crowded [u-verb]	⑦ 考える （かんがえる） to think about . . .
込んでいる （こんでいる） to be crowded	（〜のことを）[ru-verb]
① 空港 （くうこう） airport	⑨ 昼 （ひる） noon

A. 質問に答えてください。
　しつもん　こた

1. 日本に行ったことがありますか。日本の第一印象は下の a-e のどれでしたか。
　　　　　　　　　　　　　　　　　　　だいいちいんしょう

　　a. 小さい　　　b. 込んでいる　　　c. 高い　　　d. きれい　　　e. その他 (others)
　　　　　　　　　　こ　　　　　　　　　　　　　　　　　　　　　　　た

2. あなたは電車やバスによく乗りますか。
　　　　　　　　　　　　　の
　　電車やバスの中でたいてい何をしますか。

B. 会社員のマイクさんは日本の電車について書きました。読みましょう。

1　　日本に来て、満員電車にびっくりした。午後五時ごろ空港に着いたの
　　　　　　　　まんいん
で、ラッシュの時に電車に乗らなくては*いけなかった。大きいスーツ
　　　　　　　　　　　の
ケースを持って、電車に乗った。とても込んでいた。会社員や学生がた
　　　　　　　　　　　　　　　こ
くさん電車に乗っていたが、みんな何も言わなかった。みんな同じ顔
　　　　　　　　　　　　　　　　　　　　　　　　　　　　　かお
5　だった。「ここには住めない」これが私の日本の第一印象だった。
　　　　　　　　　　　　　　　　　　　　だいいちいんしょう

　　それから、私は電車がきらいになった。でも、毎日電車に乗らなくて
　　　　　　　　　　　　　　　　　　　　　　　　　　　の
はいけない。電車の中で、国の山や海のことを考えた。でも、やっぱり
　　　　　　　　　　　　　　　　　　かんが
電車がきらいだった。

　　ある日、仕事が休みになったので、昼ごろに電車に乗った。いつもと
　　　　　　　　　　　　　　　　　　　　　　　　　の
10　同じ電車だが、同じじゃなかった。子供に本を読んでいるお母さん、話
　　　　　　　　　　　　　　　こども
しているおばあさん、ウォークマンを聞いている高校生、みんな楽しそ
　　　　　　　　　　　　　　　　　　　　　　　　　　　　　たの

うだ。それから、私は電車に乗るのが好きになった。いろいろな人がいておもしろい。ときどき、となりの人と話したりする。もう山や海のことを考えない。

● なくては　the written language alternative for なくちゃ

C. 質問に答えてください。

1. マイクさんの日本の第一印象は何でしたか。どうしてそう思いましたか。

2. 下のa-eはラッシュの電車で見ますか。昼の電車で見ますか。（　　）にa-eを書いてください。

   (1)ラッシュの電車で見る：（　　）（　　）

   (2)昼の電車で見る：　　　　（　　）（　　）（　　）

   > a．サラリーマンがたくさんいる。
   > b．お母さんが子供に本を読んでいる。
   > c．みんなとても静かだ。
   > d．おばあさんが話している。
   > e．みんなとても楽しそうだ。

Ⅳ 書く練習

あなたのおもしろい経験を書きましょう。

第14課 L E S S O N 14
悩みの相談　Personal Advice Column
なや　　　そう　だん

162	彼 (he)	かれ　かの (he)	彼（かれ）he; boyfriend 彼女（かのジョ）she; girlfriend (8) ⼁ ⼃ ⼅ ⼆ 彳 彷 彼 彼
163	代 (age; replace)	ダイ か (age; replace)	時代（ジダイ）age; era　　電気代（デンキダイ）electricity fee 六十年代（ロクジュウネンダイ）60's 十代（ジュウダイ）in one's teens　代わりに（かわりに）instead (5) ⼃ ⼅ 仁 代 代
164	留 (to stay; to keep)	リュウ ル　と (to stay; to keep)	留学生（リュウガクセイ）foreign students 留守（ルス）absence from home 書き留め（かきとめ）registered mail (10) ⼃ ⼅ ⼳ 卯 卯 卯 卯 留 留 留
165	族 (family; tribe)	ゾク (family; tribe)	家族（カゾク）family 王族（オウゾク）member of royalty 民族（ミンゾク）race (11) ⼂ ⼆ ⼖ 方 扩 扩 扩 炸 族 族 族
166	親 (parent; intimacy)	おや　シン した (parent; intimacy)	父親（ちちおや）father　　親切な（シンセツな）kind 親友（シンユウ）best friend　　両親（リョウシン）parents 親しい（したしい）intimate (16) ⼂ ⼆ ⼗ ⼯ 立 立 辛 辛 亲 新 新 新 親 親 親 親
167	切 (to cut)	セツ　き きっ (to cut)	親切な（シンセツな）kind　　切る（きる）to cut 大切な（タイセツな）precious 切手（きって）postage stamp (4) ⼀ ⼆ 切 切
168	英 (English; excellent)	エイ (English; excellent)	英語（エイゴ）English　　英国（エイコク）England 英会話（エイカイワ）English conversation 英雄（エイユウ）hero (8) ⼀ ⼗ ⼗ 艹 苎 苎 英 英
169	店 (shop)	みせ テン (shop)	店（みせ）shop 店員（テンイン）store attendant　　売店（バイテン）stall 書店（ショテン）book store (8) ⼂ ⼇ 广 庁 庁 庁 店 店

170	去	キョ コ　さ (past; to leave)	去年（キョネン）last year 過去（カコ）the past　　去る（さる）to leave
			(5) 一　十　土　去　去
171	急	キュウ　いそ (to hurry; emergency)	急に（キュウに）suddenly　　急ぐ（いそぐ）to hurry 急行（キュウコウ）express train 特急（トッキュウ）super express
			(9) ノ　ク　ク　刍　刍　刍　急　急　急
172	乗	の ジョウ (to ride)	乗る（のる）to ride 乗り物（のりもの）vehicle　　乗車（ジョウシャ）riding a car 乗馬（ジョウバ）horseback riding
			(9) 一　二　三　三　丰　丰　垂　乗　乗
173	当	トウ あ (to hit)	本当に（ホントウに）really 当時（トウジ）at that time　　当たる（あたる）to hit
			(6) 丨　丬　丬　当　当　当
174	音	オン おと　ね (sound)	音楽（オンガク）music 発音（ハツオン）pronunciation　　音（おと）sound 本音（ホンね）real intention
			(9) 丶　一　ヰ　ヰ　立　产　咅　音　音
175	楽	ガク　たの ガッ　ラク (pleasure)	音楽（オンガク）music　　楽しい（たのしい）fun 楽器（ガッキ）musical instrument 楽な（ラクな）easy; confortable
			(13) 丶　宀　白　白　自　泊　泊　泊　渐　渐　楽　楽　楽
176	医	イ (doctor; medicine)	医者（イシャ）doctor 医学（イガク）medical science　　医院（イイン）clinic
			(7) 一　厂　厂　匚　厇　厇　医
177	者	シャ もの (person)	医者（イシャ）doctor 学者（ガクシャ）scholar　　読者（ドクシャ）reader 若者（わかもの）young people
			(8) 一　十　土　耂　耂　者　者　者

(In this chart, *katakana* indicates the *on'yomi* and *hiragana* indicates the *kun'yomi*.)

Ⅰ 漢字の練習
かんじ れんしゅう

A. 次の漢字の読み方 (reading) を覚えましょう。太字 (bold type) は新しい読み方です。
かんじ よ かた おぼ ふとじ

年上 （としうえ）　　六年間 （ロクネンカン）　　上手 （じょうず）

家族 （カゾク）　　北海道 （ホッカイドウ）

三か月後 （サンカゲツゴ）　　大好き （ダイすき）

（☞ 上 (026) 手 (116) 家 (096) 北 (047) 海 (160) 道 (109)）

B. 次の漢字を読みましょう。(答 (answer) は次のページの下にあります。)
かんじ よ こたえ

1. 仕事　2. 早く　3. 思う　4. 東京　5. 勉強

6. 学校　7. 買い物　8. 病気　9. 気分　10. 時間

Ⅱ 悩みの相談
なや そうだん

単　語
たん ご

悩み（なやみ）worry

アドバイス　advice

② 年上（としうえ）being older

③ 時代（じだい）age; era

③ 先輩（せんぱい）senior members of a group

③ 〜年間（〜ねんかん）for . . . years

④ 付き合う（つきあう）to date [*u*-verb]

⑫ 愛す（あいす）to love [*u*-verb]

㉚ どうしたらいい　What should one do

㉟ 父親（ちちおや）father

㉟ 急に（きゅうに）suddenly

㊳ 出張（しゅっちょう）business trip

㊼ 本当に（ほんとうに）really

㊿ 場合（ばあい）case

A. 質問に答えてください。(Answer the questions.)
しつもん こた

1. あなたは悩みがありますか。だれに相談しますか。
なや そうだん

2. あなたの友だちはどんな悩みがありますか。どんなアドバイスをしましたか。

B. 悩みの相談を読みましょう。
なや　　そうだん

1 結婚と仕事
けっこん

26歳の会社員です。三歳年上の彼がい
さい
ます。彼は大学時代の先輩で、六年間
せんぱい
付き合っています。このごろ、彼は「早
つ　あ
く結婚したい」と言っています。彼は
けっこん
やさしいし、仕事もできるし、私も結
婚したいと思っています。でも彼の会
社は東京で、私の会社は大阪にありま
おおさか
す。彼は今の仕事をやめられないと
言っています。私もやめたくありませ
ん。私が仕事をやめて東京に行ったほ
うがいいんでしょうか。彼を愛してい
あい
ます。　　　　　　　　　（26歳・女）
さい

2 日本語が上手にならない

カナダ人の留学生です。日本の大学で
勉強しています。私の悩みは日本語で
なや
す。今、日本人のホストファミリーと
住んでいます。家族は親切ですが、み
んなは私と英語を話したがっています。
だから、私は「英語を話さなくちゃ」
と思って、英語を話します。学校に日
本人の友だちがたくさんいますが、み
んなの英語は私の日本語より上手です。
だから、たいてい英語を使います。買
い物の時も「すみません。あの、これ
ください」と日本語で言うんですが、

お店の人は「ツーハンドレッドエンね。
サンキュー！」と英語で言います。も
う六か月も日本にいますが、ぜんぜん
日本語が上手になりません。どうした
らいいでしょうか。

（21歳・男）
さい

3 飛行機がきらい
ひこうき

私は子供の時から飛行機がきらいです。
こども　　　　　　ひこうき
去年、北海道の父親が急に病気になっ
て、飛行機に乗ったんですが、気分が
悪くて大変でした。実は、三か月後に
たいへん　　じつ
会社の出張でブラジルに行かなくては
しゅっちょう
いけません。日本からサンパウロまで
27時間ぐらい飛行機に乗っていなくて
はいけないんです。でも、私は行きた
くありません。どうしたらいいでしょ
うか。アドバイスをお願いします。
ねが
（32歳・男）
さい

アドバイス

私も飛行機に乗るのが好きじゃないので、
ひこうき
あなたの悩みが本当によくわかります。
なや
私はよく飛行機の中で、大好きなモーツ
アルトの音楽を聞きます。でも、あなたの
場合はもっと大変そうなので、お医者さ
ばあい　　　　　　たいへん
んに行って相談してみたらどうですか。
そうだん

[①-Bの答] 1. しごと　2. はやく　3. おもう　4. とうきょう　5. べんきょう　6. がっこう
こたえ
　　　　　7. かいもの　8. びょうき　9. きぶん　10. じかん

C. 質問に答えてください。
　しつもん こた

1 結婚と仕事
　けっこん

　　1. この人の彼はどんな人ですか。

　　2. どうしてこの人はすぐ彼と結婚しないのですか。
　　　　　　　　　　　　　けっこん

　　3. あなたはこの人が仕事をやめて結婚したほうがいいと思いますか。
　　　どうしてですか。

　　4. あなたならどうすると思いますか。
　　　(What would you do if you were in a similar situation?)

2 日本語が上手にならない

　　1. この人はホストファミリーと日本語で話しますか。どうしてですか。

　　2. 日本人の友だちと日本語で話しますか。どうしてですか。

　　3. お店の人はどうですか。

　　4. あなたも同じ悩みがありますか。
　　　　　　　　なや

3 飛行機がきらい
　ひこうき

　　1. この人はいつ飛行機に乗りましたか。飛行機はどうでしたか。
　　　　　　　　　ひこうき　　　　　　　　ひこうき

　　2. どうしてブラジルに行きたくないのですか。

　　3. あなたはこの人がブラジルに行くと思いますか。

Ⅲ 書く練習
　　れんしゅう

A. Ⅱ-B の 1 と 2 の人にアドバイスを書きましょう。

B. Imagine that you are one of the characters in the list below, and write about their problems.

　　留学生　　ホストファミリー　　日本語の先生　　ねこ　　その他 (others)
　　　　　　　　　　　　　　　　　　　　　　　　　　　　　　た

第15課 L E S S O N 15
私が好きな所 My Favorite Place

178 死	し シ (death; to die)	死ぬ（しぬ）to die 死（シ）death　安楽死（アンラクシ）euthanasia (6) 一 ア ブ グ ダ 死
179 意	イ (mind; meaning)	意味（イミ）meaning 注意する（チュウイする）to watch out 意見（イケン）opinion　用意する（ヨウイする）to prepare (13) ` 二 亠 产 咅 音 音 音 意 意 意
180 味	ミ あじ (flavor; taste)	意味（イミ）meaning 趣味（シュミ）hobby　興味（キョウミ）interest 味噌（ミソ）soybean paste　味（あじ）taste (8) 丨 ロ ロ ロ 叶 味 味
181 注	チュウ そそ (to pour; to shed)	注意する（チュウイする）to watch out 注文する（チュウモンする）to order 注ぐ（そそぐ）to pour (8) ` ` 氵 氵 注 注 注 注
182 夏	なつ カ (summer)	夏（なつ）summer 夏休み（なつやすみ）summer vacation 初夏（ショカ）early summer (10) 一 一 丆 丙 百 百 頁 頁 夏 夏
183 魚	さかな うお ギョ (fish)	魚（さかな）fish 魚市場（うおいちば）fish market 金魚（キンギョ）goldfish (11) ノ ク 仐 鱼 鱼 魚 魚 魚 魚 魚
184 寺	てら ジ (temple)	お寺（おてら）temple 東寺（トウジ）Toji (the name of a temple) (6) 一 十 土 圭 寺 寺
185 広	ひろ コウ (spacious; wide)	広い（ひろい）wide; spacious 広場（ひろば）square; open space 広島（ひろしま）Hiroshima　広告（コウコク）advertisement (5) ` 亠 广 広 広

186	転	テン ころ (to roll over)	自転車（ジテンシャ）bicycle 運転する（ウンテンする）to drive　　回転ずし（カイテンずし）rotating sushi　　転ぶ（ころぶ）to tumble; to fall down
			⑾ 一 ⼇ 亓 亘 百 亘 車 軒 軒 転 転
187	借	か シャク　シャッ (to borrow)	借りる（かりる）to borrow 借地（シャクチ）rented land　　借金（シャッキン）debt
			⑽ ノ イ 仁 仁 伊 供 供 借 借 借
188	走	はし ソウ (to run)	走る（はしる）to run 走り書き（はしりがき）hasty writing 脱走（ダッソウ）escape from a prison
			⑺ 一 十 土 キ キ 走 走
189	建	たて た　ケン (to build)	建物（たてもの）building 建てる（たてる）to build　　建つ（たつ）to be built 建国（ケンコク）founding a nation
			⑼ ⼇ ⼋ ヨ ヨ 言 聿 律 建 建
190	地	チ ジ (ground)	地下（チカ）underground 地下鉄（チカテツ）subway　　地図（チズ）map 地球（チキュウ）earth; globe　　地震（ジシン）earthquake
			⑹ 一 十 土 扫 地 地
191	場	ば ジョウ (place)	広場（ひろば）square; open space 場所（ばショ）place 駐車場（チュウシャジョウ）parking garage
			⑿ 一 十 土 圹 切 坍 坍 坍 塌 塌 場 場
192	足	あし た　ソク (foot; leg)	足（あし）foot; leg　　足りる（たりる）to be sufficient 一足（イッソク）one pair of shoes 水不足（みずブソク）lack of water
			⑺ ⼁ ⼝ ⼝ ⼝ ⼞ 尸 足
193	通	とお かよ　ツウ (to pass; to commute)	通る（とおる）to go through; to pass 通う（かよう）to commute　　通学（ツウガク）going to school　　通勤（ツウキン）going to work
			⑽ ⼀ ⼌ 了 甬 甬 甬 甬 `通 通 通

(In this chart, *katakana* indicates the *on'yomi* and *hiragana* indicates the *kun'yomi*.)

Ⅰ 漢字の練習
かんじ れんしゅう

A. 次の漢字の読み方 (reading) を覚えましょう。太字 (bold type) は新しい読み方です。
かんじ かた おぼ ふとじ

生まれる （うまれる）　　　　二十万人 （ニジュウマンニン）

一年中 （イチネンジュウ）　　　人気 （ニンキ）

地下 （チカ）　　　　　　　　お金持ち （おかねもち）

（☞　生 (054)　人 (018)　中 (028)　下 (027)　金 (023)）

B. 次の漢字を読みましょう。(答 (answer) は下にあります。)
かんじ こたえ

1. 町　　　　2. 近く　　　　3. 有名　　　　4. 神社

5. 青い　　　6. 色　　　　　7. 赤い　　　　8. 南

9. 今年　　　10. 今度　　　11. 古い　　　12. 手

Ⅱ 私が好きな所

単 語
たん ご

1

① 生まれる （うまれる） to be born [ru-verb]

① 原爆 （げんばく） atomic bomb

⑥ 残す （のこす） to leave; to preserve [u-verb]

⑦ 平和 （へいわ） peace

⑧ 島 （しま） island

⑪ 緑 （みどり） green

⑭ 注意する （ちゅういする） to watch out [irr. verb]

2

⑤ 南 （みなみ） south

⑥ 一年中 （いちねんじゅう） all year

⑥ 楽しむ （たのしむ） to enjoy [u-verb]

3

③ 自然 （しぜん） nature

③ 紅葉 （こうよう） red leaves; autumn tints

⑥ 竹 （たけ） bamboo

⑧ 走る （はしる） to run [u-verb]

⑨ 景色 （けしき） scenery

[Ⅰ-B の答] 1. まち　2. ちかく　3. ゆうめい　4. じんじゃ　5. あおい　6. いろ　7. あかい
こたえ　　8. みなみ　9. ことし　10. こんど　11. ふるい　12. て

④
② 建物（たてもの）building
③ 昔（むかし）old days
③ ビル office building
④ 地下（ちか）underground

④ 広場（ひろば）square; open space
⑥ 戦争（せんそう）war
⑥ 手（て）hand; arm
⑥ 通る（とおる）to pass; to go through [*u*-verb]
⑧ ホームレス homeless

A. 質問に答えてください。(Answer the questions.)

1. あなたはどんな所に行ってみたいですか。どうしてですか。

2. (1)-(4)はどんな所ですか。行ったことがありますか。

   (1) 広島・宮島　　(2) 沖縄　　(3) 京都　　(4) 東京

3. 上の(1)-(4)は右の地図の a-d のどこですか。

b (　　　)
c (　　　)
a (　　　)
d (　　　)

B. 四人の日本人が好きな所を紹介しています。読みましょう。

① 広島と宮島

1　広島は私が生まれた町です。広島には原爆ドームがあります。1945年8月6日、広島に世界で初めて原爆が落とされました。*この原爆で二十万人の人が死にました。広島の人は原

5　爆を忘れてはいけないと思い、原爆ドームを残しました。近くには平和記念資料館*があり、原爆について読んだり、写真を見たりできます。ここに来た人は、平和の意味について考えます。

　広島の近くには宮島があります。宮島は小さい島で、有名な神社があり

原爆ドーム

---

l. 5　忘れてはいけないと思い
In the written language, sentences can be connected by using either the stem or *te*-form of the verb.
　原爆を忘れてはいけないと思い、原爆ドームを残しました。
　＝原爆を忘れてはいけないと思って、原爆ドームを残しました。

ます。この神社は海の近くにあるので、天気
10 がいい日は、海の青い色と神社の赤い色、そ
して山の緑がとてもきれいです。この島には
鹿＊がたくさんいます。鹿はたいていおなか
がすいているので、食べ物を持っている人は
注意したほうがいいでしょう。

宮島
みやじま

●落とされました（おとされました）　was dropped
●平和記念資料館（へいわきねんしりょうかん）　Peace Memorial Museum
●鹿（しか）　deer

② 沖縄
おきなわ

1　私は今まで日本のいろいろな所に行きまし
たが、その中で沖縄が一番好きです。沖縄は
エメラルドグリーンの海と白いビーチで有名
です。世界のビーチの中で一番きれいだと思
5　います。沖縄は日本の一番南にあって、冬も
暖かいです。だから、ゴルフなどのスポーツが一年中楽しめます。
　今年の夏、私は沖縄で初めてダイビングをしてみました。海の中には
いろいろな色の魚がたくさん泳いでいて、本当に感動しました。十二月
から四月まではくじら＊が見られるので、今度は冬に行こうと思ってい
10 ます。

●くじら　whale

③ 京都（嵐山・嵯峨野）
きょうと　あらしやま　さがの

1　京都には古いお寺がたくさんありますが、
私がよく行く所は嵐山です。嵐山にはお寺も
自然もあります。嵐山は人気があって、紅葉
の時は特に込んでいます。
5　嵐山のそばに嵯峨野があります。嵯峨野は

嵐山
あらしやま

広いので、自転車を借りたほうがいいでしょう。嵯峨野には竹がたくさんあり、竹で作ったおみやげを売っています。

　川のそばをトロッコ列車*が走っています。列車から見える山と川の景色はとてもきれいです。

　●トロッコ列車（トロッコれっしゃ）　small train usually for tourists

4 東京・新宿

1　　私は子供の時、新宿駅の近くに住んでいました。今は、新宿には高い建物がたくさん立っていますが、昔はまだあまりビルはありませんでした。1965年ごろ、西口に地下広場ができ
5 きました。学生がギターを弾いたり歌を歌ったりしていました。そのとなりでは、戦争で手や足をなくした人が通る人にお金をもらっていました。

　最近、新宿にはホームレスの人がたくさんいます。日本はお金持ちになりましたが、昔も今も、お金がぜんぜんない人もいるんです。寝
10 ているホームレスの人のそばを、近くの会社で働いている人が毎日急いで通ります。

　大きい会社とホームレス。今の新宿には「見える日本」も「見えない日本」もあるんです。

C. 質問に答えてください。

1. 1を読んで、次の質問に答えましょう。
   - a. 原爆が世界で初めて落とされた所はどこですか。それはいつでしたか。何人の人が死にましたか。
   - b. 平和記念資料館で何ができますか。
   - c. 宮島はどんな所ですか。
   - d. 宮島で食べ物を持っている人は、どうして気をつけなくてはいけないのですか。

2. 2-4について質問を考えて、となりの人に聞きましょう。

3. あなたは広島・宮島、沖縄、京都、東京の中でどこに一番行ってみたいですか。そこで何がしてみたいですか。

D. 次の人たちは旅行に行きたがっています。広島・宮島、沖縄、京都、東京の中でどこがいいと思いますか。どうしてですか。

ジョンさん
自然や動物 (animal) が好きで、人がたくさんいる所がきらいです。

ハワイで生まれたので、海とスポーツが大好きです。
ケリーさん

トムさん
日本の社会 (society) についてレポートを書いています。

インドネシアから来たので紅葉を見たことがありません。
ユンさん

Ⅲ 書く練習

あなたが好きな所を紹介しましょう。

第16課 | L E S S O N ⋯⋯⋯16
まんが「ドラえもん」 The Manga *Doraemon*

194	供	ども とも　そな キョウ (companion; offer)	子供（こども）child　　供に（ともに）together 供える（そなえる）to offer something to the spirit 提供（テイキョウ）offer
			(8) ノ イ 亻 仕 供 供 供 供
195	世	セ セイ　よ (world; generation)	世界（セカイ）the world　　世話（セワ）care 世代（セダイ）generation　　三世（サンセイ）the third generation 世の中（よのなか）the society
			(5) 一 十 世 世 世
196	界	カイ (world)	世界（セカイ）the world 視界（シカイ）visibility　　政界（セイカイ）political world 限界（ゲンカイ）limit
			(9) 丶 口 田 田 用 界 界 界 界
197	全	ゼン まった (all)	全部（ゼンブ）all 安全（アンゼン）safety　　全国（ゼンコク）whole country 全く（まったく）entirely
			(6) ノ 入 入 全 全 全
198	部	ブ　ヘ (part; section)	全部（ゼンブ）all　　部屋（へや）room テニス部（テニスブ）tennis club 部長（ブチョウ）department manager
			(11) 丶 亠 ナ 立 立 咅 咅 咅 部 部 部
199	始	はじ シ (to begin)	始まる（はじまる）(something) begins 始める（はじめる）to begin (something) 始発（シハツ）first train
			(8) く タ 女 女 如 始 始 始
200	週	シュウ (week)	毎週（マイシュウ）every week　　先週（センシュウ）last week 二週目（ニシュウめ）second week 週末（シュウマツ）weekend
			(11) 丿 刀 刀 円 円 円 周 周 调 週 週
201	以	イ (by means of; compared with)	〜以上（イジョウ）... or more 〜以下（イカ）... or less　　以前（イゼン）before; formerly 以後（イゴ）hereafter
			(5) 丨 以 以 以 以

202	考	かんが コウ (to think; idea)	考える（かんがえる）to think 考え（かんがえ）idea　考古学（コウコガク）archeology 参考（サンコウ）reference ⑹ 一 十 土 耂 耂 考
203	開	あ ひら カイ (to open)	開ける（あける）to open (something) 開く（あく）(something) opens　開く（ひらく）to open (something)　開店（カイテン）opening of a store ⑿ 丨 冂 冂 冃 冃 門 門 門 門 閂 閉 開
204	屋	や オク (shop; house)	部屋（へや）room　本屋（ほんや）book store 魚屋（さかなや）fish shop　屋上（オクジョウ）rooftop 屋内（オクナイ）indoor ⑼ 一 コ コ 尸 尸 居 居 屋 屋
205	方	かた がた ホウ (direction; person)	味方（ミかた）person on one's side 読み方（よみかた）way of reading 夕方（ゆうがた）evening　両方（リョウホウ）both ⑷ 丶 亠 方 方
206	運	ウン はこ (transport; luck)	運動（ウンドウ）exercise　運転（ウンテン）driving 運がいい（ウンがいい）lucky　運命（ウンメイ）fate 運ぶ（はこぶ）to carry ⑿ 丶 宀 冖 冖 冃 冃 宣 宣 軍 軍 運 運
207	動	ドウ うご (to move)	運動（ウンドウ）exercise 動く（うごく）to move　自動車（ジドウシャ）automobile 動物（ドウブツ）animal ⑾ 一 一 一 一 一 一 重 重 重 動 動
208	教	おし キョウ (to teach)	教える（おしえる）to teach　教室（キョウシツ）classroom 教会（キョウカイ）church　キリスト教（キリストキョウ） Christianity　教科書（キョウカショ）textbook ⑾ 一 十 土 耂 耂 孝 孝 孝 教 教 教
209	室	シツ (room)	教室（キョウシツ）classroom 研究室（ケンキュウシツ）professor's office　地下室（チカ シツ）basement　待合室（まちあいシツ）waiting room ⑼ 丶 丶 宀 宀 宀 宏 宏 室 室

(In this chart, *katakana* indicates the *on'yomi* and *hiragana* indicates the *kun'yomi*.)

Ⅰ 漢字の練習
かんじ れんしゅう

A. 次の漢字の読み方を覚えましょう。太字は新しい読み方です。
かんじ よ かた おぼ ふとじ

空 （そら）　　　　小学生 （ショウガクセイ）　　　出す （だす）

場所 （ばショ）　　　海外 （カイガイ）　　　（☞ 空 (156)　小 (061)
出 (049)　所 (127)）

B. 次の漢字を読みましょう。（答は下にあります。）
かんじ よ こたえ

1. 国　　　2. 来た　　　3. 使う　　　4. 次

5. 自分　　6. 書く　　7. 食べる　　8. 八千万

9. 売れる　　10. テストの前

Ⅱ まんが「ドラえもん」

単　語
たん ご

① 空 （そら）　sky
① 飛ぶ （とぶ）　to fly [u-verb]
① 違う （ちがう）　to be different [u-verb]
③ そんな〜　such . . .
④ 未来 （みらい）　future
④ ロボット　robot
⑤ 道具 （どうぐ）　tool
⑤ ポケット　pocket
⑥ 小学生 （しょうがくせい）　elementary school students
⑥ 助ける （たすける）　to help; to rescue [ru-verb]
⑭ 喜んで （よろこんで）　happily
⑰ 続く （つづく）　to continue [u-verb]

⑱ 〜以上 （〜いじょう）　. . . or more
⑱ 売れる （うれる）　to be sold [ru-verb]
⑳ 例えば （たとえば）　for example
⑳ どこでも　anywhere
㉑ すると　. . . Then, . . .
㉒ 場所 （ばしょ）　place
㉕ また　in addition
㉕ 弱い （よわい）　weak
㉕ 味方 （みかた）　person on one's side
㉙ こと　things; matters
㉚ 戻る （もどる）　to return; to go back [u-verb]
㉚ 教室 （きょうしつ）　classroom
㉟ 海外 （かいがい）　overseas

[Ⅰ-Bの答]　1. くに　2. きた　3. つかう　4. つぎ　5. じぶん　6. かく　7. たべる
こたえ　　8. はっせんまん　9. うれる　10. テストのまえ

A. 質問に答えてください。

1. あなたはどんなまんがを見たことがありますか。
   日本のまんがを知っていますか。

2. 右の絵は「ドラえもん」です。何だと思いますか。
   「ドラえもん」を見たことがありますか。あなたの国でも「ドラえもん」が見られますか。

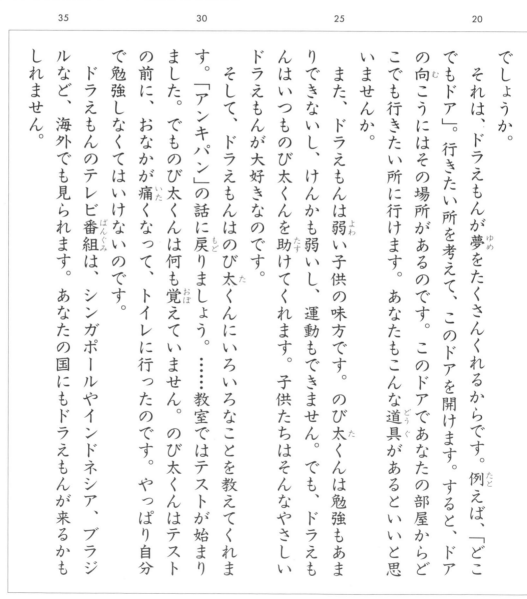

B. まんが「ドラえもん」について読みましょう。

でしょうか。

それは、ドラえもんが夢をたくさんくれるからです。例えば、「どこでもドア」。行きたい所を考えて、このドアを開けます。すると、ドアの向こうにはその場所があるのです。このドアであなたの部屋からどこでも行きたい所に行けます。あなたもこんな道具があるといいと思いませんか。

また、ドラえもんは弱い子供の味方です。のび太くんは勉強もあまりできないし、けんかも弱いし、運動もできません。でも、ドラえもんはいつものび太くんを助けてくれます。子供たちはそんなやさしいドラえもんが大好きなのです。

そして、ドラえもんはのび太くんにいろいろなことを教えてくれます。「アンキパン」の話に戻りましょう。……教室ではテストが始まりました。でものび太くんは何も覚えていません。のび太くんはテストの前に、おなかが痛くなって、トイレに行ったのです。やっぱり自分で勉強しなくてはいけないのです。

ドラえもんのテレビ番組は、シンガポールやインドネシア、ブラジルなど、海外でも見られます。あなたの国にもドラえもんが来るかもしれません。

C. 質問に答えてください。

1. ドラえもんはどこから来ましたか。

2. ドラえもんはポケットの中に何を持っていますか。

3. 「アンキパン」はどんな道具ですか。

4. 「どこでもドア」はどんな道具ですか。

5. のび太くんのテストはどうでしたか。

6. どうして「ドラえもん」は人気がありますか。三つ書いてください。

7. 「ドラえもん」のテレビ番組はどんな国で見られますか。

15　　　　　　10　　　　　　5　　　　　　1

ドラえもん

子供の時、「空を飛んでみたい」「違う世界に行ってみたい」と思いませんでしたか。まんが「ドラえもん」の中でそんな夢がかないます。

ドラえもんは未来から来たロボットです。未来のいろいろな便利な道具をポケットの中に持っていて、小学生ののび太くんが困った時、その道具を使って助けてくれます。

ある日、のび太くんはテストがあるのを忘れて、ぜんぜん勉強しませんでした。困ったのび太くんはドラえもんに言いました。「ドラえもん、助けてよ。次のテストは自分で勉強するから。」ドラえもんはポケットからパンを出して、のび太くんにあげました。「これは『アンキパン』だよ。覚えたいことをこのパンに書いて、食べてみて。覚えられるから。」のび太くんはパンに書いて、全部食べました。もうテストは大丈夫です。のび太くんは喜んで学校に行きました……。

まんが「ドラえもん」は一九七〇年に雑誌で始まりました。七三年にはテレビ番組になり、今も毎週続いています。ドラえもんの本は今までに八千万冊以上売れました。どうしてドラえもんは人気があるの

©藤子プロ

D. In what order did the following events take place? Write the number in each
　　（　　）.

　　（　　）のび太くんはおなかが痛くなったので、トイレに行った。

　　（　　）のび太くんはテストがぜんぜんできなかった。

　　（　　）のび太くんは「アンキパン」に覚えたいことを書いて、全部食べた。

　　（　　）のび太くんはテストがあるのを忘れていた。

　　（　　）ドラえもんはポケットから「アンキパン」を出した。

　　（　　）のび太くんは困って、ドラえもんに相談した。

E. 次の質問に答えましょう。

　　1. あなたは「アンキパン」で何を覚えたいですか。

　　2. あなたはどんな時「どこでもドア」を使いたいですか。

Ⅲ 書く練習

あなたは、ドラえもんにどんな道具を出してもらいたいですか。ほしい道具について書きま
しょう。

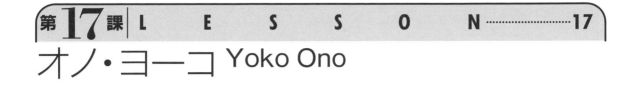

第17課 | L E S S O N ·······17
オノ・ヨーコ Yoko Ono

210	歳 (year; age)	サイ セイ	二十五歳（ニジュウゴサイ）twenty-five years old お歳暮（おセイボ）year-end gift 二十歳（はたち）twenty years old (13) ノ ト ヒ 产 产 产 芹 芹 芹 岸 歳 歳 歳
211	習 (to learn)	なら シュウ	習う（ならう）to learn 習字（シュウジ）calligraphy　練習（レンシュウ）practice 習慣（シュウカン）habit; custom (11) フ ㅋ ㅋ ㅋㅋ ㅋㅋ ㅋㅋ ㅋㅋ 羽 羽 習 習
212	主 (main; lord)	おも シュ ぬし	主に（おもに）mainly　ご主人（ごシュジン）husband 主婦（シュフ）housewife　主語（シュゴ）subject of a sentence　持ち主（もちぬし）owner (5) ` 二 宁 宇 主
213	結 (to tie; to join)	ケツ ケツ むす	結婚する（ケッコンする）to marry 結果（ケッカ）result　結論（ケツロン）conclusion 結ぶ（むすぶ）to tie a knot (12) く ㄠ ㄠ 幺 糸 糸 糸 糽 紅 結 結 結
214	婚 (marriage)	コン	結婚する（ケッコンする）to marry 離婚（リコン）divorce　婚約者（コンヤクシャ）fiancée (11) く 女 女 妒 妒 妒 姓 婚 婚 婚
215	集 (to gather)	あつ シュウ	集める（あつめる）to collect 特集（トクシュウ）(magazine) feature 集中する（シュウチュウする）to concentrate (12) ノ イ イ 伊 仹 仹 佳 佳 隹 隼 集 集
216	発 (to start; to reveal)	ハツ ハツ パツ	発表する（ハッピョウする）to make public; to give a presentation　発音（ハツオン）pronunciation 出発（シュッパツ）departure (9) フ ⺈ ⺈ 癶 癶 癶 咝 𤼦 発
217	表 (to express; surface)	ピョウ ヒョウ あらわ	発表する（ハッピョウする）to make public; to give a presentation 表紙（ヒョウシ）cover page　表す（あらわす）to express (8) 一 二 十 主 丰 表 表 表

218	品	ヒン しな (goods; refinement)	作品（サクヒン）piece of work 上品な（ジョウヒンな）elegant 品物（しなもの）merchandise article (9) ノ 口 口 口 口 品 品 品 品
219	字	ジ (character; letter)	文字（モジ）character 赤字（あかジ）deficit　名字（ミョウジ）family name 大文字（おおモジ）uppercase letters　漢字（カンジ）kanji (6) ｀ ｀ ｀ 宀 字 字
220	活	カツ カッ (lively)	活動（カツドウ）activity　生活（セイカツ）(daily) life 活発な（カッパツな）active (9) ｀ ｀ ｀ 氵 氵 汗 汗 活 活
221	写	シャ うつ (to copy)	写真（シャシン）photograph 写生（シャセイ）sketch　写す（うつす）to copy (5) ｀ 写 写 写 写
222	真	シン ま (true; reality)	写真（シャシン）photograph 真ん中（まんなか）center　〜の真上（〜のまうえ）right above . . .　真夜中（まよなか）midnight (10) 一 十 十 市 市 市 盲 直 真 真
223	歩	ある ホ　ポ (to walk)	歩く（あるく）to walk 歩道（ホドウ）sidewalk　散歩する（サンポする）to stroll (8) ノ 上 止 止 牛 牛 歩 歩
224	野	ヤ　の (field)	分野（ブンヤ）realm; field　小野さん（おのさん）Mr./ Ms. Ono　長野（ながの）Nagano 野球（ヤキュウ）baseball　野菜（ヤサイ）vegetable (11) ノ 口 日 日 甲 甲 里 野 野 野 野

(In this chart, *katakana* indicates the *on'yomi* and *hiragana* indicates the *kun'yomi*.)

Ⅰ 漢字の練習

A. 次の漢字の読み方を覚えましょう。太字は新しい読み方です。

音楽家（オンガクカ）　　作品（サクヒン）　　開く（ひらく）

文字（モジ）　　二人（ふたり）　　年代（ネンダイ）

正しい（ただしい）　（☞ 作 (076)　開 (203)　文 (070)　二 (002)　人 (018)　正 (103)）

B. 次の漢字を読みましょう。（答は次のページの下にあります。）

1. 生まれる　　2. 悪い　　3. 帰る　　4. 会う

5. 名前　　6. 見る　　7. 三年後　　8. 作る

9. この年　　10. 歌

Ⅱ オノ・ヨーコ

単語

60年代（ロクジュウネンダイ）60's
② 関係（かんけい）relations
④ 芸術（げいじゅつ）art
⑤ 主に（おもに）mainly
⑥ 音楽家（おんがくか）musician
⑦ 詩（し）poem
⑦ 発表する（はっぴょうする）to make public; to publish [irr. verb]
⑨ 数える（かぞえる）to count [ru-verb]
⑩ 雲（くも）cloud
⑪ 名前をつける（なまえをつける）to name [ru-verb]
⑫ 完成する（かんせいする）to be completed [irr. verb]

⑫ このような like this
⑬ 作品（さくひん）artistic piece
⑭ 展覧会（てんらんかい）art exhibition
⑭ 開く（ひらく）to hold (an event) [u-verb]
⑯ 天井（てんじょう）ceiling
⑰ 文字（もじ）letter; character
㉒ 〜のためのX X for the sake of . . .
㉒ 活動（かつどう）activities
㉘ 裸（はだか）naked
㉜ 正しい（ただしい）correct
㊶ 大ヒット（だいヒット）big hit
㊶ しかし however
㊻ 分野（ぶんや）field; realm

A. 質問に答えてください。

1. 左の英語は右のカタカナのどれですか。

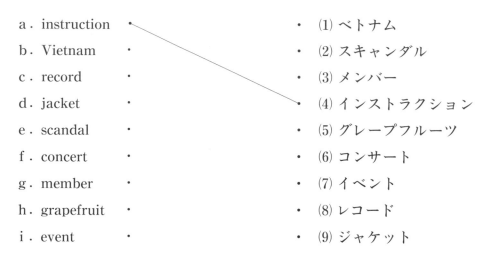

a. instruction ・　　　　　　　　・ (1) ベトナム

b. Vietnam ・　　　　　　　　・ (2) スキャンダル

c. record ・　　　　　　　　・ (3) メンバー

d. jacket ・　　　　　　　　・ (4) インストラクション

e. scandal ・　　　　　　　　・ (5) グレープフルーツ

f. concert ・　　　　　　　　・ (6) コンサート

g. member ・　　　　　　　　・ (7) イベント

h. grapefruit ・　　　　　　　　・ (8) レコード

i. event ・　　　　　　　　・ (9) ジャケット

2. ビートルズを知っていますか。あなたはビートルズの歌が歌えますか。

3. ビートルズは60年代に人気がありました。
   60年代にどんなことがありましたか。

4. この人はオノ・ヨーコです。
   どんな人だと思いますか。

© The Japan Times, Ltd.

[Ⅰ-B の答] 1. うまれる　2. わるい　3. かえる　4. あう　5. なまえ　6. みる　7. さんねんご
　　　　　　 8. つくる　9. このとし　10. うた

B. オノ・ヨーコの伝記 (biography) を読みましょう。

1　オノ・ヨーコは1933年2月18日に東京で生まれました。ヨーコは父の仕事でアメリカに住んでいましたが、日本とアメリカの関係が悪くなったので、八歳の時、日本に帰りました。

　ヨーコの両親は芸術が好きで、ヨーコも子供の時、ピアノを習いました。ヨーコは1953年、ニューヨークの大学に入って、主に音楽を勉強していましたが、そこで若い日本人音楽家に会い、結婚しました。

　1964年、ヨーコは自分の詩を集めて『グレープフルーツ』を発表します。ヨーコの詩は短くて、俳句*みたいです。

　　　　　　数える

10　　　　　　　雲を数えて
　　　　　　　　名前をつける

　上の詩は、読んだ人が雲を数えて名前をつけた時に完成します。このような作品は「インストラクション・アーツ」と言います。

　1966年、ヨーコはイギリスで展覧会を開きます。作品の一つは、「は
15 しご*と虫めがね」でした。見に来た人は、はしごの上で虫めがねを使って天井を見るのです。ある日、一人の髪が長い男が来て、虫めがねで天井の小さい" yes "の文字を見ました。" Yes "——この言葉に、男はとても感動しました。この男の名前はジョン・レノン。有名なロック・バンド、ビートルズのメンバーでした。二人は三年後に結婚しました。

20　1960年代、世界はベトナム戦争の中にありました。ヨーコとジョンも、平和のための活動をたくさんしていました。1969年に二人は有名な「ベッド・イン」イベントを開きました。ベッド
25 に寝ているヨーコとジョンの写真を

写真提供：飯村隆彦

あなたも見たことがあるかもしれません。

　1970年代、ジョンはビートルズをやめ、ヨーコとレコードを作りました。二人のレコードのジャケットは二人の裸（はだか）の写真だったので、スキャンダルになりました。ジョンがビートルズをやめた時、人々はジョンは
30　ヨーコに会ったからビートルズをやめたのだと言いました。でも、ジョンはヨーコに会う前に、もうビートルズをやめたいと思っていたと言っていますから、これは正しくないでしょう。1975年、ヨーコとジョンの間には男の子ショーンが生まれ、ジョンは音楽活動をやめて「主夫*（しゅふ）」になります。

『ダブル・ファンタジー』
（東芝EMI）

35　　1980年、五歳のショーンはビートルズの映画を見て、ジョンに「お父さんは昔、ビートルズだったの？」と聞いたそうです。それを聞いて、ジョンはまた音楽活動を始めました。この年、ジョンとヨーコが作ったレコードが『ダブル・ファンタジー』です。
40　このレコードの中の歌、「スターティング・オーバー」は大ヒットになりました。しかし、この年の12月8日、ヨーコとジョンがニューヨークの家の前を歩いていた時、ジョンは銃で撃たれ*（じゅう　う）ました。

　ジョンが死んでからも、オノ・ヨーコはレコードやCDを出したり、
45　平和（へいわ）のためのコンサートを開いたりしています。そして、1990年ごろからまたほかの芸術（げいじゅつ）の分野でも活動を始めています。

●俳句（はいく）　　　　　　　　　　　　haiku (Japanese poetry)
●はしご　　　　　　　　　　　　　　　　ladders
●虫めがね（むしめがね）　　　　　　　　magnifying glass
●主夫（しゅふ）　　　　　　　　　　　　"house husband"; "stay at home dad"
●銃で撃たれる（じゅうでうたれる）　　　be shot

C. 質問に答えてください。
しつもん こた

1. オノ・ヨーコの年表 (chronology) を作りましょう。
ねんぴょう

1933年	オノ・ヨーコ（小野洋子）	＿＿＿＿＿＿＿
		よう
1935年	アメリカに行く	
＿＿年	アメリカから帰る	
＿＿年	大学に入る	
1956年	結婚する	
＿＿年	『グレープフルーツ』を出す	
1966年	＿＿＿＿＿＿＿＿＿＿＿＿＿	
1969年	ジョン・レノンと結婚する	
	＿＿＿＿＿＿＿＿＿＿＿＿＿	
1975年	＿＿＿＿＿＿＿＿＿＿＿＿＿	
1980年	ジョンとヨーコ、『ダブル・ファンタジー』を出す	
	＿＿＿＿＿＿＿＿＿＿＿＿＿	

2. 1966年のヨーコの展覧会を絵にかきましょう。
てんらんかい え

Ⅲ 書く練習

れん

A. あなたが知っている人について書きましょう。

B. インストラクション・アーツを書きましょう。

第18課 | L E S S O N 18

大学生活 College Life

225	目	モク め (eye)	目的（モクテキ）purpose　　目（め）eyes 目薬（めぐすり）eye drops 目上の人（めうえのひと）one's superiors
			⑸ 丨 冂 冃 月 目
226	的	テキ まと (target; -ish)	目的（モクテキ）purpose 現代的（ゲンダイテキ）modern 社会的（シャカイテキ）social　　的（まと）target
			⑻ ノ 亻 亣 白 白 白 的 的
227	力	ちから リョク　リキ (power)	力仕事（ちからしごと）physical labor such as construction 協力（キョウリョク）cooperation 努力（ドリョク）endeavor　　力士（リキシ）sumo wrestler
			⑵ フ 力
228	洋	ヨウ (ocean; overseas)	洋服（ヨウフク）clothes 東洋（トウヨウ）Asia　　洋食（ヨウショク）Western food 大西洋（タイセイヨウ）the Atlantic
			⑼ 丶 冫 氵 氵 浐 浐 淬 洋 洋
229	服	フク (clothes)	服（フク）clothes　　洋服（ヨウフク）Western clothes 制服（セイフク）uniform
			⑻ 丿 刀 月 月 月 肝 服 服
230	堂	ドウ (hall)	食堂（ショクドウ）dining room 公会堂（コウカイドウ）public hall 堂々とした（ドウドウとした）dignified; imposing
			⑾ 丨 丷 丷 丷 씀 尚 尚 尚 堂 堂 堂
231	授	ジュ さずか (to instruct)	授業（ジュギョウ）class 教授（キョウジュ）professor 授かる（さずかる）to be given
			⑾ 一 扌 扌 扩 扩 护 护 护 授 授
232	業	ギョウ (business; vocation)	授業（ジュギョウ）class　　職業（ショクギョウ）occupation 産業（サンギョウ）industry サービス業（サービスギョウ）service industry
			⒀ 丨 丷 丷 丷 丵 丵 丵 芈 業 業 業 業 業

233	試	シ こころ (test; to try)	試験（シケン）exam 試合（シアイ）game; match　　入試（ニュウシ）entrance exam　　試みる（こころみる）to try
			⒀ ` 冫 冫 三 言 言 言 訂 計 計 試 試
234	験	ケン (to examine)	試験（シケン）exam 実験（ジッケン）experiment　　経験（ケイケン）experience
			⒅ 丨 匚 Π ㄇ ㄇ 馬 馬 馬 馬 馬 馬 駼 駼 駼 駼 驗 驗 驗
235	貸	か タイ (to lend; loan)	貸す（かす）to lend 貸し出し（かしだし）lending 賃貸マンション（チンタイマンション）apartment for rent
			⑿ 丿 亻 亻 代 代 代 伐 侪 貸 貸 貸 貸
236	図	ト ズ はか (drawing; to devise)	図書館（トショカン）library　　地図（チズ）map 図る（はかる）to devise
			⑺ 丨 冂 冂 冂 汐 図 図
237	館	カン (building; hall)	図書館（トショカン）library　　映画館（エイガカン）movie theater　　旅館（リョカン）Japanese inn 大使館（タイシカン）embassy
			⒃ 丿 乀 乀 乀 乀 乀 乀 食 食 食' 食' 飣 館 館 館 館 館
238	終	お シュウ (end)	終わる（おわる）to come to an end 終わり（おわり）end 最終〜（サイシュウ〜）the last . . .
			⑾ 乀 幺 乡 乡 乡 糸 終 終 終 終 終
239	宿	シュク やど (inn; to lodge in)	宿題（シュクダイ）homework 下宿（ゲシュク）boardinghouse 宿泊（シュクハク）lodging　　宿（やど）inn
			⑾ 丶 丶 宀 宀 宀 疒 宿 宿 宿 宿 宿
240	題	ダイ (title; topic)	宿題（シュクダイ）homework 話題（ワダイ）topic of conversation　　題（ダイ）title
			⒅ 丨 冂 日 日 旦 早 早 昇 是 是 匙 匙 題 題 題 題 題 題

(In this chart, *katakana* indicates the *on'yomi* and *hiragana* indicates the *kun'yomi*.)

Ⅰ 漢字の練習

A. 次の漢字の読み方を覚えましょう。太字は新しい読み方です。

女子（ジョシ）　　　男子（ダンシ）　　　電気代（デンキダイ）

入れる（いれる）　　毎月（マイつき）　　食堂（ショクドウ）

三日（みっか）　　　空手（からて）　　　親しい（したしい）

来週（ライシュウ）　図書館（トショカン）

（☞　女 (038)　子 (060)　男 (039)　入 (072)　月 (019)　食 (042)
　　　三 (003)　日 (016)　空 (156)　親 (166)　書 (093)）

B. 次の漢字を読みましょう。（答は下にあります。）

1. 学生　　　2. 店　　　3. 旅行　　　4. 一か月

5. 生活　　　6. 飲む　　　7. 楽しみ

Ⅱ 大学生のアルバイト

単　語

目的（もくてき）object; purpose　　　力仕事（ちからしごと）physical labor such as
女子学生（じょしがくせい）female student　　　construction
男子学生（だんしがくせい）male student　　　洋服（ようふく）clothes
家庭教師（かていきょうし）tutor　　　サークル　club
　　　生活費（せいかつひ）the cost of living

［Ⅰ-Bの答］　1. がくせい　2. みせ　3. りょこう　4. いっかげつ　5. せいかつ　6. のむ
　　　　7. たのしみ

A. 質問に答えてください。

1. あなたはアルバイトをしていますか。

   どんなアルバイトをしましたか／していますか。

2. あなたのアルバイトの目的は何ですか。

3. あなたの国で人気があるアルバイトは何ですか。

B. ある新聞が日本の大学生のアルバイトについて調べました。下のグラフ (graph) を見て、質問に答えてください。

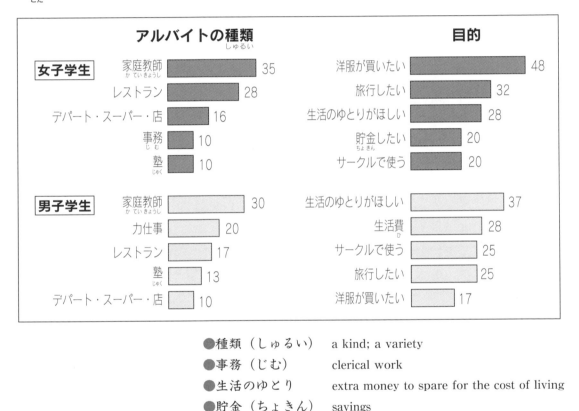

アルバイトの種類	目的

女子学生
- 家庭教師 35
- レストラン 28
- デパート・スーパー・店 16
- 事務 10
- 塾 10

目的（女子学生）
- 洋服が買いたい 48
- 旅行したい 32
- 生活のゆとりがほしい 28
- 貯金したい 20
- サークルで使う 20

男子学生
- 家庭教師 30
- 力仕事 20
- レストラン 17
- 塾 13
- デパート・スーパー・店 10

目的（男子学生）
- 生活のゆとりがほしい 37
- 生活費 28
- サークルで使う 25
- 旅行したい 25
- 洋服が買いたい 17

● 種類（しゅるい）　　a kind; a variety
● 事務（じむ）　　　　clerical work
● 生活のゆとり　　　　extra money to spare for the cost of living
● 貯金（ちょきん）　　savings

1. 男子学生にも女子学生にも人気があるアルバイトは何ですか。

2. 男子学生だけに人気があるアルバイトは何ですか。

3. 女子学生のアルバイトの目的で一番多いのは何ですか。

4. 女子学生と男子学生のアルバイトの目的は違いますか。

Ⅲ 橋本くんの大学生活
はしもと

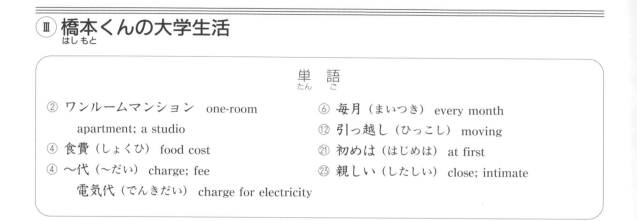

単　語
たん　ご

② ワンルームマンション　one-room
　　apartment; a studio
④ 食費（しょくひ）food cost
④ 〜代（〜だい）charge; fee
　　電気代（でんきだい）charge for electricity

⑥ 毎月（まいつき）every month
⑫ 引っ越し（ひっこし）moving
㉑ 初めは（はじめは）at first
㉓ 親しい（したしい）close; intimate

A. グラフの後に新聞は大学生の橋本くんの生活を紹介しています。
　　　　　　　　　　はしもと　　　　しょうかい

15　　　　　　10　　　　　　5　　　　　　1

橋本くんは大学三年生だ。大
学のそばのワンルームマンショ
ンに住んでいる。家賃は一か月
五万円だ。食費、電気代などを
入れて、一か月の生活費は、十
万円ぐらいだ。毎月、両親が十
一万円送ってくれる。
　今、家庭教師をしたり、大学
の食堂でアルバイトをしたりし
ている。家庭教師は一週間に一
回、食堂は三日だ。ときどき、
引っ越しなどの力仕事もする。
アルバイトをしながら勉強する
のは大変だ。よく遅刻したり、
授業をサボったりしてしまう。
橋本くんは空手のサークルに
入っている。一週間に三日、練
キーに行くのを楽しみにしてい

習をする。また、ときどきサー
クルのみんなと飲みに行く。「大
きらいなお酒を飲まなくちゃい
けないから、初めはあまり行き
たくなかったんです。でも、そ
のおかげで、先輩たちと親しく
なれたし、今の彼女にも会えた
んですよ。」
　来週から試験が始まる。同じ
クラスの友だちにノートを貸し
てもらって、図書館で勉強する
つもりだ。「もっと早く勉強を始
めればよかった」と思っている。
橋本くんは今、試験が終わって
から、サークルのみんなとス
る。

B. 質問に答えてください。
しつもん こた

1. 橋本くんはどんな所に住んでいますか。
はしもと

2. 橋本くんはどんなアルバイトをしていますか。

3. 橋本くんはアルバイトをしなかったら、家賃が払えませんか。
や ちん はら

4. 橋本くんはいい学生だと思いますか。どうしてですか。

5. 橋本くんはサークルの友だちと飲みに行って、どんないいことがありましたか。

6. 橋本くんは、今、何をしなくてはいけませんか。

C. 下は一人で生活している大学生の生活費です。あなたの国の大学生はいくらぐらい使いますか。生活費を書きましょう。
ひ

	日本の大学生の 生活費 ひ	あなたの国の大学生の 生活費
食費 しょく ひ	31,590　円	円
家賃・電気代など や ちん	50,030　円	円
本代	3,660　円	円
電車・バス代など	3,690　円	円
その他 (others) た	32,610　円	円
計 (total) けい	121,580　円	円

参考：全国大学生活協同組合連合会「学生の
消費生活に関する実態調査」(1996年)

D. 次の文を読んで、あなたがすることに○、しないことに×を書いてください。

（　　）1. 授業を聞きながら、ときどき寝てしまう。
ね

（　　）2. 今年、五回以上授業をサボってしまった。
かい

（　　）3. よく朝寝坊をする。
ね ぼう

（　　）4. よく友だちに宿題を見せてもらう。

（　　）5. よく宿題を忘れる。
わす

（　　）6. よく授業に遅刻する。
ち こく

（　　）7. やさしい先生のほうがきびしい先生より好きだ。

（　　）8. 試験の後、「もっと勉強すればよかった」とよく思う。

いくつ〇がありましたか。

7～8	……とても悪い学生
5～6	……悪い学生
3～4	……普通の（average）学生
1～2	……いい学生
0	……とてもいい学生

Ⅳ 書く練習

A. あなたの友だちの生活について書きましょう。

B. 興味があることについてアンケートを作って聞きましょう。アンケートの後で、わかったことを書きましょう。

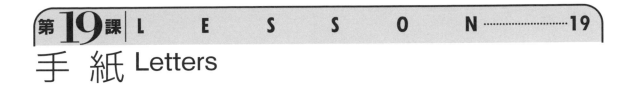

第19課 LESSON 19

手 紙 Letters

241	春 (spring)	はる シュン	春（はる）spring　　春巻（はるまき）spring roll 春分（シュンブン）vernal equinox 青春（セイシュン）youth
			(9) 一 二 三 丰 夫 未 耂 春 春
242	秋 (autumn)	あき シュウ	秋（あき）autumn 秋学期（あきガッキ）fall semester 秋分（シュウブン）autumnal equinox
			(9) 一 二 千 千 禾 禾 禾 秒 秋
243	冬 (winter)	ふゆ トウ	冬（ふゆ）winter　　冬休み（ふゆやすみ）winter vacation 暖冬（ダントウ）warm winter 春夏秋冬（シュンカシュウトウ）four seasons
			(5) ノ ク タ 冬 冬
244	花 (flower)	はな カ	花（はな）flower 花見（はなみ）flower viewing　　花火（はなび）fireworks 花粉症（カフンショウ）hay fever
			(7) 一 十 艹 ヴ ヴ 花 花
245	様 (Mr.; Ms; condition)	さま ヨウ	〜様（〜さま）Mr./Ms. . . . お客様（おキャクさま）dear customer 皆様（みなさま）everyone　　様子（ヨウス）manner
			(14) 一 十 才 オ ギ ギ ギ 样 样 样 样 様 様 様
246	不 (negative; non-)	フ ブ	不安な（フアンな）uneasy; worried 不景気（フケイキ）recession　　不便（フベン）inconvenience 水不足（みずブソク）water shortage
			(4) 一 フ 不 不
247	姉 (older sister)	あね　ねえ シ	姉（あね）older sister お姉さん（おねえさん）older sister 姉妹（シマイ）sisters
			(8) く タ 女 女' 女゛ 妨 姉 姉
248	兄 (older brother)	あに　にい キョウ　ケイ	兄（あに）older brother お兄さん（おにいさん）older brother 兄弟（キョウダイ）brothers　　父兄（フケイ）guardians
			(5) ノ ロ ロ ア 兄

249	漢	カン （China）	漢字（カンジ）Chinese character 漢方薬（カンポウヤク）Chinese herbal medicine 漢和辞典（カンワジテン）kanji dictionary
			⒀ 丶 氵 氵 氵 氵 氵 泸 浩 泄 淖 漢 漢
250	卒	ソツ （to graduate）	卒業する（ソツギョウする）to graduate 卒業式（ソツギョウシキ）graduation ceremony
			⑻ 丶 亠 广 攻 杉 杉 卆 卒
251	工	コウ ク （craft; construction）	工学（コウガク）engineering 工事（コウジ）construction　工場（コウジョウ）factory 大工（ダイク）carpenter
			⑶ 一 丁 工
252	研	ケン と （to polish; study）	研究（ケンキュウ）research 研修（ケンシュウ）training　研ぐ（とぐ）to sharpen
			⑼ 一 厂 石 石 石 矸 矿 研 研
253	究	キュウ きわ （research）	研究（ケンキュウ）research 探究（タンキュウ）inquiry 究める（きわめる）to investigate thoroughly
			⑺ 丶 宀 宀 宀 空 究 究
254	質	シツ シチ （quality; matter）	質問（シツモン）question 質がいい（シツがいい）good quality 質屋（シチや）pawn shop
			⒂ 丿 斤 斤 斤 斤 斦 斦 斦 斦 筲 筲 笤 質 質
255	問	モン と （question）	質問（シツモン）question 問題（モンダイ）problem　訪問（ホウモン）visit 問う（とう）to question
			⑾ 丨 冂 冂 冋 門 門 門 門 問 問
256	多	おお タ （many; much）	多い（おおい）many 〜の多く（〜のおおく）many of . . . 多数決（タスウケツ）decision by majority
			⑹ 丿 夕 夕 多 多

(In this chart, *katakana* indicates the *on'yomi* and *hiragana* indicates the *kun'yomi*.)

① 漢字の練習

A. 次の漢字の読み方を覚えましょう。太字は新しい読み方です。

世話 (セワ)　　不安 (フアン)　　思い出す (おもいだす)

大切 (タイセツ)　　友人 (ユウジン)　　大学院 (ダイガクイン)

(☞　安 (151)　大 (055)　友 (094))

B. 次の漢字を読みましょう。（答は下にあります。）

1. 手紙　　2. さむい日　　3. 出る　　4. 上手

5. 教える　　6. 本当に　　7. 来年　　8. その時

9. 十日　　10. 特に

[①-B の答] 1. てがみ　2. さむいひ　3. でる　4. じょうず　5. おしえる　6. ほんとうに
7. らいねん　8. そのとき　9. とおか　10. とくに

Ⅱ お礼の手紙
れい

単 語

② いかが　how (polite expression of どう)

④ たつ　(time) pass [*u*-verb]

⑤ 〜中（〜ちゅう）　while . . .

⑤ たいへん　greatly

⑤ お世話になる（おせわになる）　to be in someone's care（〜に）

⑩ 思い出す（おもいだす）　to recall [*u*-verb]

⑫ なつかしい　to miss; to long for

⑰ それでは　well then

⑰ みな様（みなさま）　everyone (polite expression of みなさん)

⑱ 大切にする（たいせつにする）　to take good care of [irr. verb]

A. 質問に答えてください。
こた

1. あなたはよく手紙を書きますか。どんな時に手紙を書きますか。

2. 日本語の手紙はたいてい季節のあいさつ (greeting) で始まります。次の文はどの季節ですか。
き せつ

春　夏　秋　冬

a. 暑い日が続きます。　（　　　）
あつ　　つづ

b. 桜 (cherry tree) の花がきれいな季節になりました。　（　　　）
さくら　　　　　　　　　　　き せつ

c. 今年初めて雪が降りました。　（　　　）
はじ　　ゆき　ふ

d. 山の紅葉がとてもきれいです。　（　　　）
こうよう

B. ジェイソンさんはホームステイの家族へお礼の手紙を書きました。次のページの手紙を読みましょう。
れい

C. 質問に答えてください。
こた

1. ジェイソンさんはどうしてもっと早く手紙を書かなかったのですか。

2. ジェイソンさんは何を思い出しますか。

3. ジェイソンさんは冬休みに何をしますか。

4. ジェイソンさんはいつ日本にもどるつもりですか。

小野様

ロンドンではさむい日がつづいていますが、東京はいかがですか。もっと早く手紙を書こうと思っていたのですが、大学の授業でいそがしくて、日本を出てから三か月もたってしまいました。留学中はたいへんお世話になりました。はじめは日本語がわからなくて、不安でした。でもお母さんとお父さんのおかげで、日本語が上手になりました。日本語や日本の生活についていろいろ教えてくださってどうもありがとうございました。お姉さんといっしょにテニスをしたり、お兄さんとしょうぎをしたりしたことを今も思い出します。日本に行って、本当によかったと思います。あまり好きじゃなかった日本のおふろやまんいん電車も今はなつかしいです。私はこの冬休みは自分で漢字を勉強しようと思っています。来年大学を卒業したら、もう一度日本にもどるつもりです。

その時、会えるのを楽しみにしています。それでは、みな様によろしくおつたえください。お体を大切になさってください。

十二月十日

ジェイソン・グリーンバーグ

●しょうぎ　Japanese chess

Ⅲ マリアさんの手紙

単　語

② 突然（とつぜん）suddenly

② 友人（ゆうじん）friend

⑤ 国際（こくさい）international

⑦ 電気工学（でんきこうがく）
　　electric engineering

⑦ 研究する（けんきゅうする）to do research
　　[irr. verb]

⑨ 受ける（うける）to take (an examination)
　　[ru-verb]

⑩ 〜のために　for . . .

⑪ 申し込む（もうしこむ）to apply (〜に)
　　[u-verb]

⑫ もし〜たら　if . . .

⑭ 質問（しつもん）question

⑭ 申し訳ありません（もうしわけありません）
　　You have my apologies.

⑮ どうぞよろしくお願いします（どうぞよろし
　　くおねがいします）Thank you in advance.

A. マリアさんは日本に留学しているパクさんに手紙を書きました。次のページの手紙を読みましょう。

B. 下の文を完成してください。
かんせい

マリアさんは今カリフォルニア大学で＿＿＿＿＿＿＿＿＿＿を勉強しています。

卒業したら、＿＿＿＿＿＿＿＿＿＿＿＿＿＿＿＿たいと思っています。パク

さんは＿＿＿＿＿＿＿＿＿＿＿＿＿＿＿ています。マリアさんは日本の大

学院について聞きたいので、パクさんに手紙を書きました。手紙で質問を三つし

ました。

1) ＿＿＿＿＿＿＿＿＿＿＿＿＿＿＿＿＿＿＿＿＿＿＿＿＿＿

2) ＿＿＿＿＿＿＿＿＿＿＿＿＿＿＿＿＿＿＿＿＿＿＿＿＿＿

3) ＿＿＿＿＿＿＿＿＿＿＿＿＿＿＿＿＿＿＿＿＿＿＿＿＿＿

パク・スーマン様

　突然のお手紙、失礼します。私はマリア・エバンズと言います。友人のモハメッドさんの紹介でお手紙を書いています。

　私は今、カリフォルニア大学の四年生です。卒業したら、日本の大学院で国際政治を勉強しようと思っています。私の専門は政治で、大学では特にアメリカと日本の関係について勉強しました。パクさんは日本の大学院で電気工学を研究していらっしゃると聞きました。日本の大学院について教えていただけないでしょうか。

　大学院に入る前に、日本語の試験を受けなくてはいけないと聞きましたが、パクさんは試験のためにどんな勉強をなさいましたか。また、日本は生活費が高いので、奨学金に申し込みたいと考えているのですが、どうしたらいいでしょうか。もし奨学金がもらえなかったら、アルバイトを探そうと思っています。留学生がアルバイトを見つけるのはむずかしいでしょうか。質問が多くなってしまって、申し訳ありません。お忙しいと思いますが、どうぞよろしくお願いします。

　二月二十五日

　　　　　　　　　　　　　　　　　マリア・エバンズ

Ⅳ 書く練習

A．お世話になった人にお礼の手紙を書きましょう。

B．質問の手紙を書きましょう。

カード/はがきの表現
Useful Expressions for Greeting Cards

1. New Year's Greetings

あけましておめでとうございます。(Happy New Year)

新年おめでとうございます。(Happy New Year)

謹賀新年 (Happy New Year)

昨年は大変お世話になりました。(Thank you for all your kind help during the past year.)

本年もどうぞよろしくお願いいたします。(I hope for your continued good will this year.)

2. Summer Greetings

暑中お見舞い申し上げます。(I hope you are keeping well during the hot weather./Sending you midsummer greetings.)

3. Sending Congratulations

ご卒業おめでとうございます。(Congratulations on your graduation.)

ご結婚おめでとうございます。(Congratulations on your marriage.)

誕生日おめでとう。(Happy Birthday)

4. Sending Get-well Cards

早くよくなってください。(Get well soon.)

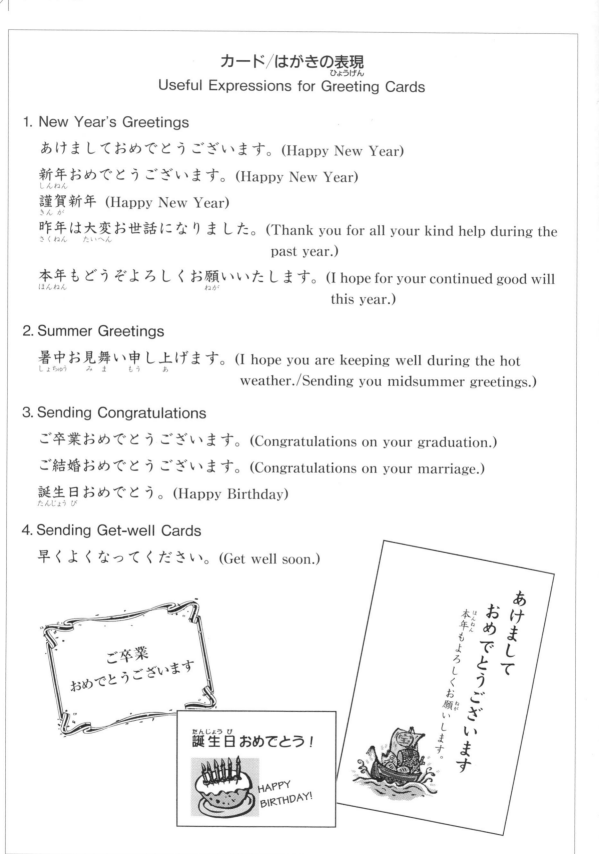

ご卒業
おめでとうございます

誕生日おめでとう！
HAPPY BIRTHDAY!

あけまして
おめでとうございます
本年もよろしくお願いします。

第20課 | L E S S O N 20

猫の皿 A Cat's Plate
ねこ

257	皿 (plate)	さら / ざら	皿 (さら) plate; dish 灰皿 (はいざら) ashtray ⑸ 丿 冂 冂 皿 皿
258	声 (voice)	こえ / セイ	声 (こえ) voice 音声学 (オンセイガク) phonetics 無声映画 (ムセイエイガ) silent movie ⑺ 一 十 士 吉 吉 吉 声
259	茶 (tea)	チャ / サ	お茶 (おチャ) Japanese tea　茶店 (チャみせ) teahouse 紅茶 (コウチャ) black tea　茶色 (チャいろ) brown 喫茶店 (キッサテン) cafe ⑼ 一 十 艹 艻 艾 苓 苶 茶 茶
260	止 (to stop)	と / シ	止まる (とまる) (something) stops 中止する (チュウシする) to cancel 禁止する (キンシする) to prohibit ⑷ 丨 卜 此 止
261	枚 (sheet of . . .)	マイ	一枚 (イチマイ) one sheet 枚数 (マイスウ) number of flat things ⑻ 一 十 才 木 杓 杪 杪 枚
262	両 (both)	リョウ	三両 (サンリョウ) three *ryoo*　両親 (リョウシン) parents 両手 (リョウて) both hands　両替 (リョウがえ) exchange 両方 (リョウホウ) both sides ⑹ 一 丆 丙 丙 両 両
263	無 (none)	ム / ブ / な	無理な (ムリな) impossible 無駄な (ムダな) wasteful　無料 (ムリョウ) free of charge 無礼な (ブレイな) rude　無い (ない) there is no . . . ⑿ 丿 亠 二 午 缶 缶 無 無 無 無 無 無
264	払 (to pay)	はら / ばら	払う (はらう) to pay 払い戻し (はらいもどし) refund 分割払い (ブンカツばらい) payment in installments ⑸ 一 寸 扌 払 払

No.	Kanji	Readings	Examples
265	心	こころ シン (heart; mind)	心（こころ）heart; mind　心配する（シンパイする）to worry　熱心な（ネッシンな）enthusiastic　安心な（アンシンな）safe　好奇心（コウキシン）curiosity (4) 
266	笑	わら え　ショウ (to laugh)	笑う（わらう）to laugh 微笑む（ほほえむ）to smile 爆笑する（バクショウする）to burst into laughter (10) 
267	絶	ゼッ た　ゼツ (to discontinue)	絶対に（ゼッタイに）definitely 絶える（たえる）to die out 気絶する（キゼツする）to faint　絶望（ゼツボウ）despair (12) 
268	対	タイ ツイ (opposite)	絶対に（ゼッタイに）definitely　反対する（ハンタイする）to oppose　日本対中国（ニホンタイチュウゴク）Japan versus China　一対（イッツイ）a pair (7) 
269	痛	いた ツウ (pain)	痛い（いたい）painful 頭痛（ズツウ）headache 鎮痛剤（チンツウザイ）painkiller (12) 
270	最	サイ もっと (utmost)	最悪（サイアク）the worst　最近（サイキン）recently 最高（サイコウ）the best　最後に（サイゴに）lastly 最も（もっとも）most (12) 
271	続	つづ ゾク (to continue)	続ける（つづける）to continue 手続き（てつづき）procedure　相続する（ソウゾクする）to inherit　連続ドラマ（レンゾクドラマ）serial TV drama (13) 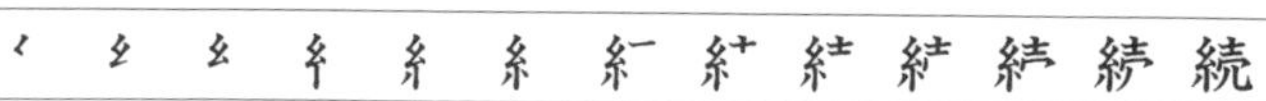

(In this chart, *katakana* indicates the *on'yomi* and *hiragana* indicates the *kun'yomi*.)

① 漢字の練習

A. 次の漢字の読み方を覚えましょう。太字は新しい読み方です。

外（そと）　　何度も（ナンドも）　　最悪（サイアク）

（☞ 外 (057)　悪 (154)）

B. 次の漢字を読みましょう。（答は下にあります。）

1. 時代　2. 始まる　3. 話　4. 人気
5. 所　6. 物　7. 安い　8. 買う
9. 入る　10. 知らない　11. 家族　12. 持っていく

② 猫の皿

単 語

落語（らくご）comic monologue
③ 落語家（らくごか）comic storyteller
④ 身ぶり（みぶり）gesture
⑦ いなか　the country
⑧ 値段（ねだん）price
⑨ 茶店（ちゃみせ）teahouse
⑩ えさ　feed
⑪ 止まる（とまる）to stop
⑫ する　to cost [irr. verb]
⑭ きっと　surely

⑭ 主人（しゅじん）owner
⑭ あんなに　so; such
⑮ だます　to deceive [u-verb]

⑰ 抱く（だく）to hold something in one's arm [u-verb]
⑰ にこにこする　to smile [irr. verb]
⑳ 無理な（むりな）impossible
㉔ うれしそうに　happily
㉖ やった　I did it
㉗ 心（こころ）mind; heart
㉛ 何度も（なんども）many times
㉛ 絶対に（ぜったいに）definitely; no matter what
㉛ 渡す（わたす）to give; to hand [u-verb]
㉜ がっかりする　to be disappointed [irr. verb]
㉜ ひっかく　to scratch [u-verb]
㉞ 最悪（さいあく）the worst
㊳ あぶない　unsafe; dangerous

［①-Bの答］1. じだい　2. はじまる　3. はなし　4. にんき　5. ところ　6. もの
7. やすい　8. かう　9. はいる　10. しらない　11. かぞく　12. もっていく

A. 質問に答えてください。

1. これは日本です。何年ぐらい前だと思いますか。

2. これは何だと思いますか。

3. これは何だと思いますか。

4. この人は何をしていると思いますか。

出典：1. 広重／東都大伝馬街繁栄之図（東京都立中央図書館東京誌料文庫所蔵）
2. 広重／東海道五十三次之内　鞠子（東京国立博物館所蔵）
3. 資料協力：東海銀行貨幣資料館　4. 写真提供：共同通信社

B. 落語「猫の皿」を読みましょう。

1　　落語は今から三百年以上前の江戸時代*に始まりました。この時代に
たくさんの人の前でおもしろい話をして、お金をもらう人がいました。
このおもしろい話を落語と言い、落語をする人を落語家と言います。落
語家は一人でいろいろな声や身ぶりを使って、おもしろい話をします。
5　今でも落語はとても人気があります。

　　江戸時代の落語の一つ、「猫の皿」を読んでみましょう。

　　ある所に一人の男がいました。男はいなかに行って、古い物を安く買
い、江戸*でそれを高い値段で売っていました。

　　ある日、男は川のそばにある茶店に入りました。男は茶店でお茶を飲
10　みながら、外を見ていました。その時、猫が歩いてきて、えさが入った
皿の前で止まりました。男はびっくりしました。その皿はとてもめずら
しい物で、一枚三百両*もする皿だったのです。

　　男は思いました。

「きっと茶店の主人はあの皿がいくらか知らないんだ。だからあんな
15　に高い物を猫の皿に使っているんだ。そうだ！主人をだまして、あの
皿をいただこう！」

　　男は猫を抱き、にこにこしながら主人に言いました。

「かわいい猫だね。私は猫が大好きなんだ。前に猫を飼っていたけど、
どこかに行っちゃって……。ご主人、この猫くれないか。」

20「無理でございます。この猫は私の家族みたいで、とてもかわいいん
です。」と主人は言いました。

「じゃあ、三両払うから、どうだ？」

　　三両というお金はとても大きいお金です。

「わかりました。猫をさしあげましょう。」茶店の主人はうれしそうに
25　言いました。

「やった！」

　　男は心の中で笑いました。そして主人に三両払って、言いました。

「この猫の皿もいっしょに持っていくよ。」

「それはさしあげられません。」主人は言いました。

30　「どうして。こんなきたない皿。いいだろう。」

　　男は何度も頼みましたが、主人は絶対に皿を渡しませんでした。

　　男はがっかりしました。その時、猫が男をひっかきました。

「痛い！ 何だ、この猫！ こんな猫、いらないよ！」

　　皿はもらえないし、猫はひっかくし、最悪です。男は主人に聞いて

35　みました。

「どうしてその皿を渡したくないんだ。」

「これはとてもめずらしい皿で、一枚三百両もいたします。家に置い

ておくとあぶないので、こちらに持ってきているんです。」

　　主人は話を続けました。

40　「それに、ここに皿を置いておくと、ときどき猫が三両で売れるんで

すよ。」

●江戸時代（えどじだい）　　Edo period (1603-1867)
●江戸（えど）　　　　　　　former name of Tokyo
●両（りょう）　　　　　　　a unit of currency used in the Edo period
　　　　　　　　　　　　　　(1両＝75,000円ぐらい)

C. 質問に答えてください。

1. 男はどんな仕事をしていましたか。

2. 茶店にあった皿の値段はいくらでしたか。

3. どうして男は猫をほしがったのですか。

4. 男はいくらで猫を買いましたか。

5. 男は皿を持って帰りましたか。

6. どうして主人は皿を茶店に置いておくのですか。

7. 茶店の主人と、男と、どちらがかしこい (clever) ですか。

Ⅲ 書く練習
れん

A. 下のまんがを見て、話を考えて書きましょう。

(1)

根本進『クリちゃん＜みどりの本＞』
p.4「あ　わすれちゃった」
（さ・え・ら書房、1978年）

(2)

根本進『クリちゃん＜そらいろの本＞』
p.18「きっとおかあさんがくるよ」
（さ・え・ら書房、1978年）

B. あなたが知っているおもしろい話や楽しい話を書きましょう。

第21課 | L E S S O N ⋯⋯⋯⋯21

厄年 Unlucky Ages
やく どし

272	信	シン (to trust; to believe in)	信じる（シンじる）to believe 自信（ジシン）confidence　　信号（シンゴウ）traffic signal 迷信（メイシン）superstition (9) ノ　イ　イ　イ⁻　イ⁼　信　信　信　信
273	経	ケイ (to pass through)	経験（ケイケン）experience 経済（ケイザイ）economy　　神経質（シンケイシツ）over sensitive　　経営学（ケイエイガク）management studies (11) く　幺　幺　幺　糸　糸　紀　紅　経　経　経
274	台	タイ　ダイ (stand)	台風（タイフウ）typhoon 二台（ニダイ）two vehicles/machins/etc. 舞台（ブタイ）stage　　台所（ダイどころ）kitchen (5) ㇉　ム　台　台　台
275	風	フウ かぜ (wind)	台風（タイフウ）typhoon 和風（ワフウ）Japanese style　　風（かぜ）wind 風邪をひく（かぜをひく）to catch a cold (9) ノ　几　几　凡　凡　同　風　風　風
276	犬	いぬ ケン (dog)	犬（いぬ）dog 番犬（ばんケン）watch dog 盲導犬（モウドウケン）seeing-eye dog (4) 一　ナ　大　犬
277	重	おも かさ　ジュウ チョウ (heavy; to pile up)	重い（おもい）heavy; serious (illness) 重ねる（かさねる）to pile up　　体重（タイジュウ）body weight　　貴重品（キチョウヒン）valuables (9) ㇀　一　仨　亡　台　音　重　重　重
278	初	はじ ショ　はつ (first)	初めは（はじめは）at first　　初めて（はじめて）first time 最初（サイショ）first　　初雪（はつゆき）first snow 初恋（はつこい）first love (7) ｀　㇀　ネ　ネ　ネ　初　初
279	若	わか (young)	若い（わかい）young 若者（わかもの）young people (8) 一　十　サ　ザ　芳　芹　若　若

280	送 (to send)	おく ソウ	送る（おくる）to send 送金（ソウキン）sending money　　放送（ホウソウ）broadcast 回送電車（カイソウデンシャ）out-of-service train
			(9) ⼂ ⼂ ⼂ ⼂ 关 关 送 送 送
281	幸 (happiness)	しあわ コウ　さいわ	幸せな（しあわせな）happy 幸運（コウウン）good fortune　　不幸（フコウ）misfortune 幸い（さいわい）fortunately
			(8) 一 十 土 ⼟ 寺 寺 幸 幸
282	計 (to measure)	ケイ はか	時計（トケイ）a watch 合計（ゴウケイ）sum　　計る（はかる）to measure
			(9) ⼂ ⼆ ⼆ 言 言 言 言 計 計
283	遅 (late)	おく　おそ チ	遅れる（おくれる）to be late　　遅い（おそい）late 遅刻する（チコクする）to be late
			(12) ⼀ ⼀ 尸 尸 尸 尸 屁 犀 犀 ⼀ 遅 遅
284	配 (to deliver)	パイ くば　ハイ	心配な（シンパイな）worried about 配る（くばる）to distribute　　配達（ハイタツ）delivery
			(10) ⼀ 厂 厂 丙 丙 酉 酉 酉 配 配
285	弟 (young brother)	おとうと　ダイ デ	弟（おとうと）younger brother 兄弟（キョウダイ）brothers 弟子（デシ）apprentice
			(7) ⼂ ⼂ 뉴 뉴 뉴 弟 弟
286	妹 (young sister)	いもうと マイ	妹（いもうと）younger sister 姉妹（シマイ）sisters
			(8) ⼃ 夕 夕 女 妒 妹 妹 妹

(In this chart, *katakana* indicates the *on'yomi* and *hiragana* indicates the *kun'yomi*.)

Ⅰ 漢字の練習
れん

A. 次の漢字の読み方を覚えましょう。太字は新しい読み方です。
おぼ　　　　　　　　　　　　　　　　ふと

入院（ニュウイン）　　食事（ショクジ）　　時計（トケイ）

通う（かよう）　　心配（シンパイ）

（☞　入 (072)　事 (078)　時 (015)　通 (193)　心 (265)）

B. 次の漢字を読みましょう。（答は次のページの下にあります。）
こたえ

1. 起こる　　2. 昔　　　3. 二十五歳　　4. 病気

5. 長い間　　6. 去年　　7. 親　　　　8. 乗る

9. 部屋　　10. 自転車　　11. 写真

Ⅱ 厄年
やく　どし

<table>
<tr><td colspan="2" align="center">単　語</td></tr>
<tr><td>迷信（めいしん）superstition</td><td>⑯ ぜいたくをする to indulge in luxury
　　[irr. verb]</td></tr>
<tr><td>起こる（おこる）to occur; to happen
　　[u-verb]</td><td>⑰ めったに〜ない seldom</td></tr>
<tr><td>② 多くの〜（おおくの〜）many . . .</td><td>⑰ 食事（しょくじ）meal</td></tr>
<tr><td>② 信じる（しんじる）to believe [ru-verb]</td><td>⑳ ところが however; on the contrary</td></tr>
<tr><td>③ ただの〜 nothing more than . . .</td><td>㉕ 楽しみ（たのしみ）pleasure</td></tr>
<tr><td>⑦ 入院する（にゅういんする）
　　to be hospitalized [irr. verb]</td><td>㉗ 通う（かよう）to commute to (〜に) [u-verb]</td></tr>
<tr><td>⑨ 占い（うらない）fortunetelling</td><td>㉙ 不便な（ふべんな）inconvenient</td></tr>
<tr><td>⑨ 気にする（きにする）to worry [irr. verb]</td><td>㉞ 心配な（しんぱいな）worried about</td></tr>
<tr><td>⑪ 長い間（ながいあいだ）long time</td><td>㉟ お守り（おまもり）charm (against evils);
　　amulet</td></tr>
<tr><td>⑫ 一生懸命（いっしょうけんめい）very hard</td><td></td></tr>
</table>

A. 質問に答えてください。

1. あなたの国にどんな迷信がありますか。例えば、黒い猫を見ると、悪いことが起こります。

2. 今までに悪いことがたくさん起こった時がありましたか。
その時どうしましたか。

B. 厄年の話を読んでみましょう。

厄年（やくどし）　Critical or unlucky ages. According to Japanese folk belief, at those ages, an individual is most likely to experience calamities or misfortunes. It is customary in these unlucky years to visit temples and shrines.

1　　「厄年」という言葉を聞いたことがありますか。厄年に悪いことがよく起こると、昔から多くの日本人は信じています。男の人の厄年は二十五歳と四十二歳、女の人の厄年は十九歳と三十三歳です。これはただの迷信だと言う人もいますが、厄年に大変なことを経験する人も
5　多いそうです。ある友だちは台風で家が壊れてしまいました。ある友だちは飼っていた犬に死なれました。また、ある友だちは急に重い病気になって入院しなくてはいけませんでした。

　　私は今年が厄年です。友だちは気をつけたほうがいいと言いましたが、私は占いや迷信が大きらいなので、初めはぜんぜん気にしていま
10　せんでした。でも……

　　私は今、オーストラリアで勉強しています。外国で勉強するのは長い間の夢でした。日本で学校を卒業してから、一生懸命仕事をしてお金をためました。そして、去年ここに来ました。

　　ここには若い日本人の留学生がたくさんいます。みんな親にお金を

[①-Bの答]　1. おこる　2. むかし　3. にじゅうごさい　4. びょうき　5. ながいあいだ
　　　　　6. きょねん　7. おや　8. のる　9. へや　10. じてんしゃ　11. しゃしん

15 送ってもらって、いいアパートに住んで、いい車に乗っています。休み
には、いろいろな所に旅行に行ったりしています。私はそんなぜいたく
ができません。安いアパートに住んで、めったに外で食事をしたり、旅
行に行ったりしません。でも、夢がかなったので、毎日がとても幸せで
した。ほかの日本人がうらやましいと思ったことはありませんでした。

20 　ところが、きのう大変なことがありました。アパートに帰った時、ド
アのかぎが壊され、部屋がめちゃくちゃになっていたのです。びっくり
して何が起こったのかわかりませんでした。でも、すぐ「どろぼうに入
られた。」と気がつきました。

　いろいろな物を取られました。テレビ、ラジカセ、カメラ、時計、そ
25 して自転車も。テレビを見たり、音楽を聞いたりするのは、私の楽しみ
でした。カメラにはオーストラリアで初めて行った旅行の写真が入っ
ていました。自転車は、学校に通う時使っていました。今日からバスで
通わなくてはいけません。バスはよく遅れるし、一時間に一台しかな
いから、とても不便です。

30 「どうしてどろぼうは私のアパートに入ったんだろう。どうしてお金
持ちの日本人のアパートに入らなかったんだろう。」と思ってしまいま
した。日本人の友だちに話したら、「厄年だから、やっぱり悪いことが
起こったんだよ。」と言われました。

　今、とても心配です。また悪いことが起こるかもしれません。今度、
35 弟か妹にお守りを送ってもらおうと思います。みなさんは厄年を信じ
ますか。

C. 質問に答えてください。
　こた

　1. 厄年にこの人の友だちはどんなことを経験しましたか。
　　やくどし

　　(1) _____

　　(2) _____

　　(3) _____

　2. この女の人は今、何歳でしょうか。

　3. この人はオーストラリアに行く前、厄年を信じていましたか。
　　　　　　　　　　　　　　　　　　　やくどし

　4. この人の夢は何でしたか。
　　　　　ゆめ

　5. この人と若い日本人留学生は、どんなところが違いますか。
　　　　　　　　　　　　　　　　　　　　　　　　ちが

　6. きのう何がありましたか。

　7. 何を取られましたか。
　　　　と

　8. 今日からどうやって学校に通いますか。

　9. 友だちはどうして悪いことが起こったと思っていますか。

　10. この人は今、厄年を信じていますか。
　　　　　　　　やくどし

Ⅲ 書く練習
　　　　れん

あなたの悪い経験について書きましょう。

第22課 L E S S O N ·················· 22

友美さんの日記 Tomomi's Diary
とも み

287	記 (to write down)	キ	日記（ニッキ）diary 記入する（キニュウする）to fill in　記事（キジ）an article; news　暗記する（アンキする）to memorize ⑽ ` ㇐ ㇉ ㇉ ㇉ 言 言 訂 訂 記
288	銀 (silver)	ギン	銀行（ギンコウ）bank 銀メダル（ギンメダル）silver medal 銀世界（ギンセカイ）land covered with snow ⑭ ノ ㇅ ㇓ ㇰ 牟 牟 舎 金 釒 釘 釲 鈤 鉬 銀
289	回 (. . . times; to turn)	カイ まわ	一回（イッカイ）one time　回送バス（カイソウバス）out-of-service bus　最終回（サイシュウカイ）last inning; last episode　回す（まわす）to turn ⑹ 丨 冂 冋 冋 回 回
290	夕 (evening)	ゆう	夕方（ゆうがた）evening 夕食（ゆうショク）dinner　七夕（たなばた）Tanabata ⑶ ノ ク 夕
291	黒 (black)	くろ コク	黒木さん（くろきさん）Mr./Ms. Kuroki　黒い（くろい）black　白黒写真（しろくろシャシン）black and white photograph　黒板（コクバン）chalkboard ⑾ 丶 冂 冂 日 日 甲 甲 里 里 黒 黒 黒
292	用 (task; to use)	ヨウ	用事（ヨウジ）a thing to take care of 用意する（ヨウイする）to prepare 子供用（こどもヨウ）for children ⑸ 丿 刀 月 月 用
293	守 (to keep; to protect)	ス まも シュ	留守（ルス）absence; not at home 留守番電話（ルスバンデンワ）answering machine お守り（おまもり）charm　守衛（シュエイ）security guard ⑹ 丶 丷 宀 宀 守 守
294	末 (the end of)	マツ すえ	週末（シュウマツ）weekend 月末（ゲツマツ）end of the month　期末試験（キマツシケン）final examination　末（すえ）the end ⑸ 一 二 丰 末 末

295	待	ま まち　タイ (to wait)	待つ（まつ）to wait 待合室（まちあいシツ）waiting room　　期待する（キタイする）to expect　　招待（ショウタイ）invitation
			(9) ⺥ ⺥ ⼻ ⼻ ⼻ ⼻ ⼻ 待 待
296	残	ザン　のこ (to remain)	残業（ザンギョウ）over-time work　　残す（のこす）to leave 残念（ザンネン）regrettable 心残り（こころのこり）regret
			(10) ⼀ ⼅ 歹 歹 歹 歼 死 残 残 残
297	番	バン (order; number)	留守番電話（ルスバンデンワ）answering machine 一番（イチバン）the first 番号（バンゴウ）number　　番組（バンぐみ）TV program
			(12) ⼃ ⺈ ⺈ ⼆ 平 乑 来 来 乑 乑 番 番
298	駅	エキ (station)	駅（エキ）station　　東京駅（トウキョウエキ）Tokyo Station　　駅員（エキイン）station attendant 駅前（エキまえ）vicinity/in front of the station
			(14) ⼁ ⺃ ⺋ ⺤ ⺤ 馬 馬 馬 馬 馬 駅 駅 駅 駅
299	説	セツ セッ (theory; to explain)	説明する（セツメイする）to explain　　小説（ショウセツ）novel　　小説家（ショウセツカ）novelist 説教する（セッキョウする）to preach
			(14) ⼂ ⼆ ⼆ ⾔ ⾔ ⾔ ⾔ 訳 訳 訳 訳 説 説
300	案	アン (idea; proposal)	案内する（アンナイする）to guide 案内所（アンナイジョ）information desk 案（アン）idea; proposal
			(10) ⼂ ⼆ ⼧ ⼧ 安 安 空 宎 案 案
301	内	ナイ (inside; inner)	案内する（アンナイする）to guide 家内（カナイ）my wife 国内旅行（コクナイリョコウ）domestic travel
			(4) ⼁ ⼌ 内 内
302	忘	わす ボウ (to forget)	忘れる（わすれる）to forget 忘れ物（わすれもの）lost article 忘年会（ボウネンカイ）year-end party
			(7) ⼂ ⼇ ⼇ ⼇ 忘 忘 忘

(In this chart, *katakana* indicates the *on'yomi* and *hiragana* indicates the *kun'yomi*.)

Ⅰ 漢字の練習

A. 次の漢字の読み方を覚えましょう。太字は新しい読み方です。

日記（ニッキ）　　夕方（ゆうがた）　　留守（ルス）

親友（シンユウ）　　説明（セツメイ）　　代わりに（かわりに）

二日間（ふつかカン）

（☞　日(016)　方(205)　留(164)　明(120)　代(163)　二(002)）

B. 次の漢字を読みましょう。（答は下にあります。）

1. 東京　　2. 一か月　　3. 彼女　　4. 急に　　5. 後は

6. 夜　　7. 何度も　　8. 電話　　9. 先週

Ⅱ 友美さんの日記

単　語		
⑤ うらやましがる　(somebody is) envious	㉔ しかたがない　cannot be helped	
⑥ 帰ってくる（かえってくる）to come back home	㉕ ホーム　platform	
⑧ 相変わらず（あいかわらず）as usual	㉕ 楽しそうに（たのしそうに）joyfully	
⑪ タイプ　type	㉗ 親友（しんゆう）best friend	
⑬ うまく　well; successfully; skillfully	㉝ 勇気（ゆうき）courage	
うまくいく　to go well [u-verb]	㉝ 逃げる（にげる）to run away; to escape	
⑲ 待ち遠しい（まちどおしい）to wait eagerly	[ru-verb]	
for . . .（〜が）	㉟ それで　therefore	
㉓ メッセージ　message	㉟ 代わりに（かわりに）instead	
㉓ なんだか　somehow	㊱ 二日間（ふつかかん）for two days	

[Ⅰ-Bの答] 1. とうきょう　2. いっかげつ　3. かのじょ　4. きゅうに　5. あとは　6. よる
　　　　　7. なんども　8. でんわ　9. せんしゅう

A. 質問に答えてください。

1. あなたは日記を書きますか。日記にどんなことを書きますか。

2. 彼や彼女がいない時、友だちにだれか紹介してもらったことがありますか。

B. 友美さんの日記を読みましょう。

1 三月二十一日（日）

　研一に会いに東京に行った。彼が東京の銀行に就職してからもう二年がたつ。大学の時は毎日会っていたのに、今は私が東京に行ったり、彼が大阪に来たりして一か月に一回ぐらいしか会えない。夏子はいつ
5 も私たちのことをうらやましがっているけど、東京まで会いに行くのは大変。早く大阪に帰ってきてほしい。

四月二十三日（金）

　今日は研一が大阪に来て、夕方お酒を飲みに行った。研一は相変わらず仕事が忙しそうだ。研一の同僚の黒木さんが彼女を探していると
10 聞いた。東京に行った時、研一に紹介してもらったけど、すごくおもしろくていい人だ。黒木さんは夏子のように静かな人がタイプかもしれない。今度二人を会わせようと思う。夏子が東京に行った時、研一が黒木さんを紹介する予定。うまくいくといいけど。

五月十二日（水）

15 　今日の夏子はちょっと変だった。私が東京のことを聞いてみたが、あまり話してくれなかった。黒木さんに急に用事ができて、会えなかったと言っただけで、後は話したくなさそうだった。夜、研一に何度も電話したけど、留守だった。研一ならいろいろ教えてくれると思ったのに、残念。仕事が忙しいんだろう。でも、週末は大阪で会える。今から待ち
20 遠しい。

五月十四日（金）

今日も残業で疲れた。それに「急に出張が入って大阪に行けなくなった」という研一のメッセージが留守番電話に入っていた。なんだか落ち込んでしまった。仕事だからしかたがないけど。

25 　帰る時、駅のホームで夏子を見た。男の人と一緒に楽しそうに話していた。顔は見えなかったけど、背が高い男の人だった。彼ができたのかな。どうして私に言ってくれないんだろう。親友なのに。

五月二十二日（土）

今日研一から手紙が来た。……

30 　友美へ

　友美に手紙を書くのは本当にひさしぶりだね。ぼくは友美にうそをついていた。ずっと言わなくちゃいけないと思っていたんだけど、勇気がなくて今まで逃げていた。うまく説明できるといいんだが……。夏子さんが東京に来た時、黒木は急に用事ができて、来られなくなってしまった。それで、ぼくが代わりに 35 二日間東京を案内してあげたんだ。美術館に行ったり、東京ディズニーランドに行ったりして、楽しかった。彼女が大阪に帰った後も、彼女のことが忘れられなかった。先週の週末、「出張で大阪に行けない」と言っていたけど、本当は大阪で夏子さんに会っていたんだ。

C. 正しいものに〇をつけなさい。

（　　　）1. 研一は今東京に住んでいる。
　　　　　　けんいち

（　　　）2. いつも研一と友美は大阪で会っていた。
　　　　　　　　　　とも み　おおさか

（　　　）3. 研一と黒木は同じ銀行で働いている。

（　　　）4. 夏子は東京で黒木に会った。

（　　　）5. 研一は出張に行っていたから、友美に会えなかった。
　　　　　　　　　　しゅっちょう

D. 質問に答えなさい。
　　　　　こた

1. 友美が夏子に電話をした時、夏子はどうしてあまり話したがらなかったので
　 とも み　なつ こ
　 すか。

2. 研一は友美にどんなうそをつきましたか。どうしてうそをついたのですか。
　 けんいち

3. あなたが研一／友美／夏子だったら、どうしますか。

===

Ⅲ 書く練習
　　　　れん

A. 二か月後の友美の日記を書きましょう。
　　　　　　とも み

B. 自分の日記を書きましょう。

第23課 | LESSON 23
これはどんな顔? What Does This Face Mean?

	顔	かお / がお ガン (face)	顔（かお）face 顔色（かおいろ）complexion　笑顔（えがお）smiling face 洗顔（センガン）washing one's face (18) ⼀ ⼀ ⼀ ⼀ 立 产 彦 彦 彦 彦 彦 節 顔 顔 顔 顔 顔 顔
303			
304	情	ジョウ / なさ (emotion; condition)	表情（ヒョウジョウ）expression 友情（ユウジョウ）friendship　情報（ジョウホウ）information　情け（なさけ）mercy (11) ⼀ ⼀ ⼀ ⼀ 忄 忄 忄 忄 忄 情 情 情
305	怒	おこ / いか ド (to get angry)	怒る（おこる）to get angry 怒り（いかり）anger; rage 喜怒哀楽（キドアイラク）human emotions (9) ⼀ 女 女 如 奴 奴 怒 怒 怒
306	変	ヘン / か (change; abnormal)	変な（ヘンな）strange　大変な（タイヘンな）tough; hectic 変化（ヘンカ）change　変人（ヘンジン）eccentric person 変える（かえる）to change (something) (9) ⼀ ⼀ ⼀ 亣 亦 亦 亦 亦 変
307	相	あい / ショウ ソウ (mutual)	相手（あいて）partner 首相（シュショウ）prime minister 相談（ソウダン）consultation　相互の（ソウゴの）mutual (9) ⼀ ⼗ ⼗ 村 村 相 相 相 相
308	横	よこ / オウ (sideways)	横（よこ）side　横書き（よこがき）horizontal writing 横綱（よこづな）grand champion of sumo 横断する（オウダンする）to traverse (15) ⼀ ⼗ ⼗ 村 村 村 村 杵 杵 楛 棤 棤 横 横 横
309	比	くら / ヒ (to compare)	比べる（くらべる）to compare 比較（ヒカク）comparison 比喩（ヒユ）figure of speech (4) ⼀ ヒ ヒ 比
310	化	カ / ば ヶ (to change into)	文化（ブンカ）culture　化学（カガク）chemistry 同化（ドウカ）assimilation　お化け（おばけ）goblin; ghost 化粧（ケショウ）makeup (4) ノ イ イ 化

311	違 (to differ)	ちが イ	違う （ちがう） different 間違える （まちがえる） to make a mistake 違法 （イホウ） illegal
			⒀ ⺾ ⺀ ⺀ ⺀ 聿 吾 吾 吾 韋 韋 違 違
312	悲 (sad)	かな ヒ	悲しい （かなしい） sad 悲劇 （ヒゲキ） tragedy　　悲惨な （ヒサンな） miserable
			⑿ ノ ナ ヨ ヨ 非 非 非 非 悲 悲 悲
313	調 (to investigate)	チョウ しら	調査 （チョウサ） survey; research 調べる （しらべる） to look into 調子 （チョウシ） condition
			⒂ ` ⸜ ⸜ ⸜ 訁 訁 訁 訓 訓 訓 調 調 調 調
314	査 (to inspect)	サ	調査 （チョウサ） survey; research 検査 （ケンサ） inspection 捜査 （ソウサ） criminal investigation
			⑼ 一 十 オ 木 木 杏 杏 杏 査
315	果 (fruit; result)	カ は	結果 （ケッカ） result 果汁 （カジュウ） fruit juice　　使い果たす （つかいはたす） to use up　　果物 （くだもの） fruit
			⑻ 丨 冂 日 日 旦 申 果 果
316	感 (to sense; to feel)	カン	感情 （カンジョウ） emotion 感動する （カンドウする） to be moved 感じる （カンじる） to feel
			⒀ ノ 厂 厂 厂 后 咸 咸 咸 咸 感 感 感
317	答 (answer)	こた こたえ トウ	答える （こたえる） to answer　　答え/答 （こたえ） answer 回答 （カイトウ） reply; answer 答案 （トウアン） examination paper
			⑿ ノ ⺮ ⺮ ⺮ ⺮ ⺮ 筌 答 笭 答 答 答

(In this chart, *katakana* indicates the *on'yomi* and *hiragana* indicates the *kun'yomi*.)

① 漢字の練習

A. 次の漢字の読み方を覚えましょう。太字は新しい読み方です。

電子 （デンシ）　最初 （サイショ）　最後 （サイゴ）　口 （くち）

人間 （ニンゲン）　社会 （シャカイ）　表す （あらわす）

全員 （ゼンイン）　　　　　（☞ 初 (278)　口 (048)　間 (095)　表 (217)）

B. 次の漢字を読みましょう。（答は下にあります。）

1. 二つ　　2. 笑う　　3. 自分　　4. 気持ち

5. 文字　　6. 使う　　7. 同じ　　8. 最近

9. 研究　　10. 留学生　　11. 考える

② これはどんな顔？

単　語	
表情 （ひょうじょう） facial expression	㉑ ほとんど almost
③ 最初の～ （さいしょの～） first . . .	㉑ 同じような （おなじような） similar
④ 最後の～ （さいごの～） last . . .	㉒ 社会 （しゃかい） society
⑥ 冗談 （じょうだん） joke	㉔ 調査 （ちょうさ） survey
⑧ 簡単に （かんたんに） easily	㉔ 結果 （けっか） result
⑫ 横 （よこ） side	㉕ 感情 （かんじょう） feeling; emotion
⑬ 比べる （くらべる） to compare [ru-verb]	㉖ 表す （あらわす） to express; to show [u-verb]
⑮ 口 （くち） mouth	㉗ 全員 （ぜんいん） all members
⑰ このように like this; this way	㉚ 答え （こたえ） answer
⑰ ～によって depending on . . .	㉟ 軽蔑 （けいべつ） contempt
⑰ 人間 （にんげん） human being	

[①-B の答] 1. ふたつ　2. わらう　3. じぶん　4. きもち　5. もじ　6. つかう　7. おなじ
　　　　8. さいきん　9. けんきゅう　10. りゅうがくせい　11. かんがえる

A. 質問に答えてください。

1. 次の顔はどんな表情だと思いますか。

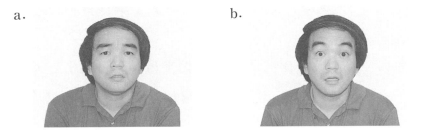

a.   b.

2. あなたは、びっくりした時／うれしい時／怒った時、どんな顔をしますか。やってみましょう。

B. 読みましょう。

1　友だちから電子メールをもらうと、ときどき変なマーク*が書いてあります。アメリカやオーストラリアの友だちから来る電子メールでは :-D や :-)、:-(などのマークを見ます。最初の二つがうれしくて笑っている顔、最後のマークがあまりうれしくない時の顔です。このような

5 マークを「顔文字」といいます。文字だけでは自分の気持ちが相手にわかってもらえないと思った時、「これは冗談ですよ、私がにこにこしながらこれを書いているのがわかりますか」と説明するのは大変ですが、顔文字を使えば、同じことがとても簡単に伝えられます。

　日本人も電子メールでよく顔文字を使います。うれしい時に書く顔

10 は (^_^) や (^^) です。もっとうれしい時は、「バンザイ」をさせて、*＼(^o^)／と書きます。(^^)v もうれしい時の顔です。日本人が写真を撮っているのを見たことがある人は、顔の横の v が何かわかるでしょう。

---

l. 11　**日本人が写真を撮っているのを見たことがある** (have seen Japanese people taking pictures)
〜ているの is used with verbs like 見る, 見える, and 聞こえる to describe an ongoing situation which is seen or heard.
　　メアリーさんが図書館で勉強しているのを見ました。　*I saw Mary studying in the library.*
　　スーさんが歌っているのが聞こえる。　*We can hear Sue singing.*

　英語の顔文字と日本語の顔文字を比べると、おもしろいことに気が
つきます。まず、英語の顔文字は縦書き*ですが、日本語の顔文字は横
15 書き*です。また、英語では口が笑っていますが、日本語では目が笑っ
ています。

　このように、言葉や文化によって顔文字は違いますが、人間の表情は
どうでしょうか。みなさんは、ほかの国から来た人の表情を見た時、そ
の人がどんな気持ちかわかりますか。

20 　最近の研究によると、うれしい時の顔と、びっくりした時の顔は、言
葉や文化が違っても、ほとんど同じようです。ところが、悲しい時や怒
っている時の表情は、国や社会によってずいぶん違うことがわかりま
した。

　ある調査の結果を見てみましょう。この調査では、日本人の大学生と
25 アメリカから日本に来ている留学生に写真を見せて、それがどんな感
情を表している写真か答えてもらいました。

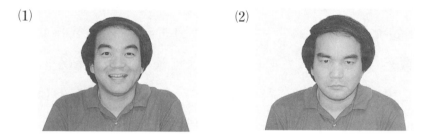

(1)　　　　　　　　　　　(2)

　⑴の写真を見た時は、日本人もアメリカ人も、ほとんど全員が、これ
は「うれしい」表情だと答えました。（この人が犬を飼っていたら、そ
の犬もそう考えるでしょう。）ところが、⑵の写真を見た時は、国によ
30 って答えが少し違いました。日本人はこの写真を見て、ほとんど全員が

---

l. 22　ずいぶん違うことがわかりました
ずいぶん違うこと means "the fact that (expressions) differ significantly." Verbs like わかる and
知っている are used with a clause ＋ こと to describe the fact that is known.
　考え方が違うことがわかる。　*We can conclude that they think differently.*
　メアリーさんがスペイン語が話せることを知っています。　*I know that Mary speaks Spanish.*

「怒っている」と答えましたが、アメリカ人は66%しかそう考えません
でした。ほかの調査では、ある写真を見て、アメリカ人の十人に九人が
「こわい」という気持ちを表している表情だと考えましたが、日本人は
十人に六人が「悲しい」表情だと答えました。また、アメリカ人が「怒
35 っている」と思う表情を、日本人は「軽蔑」の表情だと考えるそうで
す。

みなさんは、日本語を勉強している時や日本人と話している時、「日
本人はずいぶん私と違う」と思ったり、「ああ、やっぱり日本人も、私
と同じ人間なんだ」と思ったりしませんか。表情や身ぶりについても、
40 同じようなことが言えるかもしれません。

●マーク	mark
●バンザイをする	to raise one's both hands in the air and shout "Banzai!" to express happiness and congratulations
●縦書き（たてがき）	vertical writing
●横書き（よこがき）	horizontal writing

C. 質問に答えてください。

1. :-D や :-) はどんな気持ちを表していますか。

2. どうして電子メールで顔文字を使うのですか。

3. (^_^)、(^^)、＼(^o^)／の中で、どれが一番うれしそうですか。どうしてですか。

4. (^^)v は何を表していますか。

5. 英語と日本語の顔文字は、何が違いますか。

6. ⑴の写真を見て、日本人はどう思いましたか。アメリカ人はどうですか。

7. ⑵の写真を見て、日本人はどう思いましたか。アメリカ人はどうですか。

D. 次の顔文字はどんな意味か考えましょう。

1. m(_ _)m　　2. (^o^)/　　3. φ(^o^)　　4. (>_<)　　5. (^_-)

6. (-_-;)　　7. (-_-メ)　　8. (@_@)　　9. (-_-)zzz

Ⅲ 書く練習
れん

A. 日本人の友だちに、顔文字を使って電子メールを書きましょう。

B. 日本語を勉強している時や日本人と話している時、自分と日本人はどんなところが違うと思いますか。書きましょう。

巻末
かん　　まつ

あいうえお　かきくけこ　さしすせそ　たちつてと　なにぬねの　はひふへほ　まみむめも　やゆよ　らりるれろ　わをん

さくいん1 Japanese-English

あいうえお　かきくけこ　さしすせそ　たちつてと　なにぬねの　はひふへほ　まみむめも　やゆよ　らりるれろ　わをん

おじょうさん　お嬢さん　(someone's) daughter (polite)　会L22
おしり　buttocks　会L7(s)
おしろ　お城　castle　読L5-II
おす　押す　to press; to push　会L18
おせわになる　お世話になる　to be in someone's care　読L19-II, 会L23
おそい　遅い　slow; late　会L10
おそく　遅く　(do something) late　読L4-III, 会L6
おそくなる　遅くなる　to be late (for)　会L8
おだいじに　お大事に　Get well soon.　会L12
おたく　お宅　(someone's) house/home　会L13
おちこむ　落ち込む　to get depressed　会L16
おちゃ　お茶　green tea　会L3
おちる　落ちる　(something) drops　会L18
おつかれさま(でした)　お疲れ様(でした)　You must be tired after working so hard. (ritualistic expression)　会L18
おっしゃる　honorific expression for いう　会L19
おっと　夫　husband　会L7(s)
おてあらい　お手洗い　restroom　会L2
おてら　お寺　temple　会L4
おと　音　sound　会L20
おとうさん　お父さん　father　会L1, 会L2, 会L7(s)
おとうと(さん)　弟(さん)　younger brother　会L1, 会L7, 会L7(s)
おとこ　男　man　読L11-II, 会L17
おとこのこ　男の子　boy　会L11
おとこのひと　男の人　man　会L7
おとす　落とす　to drop (something)　会L18
おととい　the day before yesterday　会L4(s), 会L19
おととし　the year before last　会L4(s)
おとな　大人　adult　読L12-II, 会L13
おどる　踊る　to dance　会L9
おなか　stomach　会L7(s), 会L12
おなかがすく　to become hungry　会L11
おなかをこわす　to have a stomachache　会L23
おなじ　同じ　same　読L13-III, 会L14
おなじような　同じような　similar　読L23-II
おにいさん　お兄さん　older brother　会L1, 会L7, 会L7(s)
おねえさん　お姉さん　older sister　会L1, 会L7, 会L7(s)

おねがいします(〜を)　. . . , please.　会L2
おねがいする　お願いする　to pray for help　会L22
おばあさん　grandmother; old woman　会L6, 会L7(s)
おばさん　aunt; middle-aged woman　会L14
おはよう　Good morning.　会G
おはようございます　Good morning. (polite)　会G
おふろ　お風呂　bath　会L6
おふろにはいる　お風呂に入る　to take a bath　会L6
おへんじ　お返事　reply　読L11-II
おべんとう　お弁当　boxed lunch　会L9
おぼえる　覚える　to memorize　会L9
おまもり　お守り　charm (against evils); amulet　読L21-II
おまんじゅう　sweet bun　読L4-III
おみやげ　お土産　souvenir　会L4
おめでとうございます　Congratulations!　会L17
おもい　重い　heavy; serious (illness)　会L20
おもいだす　思い出す　to recall　読L19-II
おもいで　思い出　memory　会L23
おもう　思う　to think　会L8
おもしろい　面白い　interesting　会L5
おもち　rice cake　読L10-II
おもちゃ　toy　会L11
おもに　主に　mainly　読L17-II
おや　親　parent　会L16
おや？　Oh!　会L20
おやすみなさい　Good night.　会G
おやすみになる　お休みになる　honorific expression for ねる　会L19
おゆ　お湯　hot water　会L17
おゆがわく　お湯が沸く　water boils　会L18
おゆをわかす　お湯を沸かす　to boil water　会L17
およぐ　泳ぐ　to swim　会L5
おりる　降りる　to get off　会L6
おる　extra-modest expression for いる　会L20
おれい　お礼　expression of gratitude　会L19
おろす　下ろす　to withdraw (money)　会L15
おわる　終わる　(something) ends　会L9
おんがく　音楽　music　会L3
おんがくか　音楽家　musician　読L17-II
おんせん　温泉　spa; hot spring　会L9

おんな　女　woman　読L11-II, 会L17
おんなのこ　女の子　girl　会L11
おんなのひと　女の人　woman　会L7

か

か　蚊　mosquito　会L21
〜か〜　or　会L10
が　but　会L7, 読L5-II
カーテン　curtain　会L2(s), 会L18
〜かい　〜回　. . . times　会L13
〜かい　〜階　. . . th floor　会L20
かいがい　海外　overseas　読L16-II
かいがいりょこう　海外旅行　trip to a foreign country　会L23
かいぎ　会議　business meeting; conference　会L21
がいこく　外国　foreign country　会L11
がいこくご　外国語　foreign language　会L13
がいこくじん　外国人　foreigner　会L15
かいさつ　改札　gate　会L10(s)
かいしゃ　会社　company　会L7
かいしゃいん　会社員　office worker　会L1, 会L8
かいすうけん　回数券　coupons　会L10(s)
かいだん　階段　stairs　会L10(s)
かいもの　買い物　shopping　会L4
かう　買う　to buy　会L4
かう　飼う　to own (a pet)　会L11
かえす　返す　to return (things)　会L6
かえってくる　帰ってくる　to come back home　読L22-II
かえる　換える　to change　会L23
かえる　帰る　to go back; to return　会L3
かお　顔　face　会L7(s), 会L10
かおがあおい　顔が青い　to look pale　会L9(s)
〜かおをする　〜顔をする　to look . . . (facial expression)　会L23
かがく　科学　science　会L1
かかりのもの　係の者　our person in charge　会L20
かかる　to take (amount of time/money)　会L10
かぎ　lock; key　会L17
かきとめ　書留　registered mail　会L5(s)
かぎをかける　to lock　会L17
かく　to draw; to paint　会L15
かく　書く　to write　会L4
かぐ　家具　furniture　会L15
がくせい　学生　student　会L1
がくわり　学割　student discount　会L10(s)

あいうえお　かきくけこ　さしすせそ　たちつてと　なにぬねの　はひふへほ　まみむめも　やゆよ　らりるれろ　わをん

あいうえお　かきくけこ　さしすせそ　たちつてと　なにぬねの　はひふへほ　まみむめも　やゆよ　らりるれろ　わをん

しつれいします　失礼します
　　Excuse me.; Sorry to interrupt you.
　　　　　　　　　　　　　会 L16
していせき　指定席　reserved seat
　　　　　　　　　　　　　会 L10(s)
してん　支店　branch office　会 L20
じてんしゃ　自転車　bicycle　会 L2
しぬ　死ぬ　to die　会 L6
じはつ　次発　departing second　会 L10(s)
じびか　耳鼻科　otorhinolaryngologist;
　　ENT doctor　会 L12(s)
じぶん　自分　oneself　読 L10-II, 会 L17
じぶんで　自分で　(do something)
　　oneself　会 L16
しま　島　island　読 L15-II
しまる　閉まる　(something) closes
　　　　　　　　　　　　　会 L18
しみんびょういん　市民病院
　　Municipal Hospital　会 L6
しめきり　締め切り　deadline
　　　　　　　　　　会 L11(s), 会 L15
しめる　閉める　to close (something)
　　　　　　　　　　　　　会 L6
じゃあ　then . . . ; if that is the case, . . .
　　　　　　　　　　　　　会 L2
しゃかい　社会　society　読 L23-II
ジャケット　jacket　会 L15
しゃしん　写真　picture; photograph
　　　　　　　　　　　　　会 L4
しゃちょう　社長　president of a
　　company　会 L11
シャツ　shirt　会 L10
シャンプー　shampoo　会 L17(s), 会 L18
じゆう　自由　freedom　会 L22
じゅういちがつ　十一月　November
　　　　　　　　　　　　　会 L4(s)
じゅういちじ　十一時　eleven o'clock
　　　　　　　　　　　　　会 L1(s)
じゅういちにち　十一日　the eleventh
　　day of a month　会 L4(s)
じゅういっさい　十一歳　eleven years
　　old　会 L1(s)
じゅういっぷん　十一分　eleven minutes
　　　　　　　　　　　　　会 L1(s)
じゅうがつ　十月　October　会 L4(s)
しゅうかん　習慣　custom　会 L15
～しゅうかん　～週間　for . . . weeks
　　　　　　　　　　　　　会 L10
じゅうきゅうふん　十九分　ninteen
　　minutes　会 L1(s)
じゅうごふん　十五分　fifteen minutes
　　　　　　　　　　　　　会 L1(s)
じゅうさんぶん　十三分　thirteen
　　minutes　会 L1(s)
じゅうじ　十時　ten o'clock　会 L1(s)

しゅうしょくする　就職する　to get a
　　full-time job (at . . .)　会 L17
ジュース　juice　会 L12
じゆうせき　自由席　general admission
　　seat　会 L10(s)
しゅうでん　終電　last train
　　　　　　　　　　会 L10(s), 会 L21
じゅうななふん　十七分　seventeen
　　minutes　会 L1(s)
じゅうにがつ　十二月　December
　　　　　　　　　　　　　会 L4(s)
じゅうにじ　十二時　twelve o'clock
　　　　　　　　　　　　　会 L1(s)
じゅうにふん　十二分　twelve minutes
　　　　　　　　　　　　　会 L1(s)
じゅうはちふん/じゅうはっぷん
　　十八分　eighteen minutes　会 L1(s)
しゅうまつ　週末　weekend　会 L3
じゅうよっか　十四日　the fourteenth
　　day of a month　会 L4(s)
じゅうよんぷん　十四分　fourteen
　　minutes　会 L1(s)
じゅうろっぷん　十六分　sixteen
　　minutes　会 L1(s)
じゅぎょう　授業　class　会 L11
じゅぎょうちゅうに　授業中に　in class;
　　during the class　会 L16
じゅぎょうりょう　授業料　tuition
　　　　　　　　　　　　　会 L23
じゅく　塾　cram school
　　　　　　　　　　読 L7-II, 会 L22
しゅくだい　宿題　homework
　　　　　　　　　　会 L5, 会 L11(s)
しゅじゅつ　手術　operation　会 L12(s)
しゅじん　主人　husband　会 L7(s)
しゅじん　主人　owner　読 L20-II
じゅっさい　十歳　ten years old　会 L1(s)
しゅっしん　出身　coming from　会 L11
しゅっちょう　出張　business trip
　　　　　　　　　　読 L14-II, 会 L19
じゅっぷん　十分　ten minutes　会 L1(s)
しゅふ　主婦　housewife　会 L1
しゅみ　趣味　hobby; pastime
　　　　　　　　　　読 L11-II, 会 L20
しゅるい　種類　a kind; a sort　会 L19
じゅんびする　準備する　to prepare
　　　　　　　　　　　　　会 L21
しょうかいする　紹介する　to introduce
　　　　　　　　　　　　　会 L11
しょうがくきん　奨学金　scholarship
　　　　　　　　　　　　　会 L16
しょうがくせい　小学生　elementary
　　school students　読 L16-II
しょうがつ　正月　New Year's
　　　　　　　　　読 L10-II, 会 L11

しょうがっこう　小学校　elementary
　　school　会 L23
じょうしゃけん　乗車券　(boarding)
　　ticket　会 L10(s)
しょうしょう　少々　a few seconds
　　　　　　　　　　　　　会 L20
じょうず(な)　上手　skillful; good at . . .
　　　　　　　　　　　　　会 L8
しょうせつ　小説　novel　会 L20
しょうたいする　招待する　to invite
　　someone (to an event/a place)　会 L19
じょうだん　冗談　joke　読 L23-II
しょうゆ　しょう油　soy sauce　会 L18
しょうらい　将来　future　会 L11
しょくじ　食事　meal　読 L21-II
しょくじつき　食事付　with meals
　　　　　　　　　　　　　会 L15(s)
しょくどう　食堂　cafeteria; dining
　　commons　会 L7
しょくひ　食費　food cost　読 L18-III
じょしがくせい　女子学生　female
　　student　読 L18-II
しょるい　書類　document　会 L22
しらべる　調べる　to look into
　　(a matter)　会 L15
しり　buttocks　会 L7(s)
しりあう　知り合う　to get acquainted
　　with　会 L19
しりません　知りません　I do not know
　　　　　　　　　　　　　会 L7
しる　知る　to get to know　会 L7
シルバー　silver　会 L9(s)
しろ　城　castle　読 L5-II
しろい　白い　white　会 L9, 会 L9(s)
しろくろ　白黒　black and white
　　　　　　　　　　　　　会 L9(s)
じろじろみる　じろじろ見る　to stare
　　(at)　会 L8
～じん　～人　people　会 L1
しんかんせん　新幹線　Shinkansen;
　　Bullet Train　会 L9
シングル　single room　会 L15(s)
しんごう　信号　traffic light
　　　　　　　　　　会 L6(s), 会 L20
じんじゃ　神社　shrine　読 L11-II
しんじる　信じる　to believe　読 L21-II
しんせき　親せき　relatives　会 L16
しんせつ(な)　親切　kind　会 L7
しんぱい(な)　心配　worried about
　　　　　　　　　　読 L21-II, 会 L22
しんぱいする　心配する　to worry　会 L12
しんぶん　新聞　newspaper　会 L2
しんゆう　親友　best friend　読 L22-II
じんるいがく　人類学　anthropology
　　　　　　　　　　　　　会 L1

あいうえお　かきくけこ　さしすせそ　**たちつてと**　なにぬねの　はひふへほ　まみむめも　やゆよ　らりるれろ　わをん

たいせつ（な）　大切　precious; valuable
　　　　会 L21

たいせつにする　大切にする　to take
　good care of　読 L19-II

たいてい　大抵　usually　会 L3

だいヒット　大ヒット　big hit　読 L17-II

タイプ　type　読 L22-II

たいふう　台風　typhoon　会 L16

たいへん　大変　greatly　読 L19-II

たいへん（な）　大変　tough (situation)
　　　　会 L6, 読 L5-II

タイヤ　tire　会 L23

タオル　towel　会 L18

たかい　高い　expensive　会 L2

だから　so; therefore　会 L4

たからくじ　宝くじ　lottery　会 L17

たからくじにあたる　宝くじに当たる
　to win a lottery　会 L17

だく　抱く　to hold something in one's
　arm　読 L20-II

たくさん　many; a lot　会 L4

たけ　竹　bamboo　読 L15-II

～だけ　just . . . ; only . . .　会 L11

だす　出す　to take (something) out; to
　hand in (something)　会 L16

たすかる　助かる　to be saved; to be
　helped　会 L18

たすける　助ける　to help; to rescue
　　　　読 L16-II, 会 L22

ただ　free of charge　会 L23

ただいま　I'm home.　会 G

ただしい　正しい　correct　読 L17-II

ただの～　nothing more than . . .
　　　　読 L21-II

～たち　[makes a noun plural]　会 L14

たつ　(time) pass　読 L19-II

たつ　立つ　to stand up　会 L6

たてもの　建物　building　読 L15-II

たとえば　例えば　for example
　　　　会 L11(s), 読 L16-II, 会 L17

たのしい　楽しい　fun　会 L5

たのしそうに　楽しそうに　joyfully
　　　　読 L22-II

たのしみ　楽しみ　pleasure　読 L21-II

たのしみにする（～を）　楽しみにする
　to look forward (to)　読 L7-II

たのしむ　楽しむ　to enjoy　読 L15-II

たのむ　頼む　to ask (a favor)　会 L18

たばこをすう　たばこを吸う　to smoke
　　　　会 L6

ダブル　double room　会 L15(s)

たぶん　多分　probably; maybe　会 L12

たべもの　食べ物　food　会 L5

たべる　食べる　to eat　会 L3

だます　to deceive　読 L20-II

だめ（な）　no good　会 L13

ためる　to save money　会 L21

たりる　足りる　to be sufficient; to be
　enough　会 L17

だれ　who　会 L2

～（ん）だろう　short form of ～（ん）でしょ
　う　会 L18

たんご　単語　word; vocabulary　会 L9

たんざく　strip of fancy paper
　　　　読 L12-II

だんしがくせい　男子学生　male
　student　読 L18-II

たんじょうび　誕生日　birthday　会 L5

だんな　husband　会 L7(s)

━━━━ **ち** ━━━━

ちいさい　小さい　small　会 L5

チェックアウト（する）　checking out
　　　　会 L15(s)

チェックイン（する）　checking in
　　　　会 L15(s)

ちか　地下　underground　読 L15-II

ちかい　近い　close; near　会 L13

ちがい　違い　difference　会 L17

ちがう　違う　to be different; wrong
　　　　読 L16-II, 会 L23

ちかく　近く　near place　読 L11-II

ちかてつ　地下鉄　subway　会 L10

ちからしごと　力仕事　physical labor
　such as construction　読 L18-II

ちかん　sexual offender; lascivious man
　　　　会 L21

ちこくする　遅刻する　to be late (for an
　appointment)　会 L11

ちず　地図　map　会 L15

ちち　父　(my) father　会 L7, 会 L7(s)

ちちおや　父親　father　読 L14-II

ちゃ　茶　green tea　会 L3

ちゃいろい　茶色い　brown　会 L9(s)

ちゃみせ　茶店　teahouse　読 L20-II

～ちゅう　～中　while . . .　読 L19-II

ちゅういする　注意する　to watch out;
　to give warning　読 L15-II, 会 L19

ちゅうがくせい　中学生　junior high
　school student　会 L19

ちゅうごく　中国　China　会 L1, 会 L2

ちゅうしゃ　注射　injection　会 L12(s)

ちゅうもんする　注文する　to place an
　order　会 L18

ちょうさ　調査　survey　読 L23-II

ちょうど　exactly　会 L14

チョコレート　chocolate　会 L14

ちょっと　a little　会 L3

━━━━ **つ** ━━━━

ついたち　一日　the first day of a month
　　　　会 L4(s)

ツイン　twin room　会 L15(s)

つうちょう　通帳　passbook　会 L13(s)

つかいすてカメラ　使い捨てカメラ
　disposable camera　会 L5(s)

つかう　使う　to use　会 L6

つかまる　捕まる　to be arrested; to be
　caught　会 L21

つかれている　疲れている　to be tired
　　　　読 L8-II

つかれる　疲れる　to get tired　会 L11

つき　月　moon　会 L20

～つき　～付　with . . .　会 L15(s)

つぎ　次　next　会 L6

つきあう　付き合う　to date (someone);
　to keep company　読 L14-II, 会 L15

つぎに　次に　secondly　読 L8-II

つぎは～　次は～　next (stop), . . .
　　　　会 L10(s)

つく　着く　to arrive　読 L13-III, 会 L15

つく　(something) turns on　会 L18

つくえ　机　desk　会 L2(s), 会 L4

つくる　作る　to make　会 L8

つける　to turn on　会 L6

つごうがわるい　都合が悪い
　inconvenient; to have a scheduling
　conflict　会 L12

つたえる　伝える　to convey (message)
　　　　会 L20

つづく　続く　to continue　読 L16-II

つづける　続ける　to continue　会 L21

つつむ　包む　to wrap; to cover　会 L21

つとめる　勤める　to work for　会 L7

つま　妻　wife　会 L7(s)

つまらない　boring　会 L5

つめたい　冷たい　cold (thing/people)
　　　　会 L10

つよい　強い　strong　会 L17

つり　fishing　読 L11-II

つれていく　連れていく　to take
　(someone) to (a place)　会 L16

つれてかえる　連れて帰る　to take back
　　　　読 L12-II

つれてくる　連れてくる　to bring
　(a person)　会 L6

━━━━ **て** ━━━━

て　手　hand; arm　会 L7(s), 読 L15-II

～で　by (means of transportation); with
　(a tool)　会 L10

ていきけん　定期券　commuter's pass
　　　　会 L10(s)

あいうえお　かきくけこ　さしすせそ　たちつ**てと**　**な**にぬねの　はひふへほ　まみむめも　やゆよ　らりるれろ　わをん

Tシャツ　T-shirt　会L7
ディスコ　disco　会L8
ていねいないいかた　ていねいな言い方
　　polite expression　会L11(s)
〜ていらっしゃる　honorific expression
　　for 〜ている　会L19
デート　date (romantic, not calendar)
　　　　　　　　　　　　　　会L3
テープ　tape　会L2
〜ておる　extra-modest expression for
　　〜ている　会L20
でかける　出かける　to go out　会L5
てがみ　手紙　letter　会L4
できる　to come into existence; to be
　　made　会L14
できるだけ　as much as possible　会L12
できれば　if possible　会L20
でぐち　出口　exit　会L10(s)
〜でござる　extra-modest expression for
　　です　会L20
〜でしょう　probably; . . . , right?　会L12
てすうりょう　手数料　commission
　　　　　　　　　　　　　　会L13(s)
テスト　test　会L5
てつだう　手伝う　to help　会L6
てつやする　徹夜する　to stay up all
　　night　会L22
テニス　tennis　会L3
では、おげんきで　では、お元気で　Take
　　care.　読L5-II
デパート　department store　会L4
てぶくろ　手袋　gloves　会L10
でも　but　会L3
てら　寺　temple　会L4
でる　出る　to appear; to attend; to exit
　　　　　　　　読L6-I，会L9
テレビ　TV　会L2(s)，会L3
テレビゲーム　video game　会L6
てん　天　the heavens; the sky
　　　　　　　　　　　　読L12-II
〜てん　〜点　. . . points　会L11
てんき　天気　weather　会L5
でんき　電気　electricity　会L2(s)，会L6
でんきこうがく　電気工学　electric
　　engineering　読L19-III
でんきだい　電気代　charge for
　　electricity　読L18-III
てんきよほう　天気予報　weather
　　forecast　会L8
でんしメール　電子メール　e-mail　会L14
でんしゃ　電車　train　会L6
てんじょう　天井　ceiling　読L17-II
でんち　電池　battery　会L5(s)，会L15
てんらんかい　展覧会　art exhibition
　　　　　　　　　　　　読L17-II

でんわ　電話　telephone　会L1
でんわをかける　電話をかける　to
　　make a phone call　会L6

と

と　戸　door　読L10-II
〜と　together with (a person)　会L4
〜ど　〜度　. . . degrees (temperature)
　　　　　　　　　　　　　　会L12
ドア　door　会L2(s)
どうぐ　道具　tool　読L16-II
どうしたらいい　What should one do
　　　　　　　　　　　　読L14-II
どうして　why　会L4
どうしよう　What should I/we do?
　　　　　　　　　　　　　　会L18
どうじょうする　同情する　to sympathize
　　　　　　　　　　　　　　会L23
どうぞ（〜を）　Here it is.　会L2
どうぞよろしく　Nice to meet you.　会G
どうぞよろしくおねがいします　どうぞ
　　よろしくお願いします　Thank you in
　　advance.　読L19-III
どうですか　How about . . . ?; How
　　is . . . ?　会L3
どうも　Thank you.　会L2
どうやって　how; by what means　会L10
どうりょう　同僚　colleague　会L21
とお　十　ten　会L9
とおい　遠い　far (away)　会L21
とおか　十日　ten days　会L13
とおか　十日　the tenth day of a month
　　　　　　　　　　　　　　会L4(s)
とおる　通る　to pass; to go through
　　　　　　　　　　　　読L15-II
〜とか　. . . for example　会L22
とき　時　when . . . ; at the time of . . .
　　　　　　　　　　　　　　会L4
ときどき　時々　sometimes　会L3
とくに　特に　especially　読L13-II
とけい　時計　watch; clock　会L2
どこ　where　会L2
どこでも　anywhere　読L16-II
とこや　床屋　barber's　会L10
ところ　所　place　会L8
ところが　however; on the contrary
　　　　　　　　　　　　読L21-II
ところで　by the way　会L9
とし　年　year　読L10 II
としうえ　年上　being older　読L14-II
としょかん　図書館　library　会L2
どちら　where (polite)　会L19
どちら　which　会L10
とっきゅう　特急　super express
　　　　　　　　　　　　　　会L10(s)

とつぜん　突然　suddenly　読L19-III
どっち　which　会L10
とても　very　会L5
となり　隣　next　会L4
とにかく　anyhow; anyway　会L21
どの　which . . .　会L2
どのぐらい　how much; how long
　　　　　　　　　　　　　　会L10
とぶ　飛ぶ　to fly　読L16-II
トマト　tomato　会L8
とまる　泊まる　to stay (at a hotel, etc.)
　　　　　　　　　　　　　　会L10
とまる　止まる　to stop　読L20-II
〜ともうします　〜と申します　my
　　name is . . .　会L13
ともだち　友だち　friend　会L1
どようび　土曜日　Saturday
　　　　　　　　会L3，会L4(s)
ドライブ　drive　会L11
トラベラーズチェック　traveler's check
　　　　　　　　　　　　　　会L13(s)
とる　撮る　to take (pictures)　会L4
とる　取る　to take (a class); to get (a
　　grade)　会L11，読L7-II
とる　取る　to take off　読L10-II
どれ　which one　会L2
トレーナー　sweat shirt　会L2
どろぼう　泥棒　thief; burglar　会L21
とんかつ　pork cutlet　会L2
どんな　what kind of . . .　会L5

な

ないか　内科　physician　会L12(s)
なおす　直す　to correct; to fix　会L16
なか　中　inside　会L4
ながい　長い　long　会L7
ながいあいだ　長い間　long time
　　　　　　　　　　　　読L21-II
なかがいい　仲がいい　be on good/close
　　terms; to get along well　会L19
なく　泣く　to cry　読L12-II，会L13
なくす　to lose　会L12
なくなる　to be lost; to disappear　会L23
なぐる　殴る　to strike; to hit; to punch
　　　　　　　　　　　　　　会L21
なさる　honorific expression for する
　　　　　　　　　　　　　　会L19
なぜ　why　会L19
なつ　夏　summer　会L8
なつかしい　miss; to long for　読L19-II
〜など　. . . and so forth　読L12-II
ななさい　七歳　seven years old　会L1(s)
ななつ　七つ　seven　会L9
ななふん　七分　seven minutes　会L1(s)
なにか　何か　something　会L8

あいうえお　かきくけこ　さしすせそ　たちつてと　**なにぬねの**　はひふへほ　まみむめも　やゆよ　らりるれろ　わをん

なにも ＋ negative　何も　not . . . anything　会L7

なのか　七日　seven days　会L13

なのか　七日　the seventh day of a month　会L4(s)

なまえ　名前　name　会L1

なまえをつける　名前をつける　to name　読L17-II

なまけもの　怠け者　lazy person　会L19

なやみ　悩み　worry　読L14-II, 会L19

ならう　習う　to learn　会L11

なる　to become　会L10

なれる　慣れる　to get used to . . . 　会L17

なん/なに　何　what　会L1

なんだか　somehow　読L22-II

なんでも　anything; everything 読L13-II

なんども　何度も　many times 読L20-II, 会L22

に

にあう　似合う　to look good (on somebody)　会L14

にかげつまえ　二か月前　two months ago　会L4(s)

にがつ　二月　February　会L4(s)

にぎやか(な)　lively　会L5

にく　肉　meat　会L2

〜にくらべて　〜に比べて　compared with . . . 　会L17

にげる　逃げる　to run away; to escape 読L22-II

にこにこする　to smile　読L20-II

にさい　二歳　two years old　会L1(s)

にさんにち　二三日　for two to three days　会L12

にし　西　west　会L6(s)

にじ　二時　two o'clock　会L1(s)

にじはん　二時半　half past two　会L1

にじゅうよっか　二十四日　the twenty-fourth day of a month　会L4(s)

にじゅうよんまいどり　24枚撮り 24-print roll　会L5(s)

にじゅっぷん　二十分　twenty minutes 会L1(s)

にちようび　日曜日　Sunday 会L3, 会L4(s)

〜について　about . . . ; concerning . . . 　読L8-II, 会L15

にっき　日記　diary　読L9-II, 会L18

にふん　二分　two minutes　会L1(s)

にほん　日本　Japan　会L1

にほんご　日本語　Japanese language 会L1

にほんじん　日本人　Japanese people 会L1

にもつ　荷物　baggage　会L6

ニヤニヤする　to grin　読L13-II

にゅういんする　入院する　to be hospitalized　読L21-II

ニュース　news　会L17

にょうぼう　女房　wife　会L7(s)

〜によって　depending on . . . 読L23-II

〜によると　according to . . . 　会L17

にわ　庭　garden　会L15

〜に〜をかぶせる　to put (a hat) on a person's head　読L10-II

〜にん　〜人　[counter for people] 会L7

にんきがある　人気がある　to be popular　会L9

にんげん　人間　human being　読L23-II

ぬ

ぬいぐるみ　stuffed animal (e.g., teddy bear)　会L14

ぬぐ　脱ぐ　to take off (clothes)　会L17

ぬすむ　盗む　to steal; to rob　会L21

ね

ネガ　negative　会L5(s)

ねがい　願い　wish　読L12-II

ネクタイ　necktie　会L14

ねこ　猫　cat　会L4

ねだん　値段　price　読L20-II

ねつがある　熱がある　to have a fever 会L12

ねむい　眠い　sleepy　会L10

ねる　寝る　to sleep; to go to sleep　会L3

〜ねん　〜年　. . . years　会L10

〜ねんかん　〜年間　for . . . years 読L14-II

〜ねんせい　〜年生　. . . year student 会L1

の

ノート　notebook　会L2

のこす　残す　to leave; to preserve 読L15-II

〜のために　for . . . 　読L19-III

〜のための X　X for the sake of . . . 読L17-II

〜ので　because . . . 　会L12

のど　throat　会L12

のどがかわく　のどが渇く　to become thirsty　会L12

のぼる　登る　to climb　会L11

のみもの　飲み物　drink　会L5

のむ　飲む　to drink　会L3

のりおくれる　乗り遅れる　to miss (a train, bus, etc.)　会L16

のりかえ　乗り換え　transfer　会L10(s)

のる　乗る　to ride; to board　会L5

のんびり　in a leisurely way　会L22

###

は　歯　tooth　会L7(s), 会L12

ばあい　場合　case　読L14-II

パーティー　party　会L8

バーベキュー　barbecue　会L8

パーマ　permanent　会L17(s)

パーマをかける　to have one's hair permed　会L17(s)

はい　yes　会L1

はいいろ　灰色　gray　会L9(s)

バイオリン　violin　会L13

バイク　motorbike　会L13

ばいてん　売店　kiosk　会L10(s)

バイト　abbreviation of アルバイト 会L21

ハイヒール　high heels　会L20

はいる　入る　to enter　会L6

はがき　葉書　postcard　会L5, 会L5(s)

ばかにする　to insult; to make a fool of . . . 　会L21

はく　to put on (items below your waist) 会L7

〜はく　〜泊　. . . nights　会L15(s)

はこぶ　運ぶ　to carry　会L22

はし　chopsticks　会L8

はじまる　始まる　(something) begins 会L9

はじめて　初めて　for the first time 会L12

はじめは　初めは　at first　読L18-III

はじめまして　How do you do？　会G

はじめる　始める　to begin　会L8

ばしょ　場所　place　読L16-II, 会L23

はしる　走る　to run　読L15-II, 会L22

バス　bus　会L5

はずかしい　恥ずかしい　embarrassing; to feel embarrassed　会L18

はずかしがりや　恥ずかしがり屋 shy person　会L19

バスてい　バス停　bus stop　会L4

はだか　裸　naked　読L17-II

はたけ　畑　farm　読L12-II

はたち　二十歳　twenty years old 会L1(s)

はたらく　働く　to work　会L11

はたをおる　はたを織る　to weave 読L12-II

はちがつ　八月　August　会L4(s)

はちじ　八時　eight o'clock　会L1(s)
はちふん　八分　eight minutes　会L1(s)
ばつ　×（wrong）　会L11(s)
はつおん　発音　pronunciation　会L11(s)
はつか　二十日　the twentieth day of a month　会L4(s)
はっさい　八歳　eight years old　会L1(s)
はっぴょう　発表　presentation　会L15
はっぴょうする　発表する　to make public; to publish　読L17-II
はっぷん　八分　eight minutes　会L1(s)
はな　花　flower　会L12
はな　鼻　nose　会L7(s)
はなし　話　chat; talk　会L19
はなしをする　話をする　to have a talk　読L9-II, 会L19
はなす　話す　to speak; to talk　会L3
はなれる　離れる　(something/someone) separates; parts from　会L23
パノラマ　panoramic　会L5(s)
はは　母　(my) mother　会L7(s), 会L14
はやい　早い　early　会L3
はやい　速い　fast　会L7
はやく　早く　(do something) early; fast　会L10
はらう　払う　to pay　会L10
はる　春　spring　会L10
はる　貼る　to post　会L21
はれ　晴れ　sunny weather　会L12
はれる　晴れる　to become sunny　会L19
バレンタインデー　St. Valentine's Day　会L14
はん　半　half　会L1
〜ばん　〜番　number . . .　会L11(s), 会L15
パン　bread　会L4
パンクする　(tire) goes flat　会L23
ばんぐみ　番組　broadcast program　会L15
ばんごう　番号　number　会L1
ばんごはん　晩御飯　dinner　会L3
ハンサム（な）　handsome　会L5
〜ばんせん　〜番線　track number . . .　会L10(s)
はんたいする　反対する　to oppose; to object to　会L22
パンツ　pants　会L10
バンド　band　読L11-II
はんにん　犯人　criminal　会L21
ハンバーガー　hamburger　会L3

ひ　日　day　会L16
ピアノ　piano　会L9
ビール　beer　会L11

ひがし　東　east　会L6(s)
〜ひき　〜匹　[counter for smaller animals]　会L14, 会L14(s)
ひきかえけん　引き換え券　receipt　会L5(s)
ひく　弾く　to play (a string instrument or piano)　会L9
ひげ　beard　会L17
ひげをそる　to shave one's beard　会L17
ひこうき　飛行機　airplane　会L5
ひさしぶり　久しぶり　it has been a long time　会L11
ビジネス　business　会L1, 会L2
ビジネスホテル　business hotel　会L15(s)
びじゅつかん　美術館　art museum　会L11
ひだり　左　left　会L4
ひだりがわ　左側　left side　会L6(s)
ひっかく　to scratch　読L20-II
びっくりする　to be surprised　読L10-II, 会L21
ひっこし　引っ越し　moving　読L18-III
ひっこす　引っ越す　to move (to another place to live)　会L19
ビデオ　video tape; VCR　会L2(s), 会L3
ビデオカメラ　camcorder　会L14
ひと　人　person　会L4
ひどい　awful　会L21
ひとつ　一つ　one　会L9
ひとつめ　一つ目　first　会L6(s)
ひとびと　人々　people　読L12-II
ひとり　一人　one person　会L7
ひとりぐらし　一人暮らし　living alone　会L22
ひとりで　一人で　alone　会L4
ひふか　皮膚科　dermatologist　会L12(s)
ひま（な）　暇　not busy; to have a lot of free time　会L5
ひみつ　秘密　secret　会L17
ひゃくえんだま　百円玉　100-yen coin　会L13(s)
びよういん　美容院　beauty parlor　会L10
びょういん　病院　hospital　会L4
びょうき　病気　illness; sickness　会L9, 会L12(s)
ひょうじゅんご　標準語　standard Japanese　会L11(s)
ひょうじょう　表情　facial expression　読L23-II
ひらく　開く　to hold (an event)　読L17-II
ひる　昼　noon　読L13-III
ビル　office building　読L15-II

ひるごはん　昼御飯　lunch　会L3
ひるねをする　昼寝をする　to take a nap　会L21
ひろい　広い　spacious; wide　会L15
ひろう　拾う　to pick up (something)　会L22
ひろば　広場　square; open space　読L15-II
びん　便　flight　会L10
ピンク　pink　会L9(s)
びんぼう（な）　貧乏　poor　会L22

ファイル　file; portfolio　会L16
ふあんな　不安な　uneasy; worried　読L13-II
フィルム　film　会L5(s)
ふうしょ　封書　letter　会L5(s)
ふうふ　夫婦　married couple; husband and wife　会L14
プール　swimming pool　会L15
ぶか　部下　subordinate　会L22
ふく　服　clothes　会L12
ふく　吹く　to blow　会L22
ふくしゅう　復習　review of lessons　会L22
ふたつ　二つ　two　会L9
ふたつめ　二つ目　second　会L6(s)
ふたり　二人　two people　会L7
ふたりずつ　二人ずつ　two people each　会L11(s)
ぶちょう　部長　department manager　会L19
ふつう　普通　local　会L10(s)
ふつか　二日　the second day of a month　会L4(s)
ふつか　二日　two days　会L13
ぶっか　物価　(consumer) prices　会L13
ふつかかん　二日間　for two days　読L22-II
ふつかよい　二日酔い　hangover　会L12
ふとっています　太っています　to be on the heavy side　会L7
ふとる　太る　to gain weight　会L7
ふなびん　船便　surface mail　会L5(s)
ふね　船　ship; boat　会L10
ふべんな　不便な　inconvenient　読L21-II
ふむ　踏む　to step on　会L21
ふゆ　冬　winter　会L8
プリント　print　会L5(s)
ふる　to turn down (somebody); to reject; to jilt　会L21
ふるい　古い　old (thing)　会L5
プレゼント　present　会L12
ふろ　風呂　bath　会L6

あいうえお　かきくけこ　さしすせそ　たちつてと　なにぬねの　はひふへほ　まみむめも　やゆよ　らりるれろ　わをん

ブロー　blow-dry　会L17(s)

プロジェクト　project　会L22

ふろにはいる　風呂に入る　to take a bath　会L6

プロポーズする　to propose marriage　会L14

フロント　receptionist; front desk　会L15(s)

ぶんか　文化　culture　読L11-II, 会L19

ぶんがく　文学　literature　会L1, 読L7-II

ぶんぽう　文法　grammar　会L11(s), 会L13

ぶんや　分野　field; realm　読L17-II

へ

へいわ　平和　peace　読L15-II

ページ　page　会L6

〜ページ　page number . . .　会L11(s)

へた(な)　下手　clumsy; poor at . . .　会L8

べっそう　別荘　villa; vacation home　会L23

ペット　pet　会L15

べつに＋negative　別に　not . . . in particular　会L7

へや　部屋　room　会L5

ぺらぺら(な)　fluent　会L22

ペン　pen　会L2, 会L2(s)

へん(な)　変　strange; unusual　会L22

べんきょうする　勉強する　to study　会L3

べんごし　弁護士　lawyer　会L1, 会L13

へんじ　返事　reply　読L11-II

べんとう　弁当　boxed lunch　会L9

へんぴんする　返品する　to return (merchandise)　会L20

べんり(な)　便利　convenient　会L7

ほ

ほうげん　方言　dialect　会L11(s)

ぼうし　帽子　hat; cap　会L2

〜ほうめん　〜方面　serving . . . areas　会L10(s)

ボーナス　bonus　会L23

ホーム　platform　会L10(s), 読L22-II

ホームシック　homesickness　会L12

ホームステイ　homestay; living with a local family　会L8

ホームレス　homeless　読L15-II

ボール　ball　会L22

ほかに　anything else　会L11(s)

ほかの　other　会L16

ぼく　僕　I (used by men)　会L5

ポケット　pocket　読L16-II

ほけん　保険　insurance　会L5(s)

ほけんにはいる　保険に入る　to buy insurance　会L15

ほしい　欲しい　to want　会L14

ぼしゅう　募集　recruitment　会L13

〜ぼしゅう　〜募集　looking for . . .　読L11-II

ポスター　poster　会L21

ホストファミリー　host family　読L9-II, 会L11

ほ(う)っておく　放っておく　to leave (someone/something) alone; to neglect　会L22

ポップコーン　popcorn　会L18

ホテル　(Western-style) hotel　会L4, 会L15(s)

ほとんど　almost　読L23-II

ほめる　to praise; to say nice things　会L21

ホワイトデー　"White Day" (yet another gift-giving day)　会L14

ほん　本　book　会L2, 会L2(s)

〜ほん　〜本　[counter for long objects]　会L14, 会L14(s)

ぼんおどり　盆踊り　Bon dance (Japanese traditional dance)　会L23

ほんとうですか　本当ですか　Really?　会L6

ほんとうに　本当に　really　読L14-II, 会L18

ほんとうは　本当は　in fact; originally　会L19

ほんや　本屋　bookstore　会L4

ほんやくする　翻訳する　to translate　会L22

ま

まあまあ　okay; so-so　会L11

〜まい　〜枚　[counter for flat objects]　会L5, 会L14(s)

まいあさ　毎朝　every morning　会L19

まいしゅう　毎週　every week　会L8

まいつき　毎月　every month　読L18-III

まいにち　毎日　every day　会L3

まいばん　毎晩　every night　会L3

まいる　参る　extra-modest expression for いく and くる　会L20

まえ　前　before . . .　会L17

まえ　前　front　会L4

まがる　曲がる　to turn (right/left)　会L6(s), 会L20

まける　負ける　to lose (a match)　会L22

まことに　誠に　really (very polite)　会L20

まじめ(な)　serious; sober; diligent

読L12-II, 会L19

まず　first of all　読L8-II, 会L18

まずい　(food is) terrible　会L23

また　again　読L5-II, 会L20

また　in addition　読L16-II

まだ　still　会L19

まだ＋negative　not . . . yet　会L8

またせる　待たせる　to keep (someone) waiting　会L20

まち　町　town; city　会L4

まちがい　間違い　mistake　会L19

まちがえる　間違える　to make a mistake　会L21

まちどおしい　待ち遠しい　to wait eagerly for . . .　読L22-II

まつ　待つ　to wait　会L4

まっすぐ　straight　会L6(s), 読L6-I

まつり　祭り　festival　読L11-II

〜まで　to (a place); as far as (a place); till (a time)　会L5

〜までに　by (time/date)　読L12-II, 会L18

まど　窓　window　会L2(s), 会L6

まどぐち　窓口　counter　会L5(s)

まにあう　間に合う　to be in time　会L22

マフラー　winter scarf　会L14

まる　○ (correct)　会L11(s)

まんいんでんしゃ　満員電車　jam-packed train　読L13-III

まんが　漫画　comic book　会L14

まんじゅう　sweet bun　読L4-III

マンション　multistory apartment; condominium　会L14

み

みえる　見える　to be visible　会L15

みがく　磨く　to brush (teeth); to polish　会L13

みかた　味方　person on one's side　読L16-II

みかん　mandarin　会L14

みぎ　右　right　会L4

みぎがわ　右側　right side　会L6(s)

みじかい　短い　short (length)　会L7

みず　水　water　会L3

みずいろ　水色　light blue　会L9(s)

みずうみ　湖　lake　会L11

みせ　店　shop; store　読L4-III, 会L13

みせる　見せる　to show　会L16

〜みたいな　X　X such as . . .　会L20

みち　道　way; road; directions　会L16

みちにまよう　道に迷う　to become lost; to lose one's way　会L16

みっか　三日　the third day of a month

あいうえお　かきくけこ　さしすせそ　たちつてと　なにぬねの　はひふへほ　**ま**みむめも　**や**ゆよ　らりるれろ　わをん

会 L4(s)

みっか　三日　three days　会 L13

みつける　見つける　to find
　　　　　読 L12-II, 会 L21

みっつ　三つ　three　会 L9

みどり　緑　green　会 L9(s), 読 L15-II

みなさま　皆様　everyone (polite
　expression of みなさん)　読 L19-II

みなさん　皆さん　everyone　読 L6-III

みなみ　南　south　会 L6(s), 読 L15-II

みぶり　身ぶり　gesture　読 L20-II

みみ　耳　ear　会 L7(s)

みやげ　土産　souvenir　会 L4

みらい　未来　future　読 L16-II

みる　見る　to see; to look at; to watch
　　　　　会 L3

みんしゅく　民宿　guest house　会 L15(s)

みんな　all　会 L9, 読 L7-II

みんなで　all (of the people) together
　　　　　会 L8

む

むいか　六日　six days　会 L13

むいか　六日　the sixth day of a month
　　　　　会 L4(s)

むかえにいく　迎えに行く　to go to pick
　up (someone)　会 L22

むかえにくる　迎えに来る　to come to
　pick up (someone)　会 L16

むかし　昔　old days; past
　　　　　読 L15-II, 会 L21

むかしむかし　昔々　once upon a time
　　　　　読 L10-II

むこう　向こう　the other side; over
　there　読 L12-II

むずかしい　難しい　difficult　会 L5

むすめ　娘　daughter　読 L12-II

むだづかい　無駄遣い　waste (money)
　　　　　会 L22

むっつ　六つ　six　会 L9

むね　胸　breast　会 L7(s)

むらさき　紫　purple　会 L9(s)

むりな　無理な　impossible　読 L20-II

め

め　目　eye　会 L7, 会 L7(s)

〜め　〜目　-th　会 L15

〜めい　〜名　...person(s)　会 L15(s)

〜めいさま　〜名様　party of ...people
　　　　　会 L19

めいしん　迷信　superstition　読 L21-II

めがね　眼鏡　glasses　会 L7

めざましどけい　目覚まし時計　alarm
　clock　会 L16

めしあがる　召し上がる　honorific

expression for たべる and のむ　会 L19

めずらしい　珍しい　rare　読 L13-II

めちゃくちゃ(な)　messy; disorganized
　　　　　会 L21

メッセージ　message　読 L22-II

めったに〜ない　seldom　読 L21-II

メニュー　menu　会 L2

めんきょ　免許　license　会 L22

めんせつ　面接　interview　会 L23

も

もう　already　会 L9

もう〜ない　not any longer　読 L13-II

もういちど　もう一度　one more time
　　　　　会 L15

もうしこむ　申し込む　to apply
　　　　　読 L19-III

もうしわけありません　申し訳ありません
　You have my apologies.
　　　　　読 L19-III, 会 L20

もうす　申す　extra-modest expression
　for いう　会 L20

もうすぐ　very soon; in a few moments/
　days　会 L12

もうすこし　もう少し　a little more
　　　　　会 L22

もくてき　目的　object; purpose
　　　　　読 L18-II

もくようび　木曜日　Thursday
　　　　　会 L4, 会 L4(s)

もじ　文字　letter; character　読 L17-II

もし〜たら　if . . .　読 L19-III

もしもし　Hello? (used on the phone)
　　　　　会 L4

もち　rice cake　読 L10-II

もちろん　of course　会 L7

もつ　持つ　to carry; to hold　会 L6

もっていく　持っていく　to take
　(something)　会 L8

もってくる　持ってくる　to bring
　(a thing)　会 L6

もっと　more　会 L11

もてる　to be popular (in terms of
　romantic interest)　会 L19

もどってくる　戻ってくる　(something/
　someone) comes back　会 L23

もどる　戻る　to return; to come/go
　back　読 L16-II, 会 L20

もの　物　thing (concrete object)　会 L12

ものすごく　extremely　会 L23

もみあげ　sideburns　会 L17(s)

もらう　to get (from somebody)　会 L9

もんく　文句　complaint　会 L21

もんくをいう　文句を言う　to complain
　　　　　会 L21

や

〜や　〜屋　...shop　会 L20

やきまし　焼き増し　reprint　会 L5(s)

やきゅう　野球　baseball　会 L10

やく　焼く　to bake　会 L21

やくざ　yakuza; gangster　会 L13

やくす　訳す　to translate　会 L16

やくそく　約束　promise; appointment
　　　　　会 L13

やくそくをまもる　約束を守る　to keep
　a promise　会 L13

やさい　野菜　vegetable　会 L2

やさしい　easy (problem); kind (person)
　　　　　会 L5

やすい　安い　inexpensive; cheap (thing)
　　　　　会 L5

やすみ　休み　holiday; day off; absence
　　　　　会 L5

やすむ　休む　to be absent (from); to
　rest　会 L6

やせています　to be thin　会 L7

やせる　to lose weight　会 L7

やちん　家賃　rent　会 L18

やった　I did it　読 L20-II

やっつ　八つ　eight　会 L9

やっぱり　after all　読 L13-II, 会 L17

やま　山　mountain　読 L5-II, 会 L11

やまみち　山道　mountain road
　　　　　読 L10-II

やめる　to quit　会 L11

やる　to do; to perform　会 L5

やる　to give (to pets, plants, younger
　siblings, etc.)　会 L21

ゆ

ゆ　湯　hot water　会 L17

ゆうがた　夕方　evening　会 L18

ゆうき　勇気　courage　読 L22-II

ゆうしょうする　優勝する　to win a
　championship　会 L23

ゆうしょく　夕食　dinner　会 L23

ゆうじん　友人　friend　読 L19-III

ユースホステル　youth hostel　会 L15(s)

ゆうびんきょく　郵便局　post office
　　　　　会 L2

ゆうべ　last night　会 L20

ゆうめい(な)　有名　famous　会 L8

ゆうめいじん　有名人　celebrity　会 L10

ゆき　雪　snow　読 L10-II, 会 L12

ゆっくり　slowly; leisurely; unhurriedly
　　　　　会 L6

ゆび　指　finger　会 L7(s)

ゆびわ　指輪　ring　会 L14

ゆめ　夢　dream　会 L11

あいうえお　かきくけこ　さしすせそ　たちつてと　なにぬねの　はひふへほ　まみむめも　やゆ**よ**　**らりるれろ**　わをん

A B C D E F G H I J K L M N O P Q R S T U V W X Y Z

さくいん2 English-Japanese

各項目の表示は以下の内容を示す。
Items at the end of each entry indicate the following:
会…… 会話・文法編 (Conversation and Grammar section)
読…… 読み書き編 (Reading and Writing section)
G…… あいさつ (Greetings)
(s)…… 課末コラム (Supplement)
Ⅰ・Ⅱ・Ⅲ……問題番号(読み書き編) (number of excercise in the Reading and Writing section)

A

abbreviation of アルバイト　バイト　会L21
about . . . 〜について　読L8-Ⅱ, 会L15
about (approximate measurement) 〜ぐらい　会L4
about this much　このぐらい　会L16
absence　やすみ　休み　会L5
absence　るす　留守　会L21
(be) absent (from)　やすむ　休む　会L6
according to . . .　〜によると　会L17
account　こうざ　口座　会L13(s)
activities　かつどう　活動　読L17-Ⅱ
adult　おとな　大人　読L12-Ⅱ, 会L13
advertisement　こうこく　広告　会L13
advice　アドバイス　読L14-Ⅱ
aerogramme　エアログラム　会L5(s)
after . . .　〜ご　〜後　会L10
after (an event)　(〜の)あと　(〜の)後　読L8-Ⅱ, 会L11
after all　やっぱり　読L13-Ⅱ, 会L17
again　また　読L5-Ⅱ, 会L20
age　じだい　時代　読L14-Ⅱ
agree　さんせいする　賛成する　会L22
air　くうき　空気　会L8
air conditioner　エアコン　会L18
airmail　こうくうびん　航空便　会L5(s)
airplane　ひこうき　飛行機　会L5
airport　くうこう　空港　読L13-Ⅲ, 会L20
alarm clock　めざましどけい　目覚まし時計　会L16
alcohol　(お)さけ　(お)酒　会L3
all　ぜんぶ　全部　会L13
all　みんな　会L9, 読L7-Ⅱ
all (of the people) together　みんなで　会L8
all day long　いちにちじゅう　一日中　会L15
all members　ぜんいん　全員　読L23-Ⅱ
all the time　ずっと　会L22
all year　いちねんじゅう　一年中　読L15-Ⅱ

almost　ほとんど　読L23-Ⅱ
alone　ひとりで　一人で　会L4
already　もう　会L9
always　いつも　読L6-Ⅲ, 会L12
A.M.　ごぜん　午前　会L1
amount　きんがく　金額　会L13(s)
amulet　おまもり　お守り　読L21-Ⅱ
. . . and so forth　〜など　読L12-Ⅱ
and then　そして　会L11, 読L9-Ⅱ
and then　それから　会L5
(get) angry　おこる　怒る　読L12-Ⅱ
annoying　うるさい　会L22
answer　こたえ　答/答え　会L11(s), 読L23-Ⅱ
answer　こたえる　答える　読L8-Ⅱ
answering machine　るすばんでんわ　留守番電話　会L18
anthropology　じんるいがく　人類学　会L1
antibiotic　こうせいぶっしつ　抗生物質　会L12(s)
anyhow　とにかく　会L21
anything　なんでも　読L13-Ⅱ
anything else　ほかに　会L11(s)
anyway　とにかく　会L21
anywhere　どこでも　読L16-Ⅱ
apartment　アパート　会L7
apologize　あやまる　謝る　会L18
appear　でる　出る　会L9
apple　りんご　会L10
apply　もうしこむ　申し込む　読L19-Ⅲ
appointment　やくそく　約束　会L13
April　しがつ　四月　会L4(s)
arm　て　手　読L15-Ⅱ
(be) arrested　つかまる　捕まる　会L21
arrive　つく　着く　読L13-Ⅲ, 会L15
art　げいじゅつ　芸術　読L17-Ⅱ
art exhibition　てんらんかい　展覧会　読L17-Ⅱ
art museum　びじゅつかん　美術館　会L11
artistic piece　さくひん　作品　読L17-Ⅱ
as a matter of fact, . . .　じつは　実は　会L13
as far as (a place)　〜まで　会L5
as much as possible　できるだけ　会L12
as usual　あいかわらず　相変らず　読L22-Ⅱ
Asian studies　アジアけんきゅう　アジア研究　会L1
ask　きく　聞く　会L5
ask (a favor)　たのむ　頼む　会L18
at about　〜ごろ　会L3
at first　はじめは　初めは　読L18-Ⅲ
at the time of . . .　とき　時　会L4
atomic bomb　げんばく　原爆　読L15-Ⅱ

attend　でる　出る　会L9
(be) audible　きこえる　聞こえる　会L20
August　はちがつ　八月　会L4(s)
aunt　おばさん　会L14
Australia　オーストラリア　会L1, 会L11
autumn tints　こうよう　紅葉　読L15-Ⅱ
awful　ひどい　会L21

B

baby　あかちゃん　赤ちゃん　会L21
back　うしろ　後ろ　会L4
back　せなか　背中　会L7(s)
bad　わるい　悪い　会L12
bag　かばん　会L2, 会L2(s)
baggage　にもつ　荷物　会L6
bake　やく　焼く　会L21
ball　ボール　会L22
bamboo　たけ　竹　読L15-Ⅱ
bamboo hat　かさ　読L10-Ⅱ
band　バンド　読L11-Ⅱ
bank　ぎんこう　銀行　会L2
bank card　キャッシュカード　会L13(s)
barbecue　バーベキュー　会L8
barber's　とこや　床屋　会L10
baseball　やきゅう　野球　会L10
bath　(お)ふろ　(お)風呂　会L6
battery　でんち　電池　会L5(s), 会L15
beard　ひげ　会L17
beautiful　きれい(な)　会L5
beauty parlor　びよういん　美容院　会L10
because . . .　〜から　会L6
because . . .　〜ので　会L12
become　なる　会L10
become dirty　よごれる　汚れる　会L18
become late　おくれる　遅れる　会L19
become lost　みちにまよう　道に迷う　会L16
become sunny　はれる　晴れる　会L19
beer　ビール　会L11
before . . .　まえ　前　会L17
begin　はじめる　始める　会L8
(something) begins　はじまる　始まる　会L9
being older　としうえ　年上　読L14-Ⅱ
believe　しんじる　信じる　読L21-Ⅱ
best　いちばん　一番　会L10
best friend　しんゆう　親友　読L22-Ⅱ
between　あいだ　間　会L4
bicycle　じてんしゃ　自転車　会L2
big hit　だいヒット　大ヒット　読L17-Ⅱ
birthday　たんじょうび　誕生日　会L5
bite (bug)　さす　刺す　会L21
black　くろい　黒い　会L9, 会L9(s)

A B C D E F G H I J K L M N O P Q R S T U V W X Y Z

A B C D E F G H I J K L M N O P Q R S T U V W X Y Z

A B C **D** E **F** G H I J K L M N O P Q R S T U V W X Y Z

A B C D E **F** G H I J K L M N O P Q R S T U V W X Y Z

A B C D E F **G H** I J K L M N O P Q R S T U V W X Y Z

A B C D E F G **H I J K** L M N O P Q R S T U V W X Y Z

A B C D E F G H I J K L M N O P Q R S T U V W X Y Z

A B C D E F G H I J K L **M** N O P Q R S T U V W X Y Z

A B C D E F G H I J K L M N O P Q R S T U V W X Y Z

A B C D E F G H I J K L M N O P Q R S T U V W X Y Z

A B C D E F G H I J K L M N O P Q R **S** T U V W X Y Z

seven ななつ 七つ 会L9

seven days なのか 七日 会L13

seven minutes ななふん 七分 会L1(s)

seven o'clock しちじ 七時 会L1(s)

seven years old ななさい 七歳 会L1(s)

seventeen minutes じゅうななふん 十七分 会L1(s)

seventh day of a month, the なのか 七日 会L4(s)

sexual offender ちかん 会L21

shampoo シャンプー 会L17(s), 会L18

shave そる 会L17(s)

shave one's beard ひげをそる 会L17

Shinkansen しんかんせん 新幹線 会L9

ship ふね 船 会L10

shirt シャツ 会L10

shoes くつ 靴 会L2

shop みせ 店 会L13

. . . shop 〜や 〜屋 会L20

shopping かいもの 買い物 会L4

short (length) みじかい 短い 会L7

short (stature) せがひくい 背が低い 会L7

short form of 〜(ん)でしょう 〜(ん)だろう 会L18

shoulder かた 肩 会L7(s)

show あらわす 表す 読L23-II

show みせる 見せる 会L16

show (someone) around あんないする 案内する 読L9-II, 会L16

shrine じんじゃ 神社 読L11-II

shy person はずかしがりや 恥ずかしがり屋 会L19

sickness びょうき 病気 会L9

side よこ 横 読L23-II

sideburns もみあげ 会L17(s)

sightseeing かんこう 観光 会L15

silver ぎんいろ 銀色 会L9(s)

silver シルバー 会L9(s)

similar おなじような 同じような 読L23-II

simple かんたん(な) 簡単 会L10

sing うたう 歌う 会L7

singer かしゅ 歌手 会L11

single room シングル 会L15(s)

sit down かける 会L19

sit down すわる 座る 会L6

six むっつ 六つ 会L9

six days むいか 六日 会L13

six minutes ろっぷん 六分 会L1(s)

six o'clock ろくじ 六時 会L1(s)

six years old ろくさい 六歳 会L1(s)

sixteen minutes じゅうろっぷん 十六分 会L1(s)

sixth day of a month, the むいか 六日 会L4(s)

60's ろくじゅうねんだい 60年代 読L17-II

ski スキー 会L9

skillful じょうず(な) 上手 会L8

skillfully うまく 読L22-II

skirt スカート 会L18

sky そら 空 読L16-II

sky, the てん 天 読L12-II

sleep ねる 寝る 会L3

sleepy ねむい 眠い 会L10

slide スライド 会L5(s)

slow おそい 遅い 会L10

slowly ゆっくり 会L6

small ちいさい 小さい 会L5

smart あたまがいい 頭がいい 会L7

smile にこにこする 読L20-II

smoke たばこをすう たばこを吸う 会L6

snack (お)かし (お)菓子 会L11

sneakers スニーカー 会L20

snow ゆき 雪 読L10-II, 会L12

so あんなに 読L20-II

so だから 会L4

. . ., so 〜けど 会L15

soba そば 会L15

sober まじめ(な) 読L12-II, 会L19

soccer サッカー 会L10

society しゃかい 社会 読L23-II

socks くつした 靴下 会L23

(be) sold うれる 売れる 読L16-II

somehow なんだか 読L22-II

something なにか 何か 会L8

sometimes ときどき 時々 会L3

song うた 歌 会L7

Sorry to interrupt you. しつれいします 失礼します 会L16

sort, a しゅるい 種類 会L19

so-so まあまあ 会L11

sound おと 音 会L20

south みなみ 南 会L6(s), 読L15-II

souvenir (お)みやげ (お)土産 会L4

soy sauce しょうゆ しょう油 会L18

spa おんせん 温泉 会L9

space alien うちゅうじん 宇宙人 会L20

spacious ひろい 広い 会L15

speak はなす 話す 会L3

special delivery そくたつ 速達 会L5(s)

speech スピーチ 会L21

spend time pleasantly あそぶ 遊ぶ 会L6

sports スポーツ 会L3

spring はる 春 会L10

square ひろば 広場 読L15-II

St. Valentine's Day バレンタインデー 会L14

stab さす 刺す 会L21

stairs かいだん 階段 会L10(s)

stand up たつ 立つ 会L6

standard Japanese ひょうじゅんご 標準語 会L11(s)

stare (at) じろじろみる じろじろ見る 会L8

station えき 駅 会L10, 読L6-I

station attendant えきいん(さん) 駅員 会L16

stay (at a hotel, etc.) とまる 泊まる 会L10

stay up all night てつやする 徹夜する 会L22

stays at . . . いる 会L4

steal ぬすむ 盗む 会L21

step on ふむ 踏む 会L21

still まだ 会L19

sting さす 刺す 会L21

stingy けち(な) 会L14

stomach おなか 会L7(s), 会L12

stop とまる 止まる 読L20-II

stop by よる 寄る 会L19

store みせ 店 読L4-III, 会L13

straight まっすぐ 会L6(s), 読L6-I

strange へん(な) 変 会L22

stress ストレス 読L8-II

strict きびしい 厳しい 会L13

strike なぐる 殴る 会L21

strip of fancy paper たんざく 読L12-II

strong つよい 強い 会L17

student がくせい 学生 会L1

student discount がくわり 学割 会L10(s)

student society クラブ 会L14

studio, a ワンルームマンション 読L18-III

study べんきょうする 勉強する 会L3

study abroad りゅうがくする 留学する 会L11

stuffed animal (e.g., teddy bear) ぬいぐるみ 会L14

subordinate ぶか 部下 会L22

subway ちかてつ 地下鉄 会L10

successfully うまく 読L22-II

such あんなに 読L20-II

such . . . そんな〜 読L16-II, 会L23

such as . . . 〜みたいな 会L20

suddenly きゅうに 急に 読L14-II

suddenly とつぜん 突然 読L19-III

(be) sufficient たりる 足りる 会L17

sugar さとう 砂糖 会L16

suitcase スーツケース 読L13-III

summer なつ 夏 会L8

Sunday にちようび 日曜日 会L3, 会L4(s)

sunny weather はれ 晴れ 会L12

super express とっきゅう 特急 会L10(s)

supermarket スーパー 会L4

A B C D E F G H I J K L M N O P Q R **S** T U V W X Y Z

time of . . . ころ 会L21

time something is ready しあがり 仕上がり 会L5(s)

. . . times 〜かい 〜回 会L13

tire タイヤ 会L23

(be) tired つかれている 疲れている 読L8-Ⅱ

(get) tired つかれる 疲れる 会L11

to (a place) 〜まで 会L5

today きょう 今日 会L3, 会L4(s)

together いっしょに 一緒に 会L5

together with (a person) 〜と 会L4

(be) tolerant がまんする 我慢する 会L23

tomato トマト 会L8

tomorrow あした 会L3, 会L4(s)

tonight こんばん 今晩 会L3

tool どうぐ 道具 読L16-Ⅱ

tooth は 歯 会L7(s), 会L12

touch さわる 触る 会L21

(be) touched (by . . .) かんどうする 感動する 会L13

tough (situation) たいへん(な) 大変 会L6, 読L5-Ⅱ

towel タオル 会L18

town まち 町 会L4

toy おもちゃ 会L11

track number . . . 〜ばんせん 〜番線 会L10(s)

traffic light しんごう 信号 会L6(s), 会L20

train でんしゃ 電車 会L6

transfer のりかえ 乗り換え 会L10(s)

translate ほんやくする 翻訳する 会L22

translate やくす 訳す 会L16

travel りょこう 旅行 会L5

travel agency りょこうがいしゃ 旅行 会社 会L17

traveler's check トラベラーズチェック 会L13(s)

treat (someone) to a meal おごる 会L16

treat (someone) to a meal ごちそう する 会L19

tree き 木 会L22

trim そろえる 会L17(s)

trip to a foreign country かいがいりょ こう 海外旅行 会L23

try hard がんばる 頑張る 会L13

T-shirt Tシャツ 会L7

Tuesday かようび 火曜日 会L4, 会L4(s)

tuition じゅぎょうりょう 授業料 会L23

tumbler コップ 会L14

turn (right/left) まがる 曲がる 会L6(s), 会L20

turn down (somebody) ふる 会L21

turn off けす 消す 会L6

turn on つける 会L6

(something) turns on つく 会L18

tutor かていきょうし 家庭教師 読L18-Ⅱ

TV テレビ 会L2(s), 会L3

twelve minutes じゅうにふん 十二分 会L1(s)

twelve o'clock じゅうにじ 十二時 会L1(s)

twentieth day of a month, the はつか 二十日 会L4(s)

twenty minutes にじゅっぷん 二十分 会L1(s)

twenty years old はたち 二十歳 会L1(s)

twenty-four-print にじゅうよんまいどり 24枚撮り 会L5(s)

twenty-fourth day of a month, the にじゅうよっか 二十四日 会L4(s)

twin room ツイン 会L15(s)

two ふたつ 二つ 会L9

two days ふつか 二日 会L13

two minutes にふん 二分 会L1(s)

two months ago にかげつまえ 二か 月前 会L4(s)

two o'clock にじ 二時 会L1(s)

two people ふたり 二人 会L7

two people each ふたりずつ 二人ず つ 会L11(s)

two years old にさい 二歳 会L1(s)

type タイプ 読L22-Ⅱ

typhoon たいふう 台風 会L16

U

U.S.A. アメリカ 会L1, 会L2

uh-huh うん 会L8

uh-uh ううん 会L8

um . . . あの 会L1

umbrella かさ 傘 会L2

uncle おじさん 会L14

under した 下 会L4

underground ちか 地下 読L15-Ⅱ

understand わかる 会L4

uneasy ふあんな 不安な 読L13-Ⅱ

unhurriedly ゆっくり 会L6

university だいがく 大学 会L1

unsafe あぶない 危ない 読L20-Ⅱ

(be) unsuccessful しっぱいする 失敗する 会L22

unusual へん(な) 変 会L22

use つかう 使う 会L6

usually たいてい 大抵 会L3

V

vacation home べっそう 別荘 会L23

valuable たいせつ(な) 大切 会L21

various いろいろ(な) 読L9-Ⅱ, 会L13

VCR ビデオ 会L2(s), 会L3

vegetable やさい 野菜 会L2

very ずいぶん 会L17

very すごく 会L11

very とても 会L5

very fond of だいすき(な) 大好き 会L5

very hard いっしょうけんめい 一生懸命 読L21-Ⅱ

very soon もうすぐ 会L12

video game テレビゲーム 会L6

video tape ビデオ 会L2(s), 会L3

villa べっそう 別荘 会L23

violin バイオリン 会L13

(be) visible みえる 見える 会L15

visitor おきゃくさん お客さん 会L17

vocabulary たんご 単語 会L9

voice こえ 声 読L10-Ⅱ

vouchers せいりけん 整理券 会L10(s)

W

wait まつ 待つ 会L4

wait eagerly for . . . まちどおしい 待ち遠しい 読L22-Ⅱ

waiter ウエイター 会L13

wake (someone) up おこす 起こす 会L16

walk あるく 歩く 会L20

walk (someone) おくる 送る 会L19

wallet さいふ 財布 会L2

want ほしい 欲しい 会L14

war せんそう 戦争 読L15-Ⅱ

warm あたたかい 暖かい 会L10

wash あらう 洗う 会L8

waste (money) むだづかい 無駄遣い 会L22

watch とけい 時計 会L2

watch みる 見る 会L3

watch out ちゅういする 注意する 読L15-Ⅱ, 会L19

water みず 水 会L3

water boils おゆがわく お湯が沸く 会L18

way みち 道 会L16

we わたしたち 私たち 読L12-Ⅱ, 会L14

weak よわい 弱い 読L16-Ⅱ

wear small items (necktie, watch, etc.) する 会L17

weather てんき 天気 会L5

weather forecast てんきよほう 天気 予報 会L8

weave はたをおる はたを織る 読L12-Ⅱ

wedding けっこんしき 結婚式 会L15

Wednesday すいようび 水曜日 会L4, 会L4(s)

week after next, the さらいしゅう 再来週 会L4(s)

A B C D E F G H I J K L M N O P Q R S T U V **W X Y Z**

日本地図 Map of Japan
にほんちず

京都(東寺)
きょう と どう じ

日本アルプス
に ほん

広島(原爆ドーム)
ひろしま げん ばく

姫路(姫路城)
ひめ じ ひめ じ じょう

琵琶湖
び わ こ

金沢
かな ざわ

伊万里(伊万里焼)
い まり い まりやき

神戸
こう べ

長崎(平和の像)
ながさき へい わ ぞう

大阪
おおさか

名古屋
な ご や

沖縄(琉球舞踊)
おき なわ りゅう きゅう ぶ よう

桜島
さくら じま

奈良(大仏)
なら だい ぶつ

徳島(阿波踊り)
とくしま あ わ おど

白川郷
しら かわ ごう

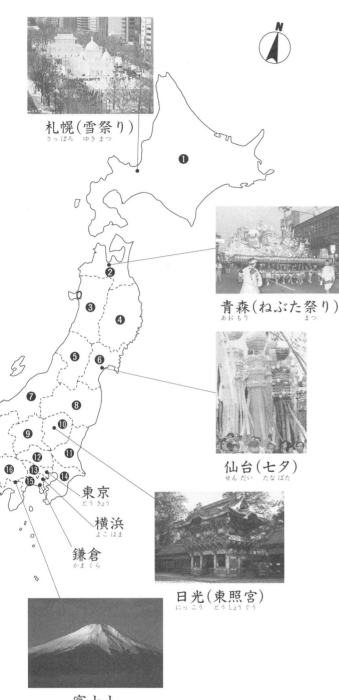

札幌（雪祭り）
さっぽろ　ゆきまつ

青森（ねぶた祭り）
あおもり　　　　まつ

仙台（七夕）
せんだい　たなばた

日光（東照宮）
にっこう　とうしょうぐう

東京
とうきょう

横浜
よこはま

鎌倉
かまくら

富士山
ふ　じ　さん

❶北海道
ほっかいどう

❷青森県
あおもりけん

❸秋田県
あきたけん

❹岩手県
いわてけん

❺山形県
やまがたけん

❻宮城県
みやぎけん

❼新潟県
にいがたけん

❽福島県
ふくしまけん

❾群馬県
ぐんまけん

❿栃木県
とちぎけん

⓫茨城県
いばらきけん

⓬埼玉県
さいたまけん

⓭東京都
とうきょうと

⓮千葉県
ちばけん

⓯神奈川県
かながわけん

⓰山梨県
やまなしけん

⓱長野県
ながのけん

⓲静岡県
しずおかけん

⓳富山県
とやまけん

⓴石川県
いしかわけん

㉑福井県
ふくいけん

㉒岐阜県
ぎふけん

㉓愛知県
あいちけん

㉔滋賀県
しがけん

㉕三重県
みえけん

㉖京都府
きょうとふ

㉗大阪府
おおさかふ

㉘奈良県
ならけん

㉙和歌山県
わかやまけん

㉚兵庫県
ひょうごけん

㉛鳥取県
とっとりけん

㉜島根県
しまねけん

㉝岡山県
おかやまけん

㉞広島県
ひろしまけん

㉟山口県
やまぐちけん

㊱香川県
かがわけん

㊲徳島県
とくしまけん

㊳愛媛県
えひめけん

㊴高知県
こうちけん

㊵福岡県
ふくおかけん

㊶佐賀県
さがけん

㊷長崎県
ながさきけん

㊸大分県
おおいたけん

㊹熊本県
くまもとけん

㊺宮崎県
みやざきけん

㊻鹿児島県
かごしまけん

㊼沖縄県
おきなわけん

写真提供・協力：㈳北海道観光連盟東京案内所／㈳青森県観光連盟／宮城県／長野県／東寺／東大寺(撮影：植田英介)／徳島県／伊万里市商工観光課／㈳鹿児島県観光連盟／㈶沖縄観光コンベンションビューロー

数 Numbers
かず

	regular				h → p	h → p/b	p	k
1	いち				いっp	いっp	（いっ）	いっ
2	に							
3	さん				p	b		
4	よん	し	よ	よ	p			
5	ご							
6	ろく				ろっp	ろっp	（ろっ）	ろっ
7	なな	しち	しち					
8	はち				（はっp）	はっp	（はっ）	はっ
9	きゅう	く	く					
10	じゅう				じゅっp	じゅっp	じゅっ	じゅっ
how many	なん				p	b		
	～ドル dollars ～円 えん yen ～枚 まい sheets ～度 ど degrees ～十 じゅう ten ～万 まん ten thousand	～月 がつ month	～時 じ o'clock ～時間 じかん hours	～年 ねん year ～年間 ねんかん years ～人 にん people	～分 ふん minute ～分間 ふんかん minutes	～本 ほん sticks ～杯 はい cups ～匹 ひき animals ～百 ひゃく hundred	～ページ page ～ポンド pounds	～か月 げつ months ～課 か lesson ～回 かい times ～個 こ small items

This chart shows how sounds in numbers (1-10) and counters change according to their combination.
1. *Hiragana* indicate the sound changes in numbers, and alphabets show the changes in the initial consonant of counters.
2. ( ) means that the change is optional.
3. An empty box means no sound change occurs.

k → g	s	s → z	t	special vacabulary for numbers			
いっ	いっ	いっ	いっ	ひとつ	ついたち	ひとり	1
				ふたつ	ふつか	ふたり	2
g		z		みっつ	みっか		3
				よっつ	よっか		4
				いつつ	いつか		5
ろっ				むっつ	むいか		6
				ななつ	なのか		7
はっ	はっ	はっ	はっ	やっつ	ようか		8
				ここのつ	ここのか		9
じゅっ	じゅっ	じゅっ	じゅっ	とお	とおか		10
g		z		いくつ			how many
～階 かい floor ～軒 けん houses	～セント cents ～週間 しゅうかん weeks ～冊 さつ books ～歳 さい years of age	～足 そく shoes ～千 せん thousand	～通 つう letters ～丁目 ちょうめ street address	small items years of age cf. はたち (20 years old)	date cf. じゅうよっか (14) はつか (20) にじゅうよっか (24) なんにち (how many)	people cf. ～人 にん (three or more people)	

活用表 Conjugation Chart
かつ ようひょう

verb types	dictionary forms	long forms (*masu*) (L. 3)	*te*-forms (L. 6)	short past (L. 9)	short present neg. (L. 8)	short past neg. (L. 9)
irr.	<u>する</u>	します	して	した	しない	しなかった
irr.	<u>く</u>る	きます	きて	きた	こない	こなかった
ru	たべ<u>る</u>	〜ます	〜て	〜た	〜ない	〜なかった
u	か<u>う</u>	〜います	〜って	〜った	〜わない	〜わなかった
u	ま<u>つ</u>	〜ちます	〜って	〜った	〜たない	〜たなかった
u	と<u>る</u>	〜ります	〜って	〜った	〜らない	〜らなかった
u	あ<u>る</u>	〜ります	〜って	〜った	*ない	*なかった
u	よ<u>む</u>	〜みます	〜んで	〜んだ	〜まない	〜まなかった
u	あそ<u>ぶ</u>	〜びます	〜んで	〜んだ	〜ばない	〜ばなかった
u	し<u>ぬ</u>	〜にます	〜んで	〜んだ	〜なない	〜ななかった
u	か<u>く</u>	〜きます	〜いて	〜いた	〜かない	〜かなかった
u	い<u>く</u>	〜きます	*〜って	*〜った	〜かない	〜かなかった
u	いそ<u>ぐ</u>	〜ぎます	〜いで	〜いだ	〜がない	〜がなかった
u	はな<u>す</u>	〜します	〜して	〜した	〜さない	〜さなかった

The forms with * are exceptions.

potential (L. 13)	volitional (L. 15)	ば-forms (L. 18)	passive (L. 21)	causative (L. 22)	causative -passive (L. 23)
できる	しよう	すれば	される	させる	させられる
こられる	こよう	くれば	こられる	こさせる	こさせられる
～られる	～よう	～れば	～られる	～させる	～させられる
～える	～おう	～えば	～われる	～わせる	～わされる
～てる	～とう	～てば	～たれる	～たせる	～たされる
～れる	～ろう	～れば	～られる	～らせる	～らされる
		～れば			
～める	～もう	～めば	～まれる	～ませる	～まされる
～べる	～ぼう	～べば	～ばれる	～ばせる	～ばされる
～ねる	～のう	～ねば	～なれる	～なせる	～なされる
～ける	～こう	～けば	～かれる	～かせる	～かされる
～ける	～こう	～けば	～かれる	～かせる	～かされる
～げる	～ごう	～げば	～がれる	～がせる	～がされる
～せる	～そう	～せば	～される	～させる	～させられる